Je prépare

Les diplômes des activités physiques et sportives

Psychologie, pédagogie et santé du sportif

Je prépare

Les diplômes des activités physiques et sportives

Psychologie, pédagogie et santé du sportif

SOUS LA DIRECTION DE
Charles Martin-Krumm

DUNOD

Maquette de couverture : Domino – Dominik Raboin

Photos de couverture : © gwimages, fotolia.com - © mbt_empat, fotolia.com - © kupicoo, iStockPhoto

5 rue Laromiguière, 75005 Paris
www.dunod.com

ISBN 978-2-10-072609-7

TABLE DES MATIÈRES

INTRODUCTION

Charles Martin-Krumm

Si vous consultez cet ouvrage, si vous lisez ces lignes, c'est que vous êtes évidemment intéressé(e) par les métiers dont le sport ou les activités physiques sont les pratiques de référence. Les contributeurs de ces trois ouvrages seront d'accord avec moi : les métiers qui touchent à l'activité physique ou au sport sont passionnants !

Cet ouvrage est globalement consacré aux déterminants psychologiques à prendre en compte pour une prise en charge adéquate des futurs pratiquants dont vous aurez la charge.

Qu'est-ce que la psychologie, et quels sont les différents courants ? Ce sera l'objet du premier chapitre concernant la psychologie. Le second va s'intéresser au développement de l'enfant et de l'adulte afin de proposer aussi des mises en relation avec l'encadrement des groupes et ce qu'il est raisonnable d'attendre des différents publics. Nicolas Hauw, Yvan Paquet, Pascal Legrain et Charles Martin-Krumm traitent les problématiques qui vont être abordées dans ces deux premiers chapitres.

Comment faire pour animer une séance d'exercice physique ? Pour gérer un groupe ? Pour faire en sorte de fidéliser les pratiquants ? Pour qu'ils apprennent ? Pour qu'ils progressent ? Les troisième et quatrième chapitres sont consacrés globalement à la psychologie du sport. Ils apportent des éléments de réponse à ces questions. Seront abordées les problématiques liées au stress, aux apprentissages ou à la motivation par exemple. L'équipe qui a rédigé les deux premiers chapitres est ici renforcée par Roberta Antonini Philipe et Elisabeth Rosnet. Tout semble se passer comme s'il fallait encourager effectivement les personnes à pratiquer, et à maîtriser les différents leviers psychologiques destinés par exemple à susciter l'engagement et la persistance dans la pratique sportive parce que faire du sport est bon pour la santé par exemple. Mais est-ce vraiment le cas ?

Le quatrième chapitre proposé par Laurence Kern, Hélène Petot et Charles Martin-Krumm est destiné à la fois à établir les liens entre pratique physique et santé, mais aussi à mettre en évidence un certain nombre de limites ainsi que les risques potentiels. À partir de quand peut-on par exemple considérer que la médaille dont les sportifs sont friands présente aussi un revers ?

Qui dit exercice physique dit également dépense énergique, et par conséquent alimentation et hygiène de vie. Comment prendre ces aspects en compte ? Y a-t-il des règles simples et qu'est-il possible de transmettre aux pratiquants dont vous aurez la charge ? Alexis Chatenay va apporter des éléments de réponse en développant les principes d'une alimentation adaptée. Quelles sont les règles à respecter ? Quels sont les principes d'une alimentation équilibrée ? Vous maîtriserez rapidement les données élémentaires issues de travaux très récents dans le domaine. Vous serez rapidement familiarisés avec la notion d'indice glycémique par exemple.

L'ensemble de ces données est bien évidemment requis pour l'obtention des diplômes que vous allez viser, et les contenus sont hiérarchisés selon que vous vous destinez plutôt à obtenir un BP, un DE, un DES ou la licence STAPS. Mais l'objectif est également d'apporter des éléments relatifs à la construction des compétences professionnelles. L'une d'entre elles concerne par exemple la prise en charge des blessures. Quelles sont les différences entre claquage et élongation ? Entre entorse et luxation ? Quelle conduite adopter ? Victor Krief va exposer des éléments de base vous permettant de savoir quelle est la conduite à tenir pour réagir de manière adaptée avec une typologie des blessures auxquelles les pratiquants que vous allez encadrer sont susceptibles d'être confrontés.

Pour aller plus loin

Deux autres axes sont proposés dans des ouvrages complémentaires de celui-ci. Le premier concerne la nécessité de maîtriser les aspects juridiques en relation avec les métiers du sport, ainsi que la nécessité de prendre en compte les évolutions que ces métiers connaissent et de se situer dans ce cadre professionnel.

Le second axe concerne les aspects biomécaniques, physiologiques et méthodologiques en relation avec les métiers du sport. L'ensemble permet de couvrir les différents aspects des métiers du sport.

Comment utiliser ce livre

Chaque chapitre s'ouvre avec une présentation des objectifs et se termine avec un résumé des points qui ont été abordés.

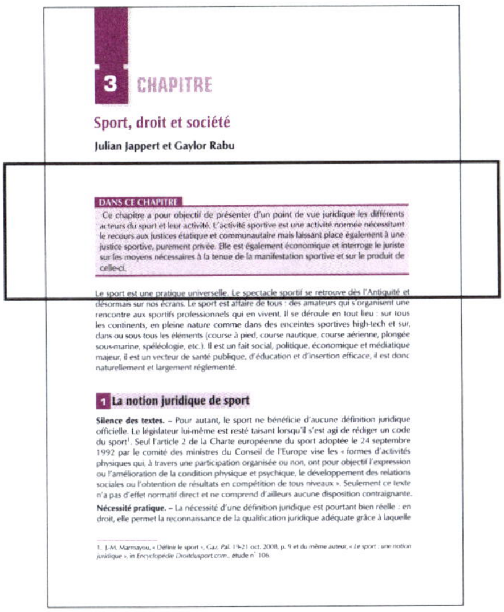

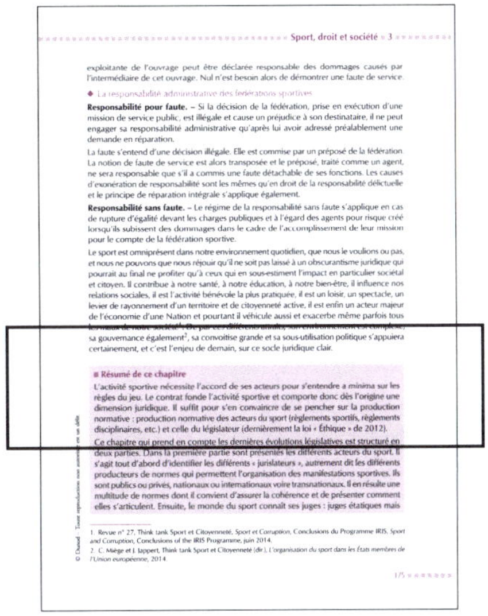

Chaque chapitre est complété par une série de questions de différents niveaux pour réviser.

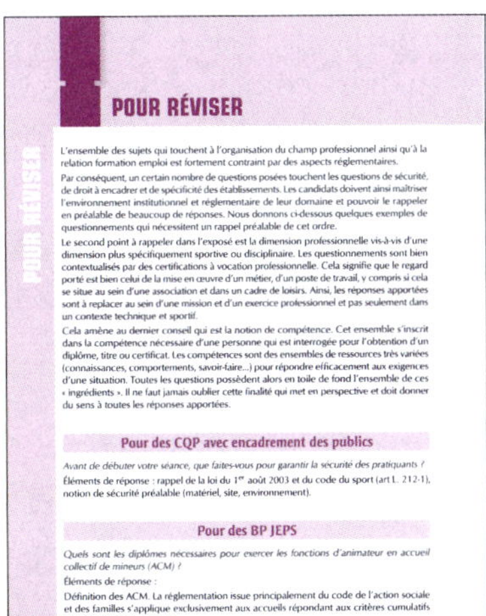

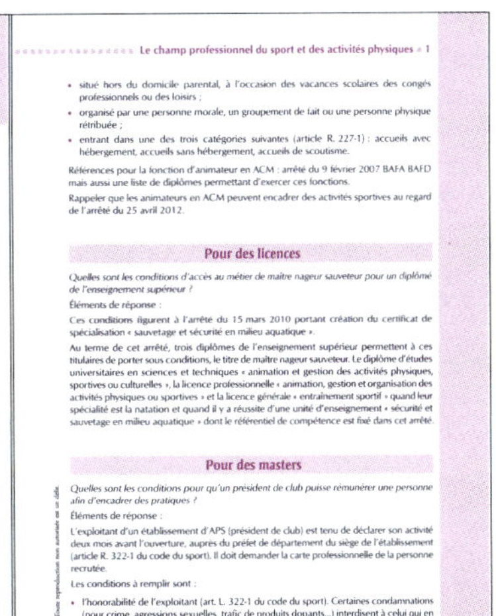

À la fin de l'ouvrage, vous trouverez un index et une liste des sigles utilisés.

PARTIE 1

Psychologie du sport

DANS CETTE PARTIE

La pratique sportive est source d'équilibre pour les individus, et permet un développement harmonieux. Mais à quel âge commencer ? Peut-on proposer n'importe quel type d'activité ou y en a-t-il à privilégier ? Propose-t-on les mêmes aux filles et aux garçons ? Comment susciter l'engagement dans la pratique ? Quand les jeunes sont inscrits dans un club, comment les fidéliser ? En bref, quels sont les déterminants psychologiques de la pratique sportive ? Comment intervenir ? Mais avant tout, qu'est-ce que la psychologie ? N'y a-t-il qu'une seule psychologie ou au contraire une psychologie plurielle composée de différents courants ?

Cette partie est composée de quatre chapitres. Le premier est destiné à définir ce qu'est la psychologie, les différents courants et ce qu'on peut en attendre. Le second entre dans le vif du sujet avec le développement de l'enfant et l'apprentissage. Enfin, les déterminants psychologiques de la pratique ou de la performance sportive sont développés.

CHAPITRE 1

De la psychologie à la psychologie du sport

Nicolas Hauw, Yvan Paquet, Pascal Legrain et Charles Martin-Krumm

DANS CE CHAPITRE

S'intéresser aux prémisses de la psychologie permet de mieux comprendre les orientations contemporaines de la psychologie du sport et de l'activité physique. Très éclectique dans ses applications, la psychologie du sport l'est tout autant lorsqu'il s'agit de caractériser ses méthodes. L'éducateur sportif, dans la perspective d'une meilleure compréhension du psychisme de ses pratiquants, doit néanmoins en maîtriser les grandes lignes afin d'objectiver ses observations de terrain.

1 La psychologie comme discipline mère

1. Origines de la psychologie, objet d'étude et méthodes

Définir la psychologie du sport c'est avant tout l'associer à la psychologie humaine qui a pour objet d'étude « l'homme dans la double perspective de ses comportements et de ses conduites d'une part, de ses états de conscience d'autre part » (Delay & Pichot, 1967, p. 1). Longtemps la psychologie était associée à la philosophie, et ce n'est qu'à partir du XVIIIe siècle qu'elle se structure en tant que discipline autonome. Tantôt associée à la physique, à la physiologie ou encore à la médecine, la psychologie délaisse progressivement son versant métaphysique[1] pour s'assumer définitivement en tant que science dès la moitié du XIXe siècle.

Fini le temps des syllogismes[2], la vérité apparaît désormais dans la démonstration expérimentale. Afin de garantir un degré d'objectivité à leurs travaux,

1. La métaphysique : réflexion philosophique qui a pour objet la connaissance absolue de l'être.

2. L'exemple classique d'un syllogisme est celui d'Aristote qui proposait que « Tous les hommes sont mortels, or Tous les Grecs sont des hommes, donc Tous les Grecs sont mortels ». Le syllogisme est composé de deux prémisses c'est-à-dire deux propositions *a priori* vraies, le syllogisme permet ensuite de valider la conclusion. Par exemple les journalistes sportifs rapportent régulièrement la citation de l'ex-joueur anglais de football Gary Lineker : « Le football est un jeu simple : 22 hommes

les premiers psychologues s'appuient sur les méthodes de leur discipline d'origine. Pour exemple, les études du médecin physiologiste Pavlov sont assez marquantes de l'intérêt porté à la psychologie au XXe siècle (Pavlov, 1963). Alors que ses travaux portaient sur la fonction gastrique du chien, il remarqua une forme de sécrétion (de salive) psychique à partir du moment où le chien est conditionné par un stimulus (le son de la cloche) significatif du moment du repas. Il en découla la théorie du conditionnement qui reste à la base de nombreuses stratégies éducatives et d'influence sociale dans nos sociétés actuelles (par exemple s'arrêter de jouer au coup de sifflet de l'arbitre). Dans une autre perspective, les travaux de Freud, Breuer ou encore Janet symbolisent également l'alternative apportée à la médecine traditionnelle de l'époque. Confrontés aux hystéries[1], aux névroses obsessionnelles ou compulsionnelles, ces médecins d'origine ont développé de nouvelles techniques médicales telle que l'hypnose.

Désormais et comme le rappelle Ribot (Ribot, 1870), « la psychologie scientifique n'aura pour objet que les phénomènes leurs lois et causes immédiates, elle ne s'occupera ni de l'âme, ni de son essence car cette question étant en dehors de la vérification, appartient à la métaphysique ». Mais la psychologie n'en a pas fini avec ses clivages et se retrouve au centre d'un débat passionné entre d'une part une perspective expérimentale et de l'autre une perspective clinique.

Le courant expérimental[2] découlant des « sciences dures[3] », est classiquement associé à cette « nouvelle » psychologie. Le raisonnement expérimental répond au postulat du déterminisme, à savoir que tout effet est produit par une cause, et s'appuie sur la formulation *a priori* d'hypothèses pour ensuite les tester par l'observation de faits provoqués ou invoqués. Peu à peu, les sciences ont vu la méthode expérimentale gagner progressivement du terrain aux dépens de la simple observation, même si celle-ci persiste encore dans certains domaines (l'éthologie qui étudie les comportements animaux en milieu naturel). Ainsi, on

---

courent après un ballon pendant 90 minutes et à la fin, ce sont les Allemands qui gagnent. » Le sophisme quant à lui est fallacieux (volontairement trompeur), par exemple : « Les sportifs, le temps qu'ils passent à courir, ils le passent pas à se demander pourquoi ils courent, et après on s'étonne qu'ils soient aussi cons à l'arrivée qu'au départ » Coluche.

1. Les hystéries se caractérisent sous diverses formes (paralysies, spasmes, troubles des organes sensoriels, délires, états cataleptiques...) on considère que la charge affective refoulée par le moi se convertit en excitation corporelle.

2. Il ne faut pas confondre la méthode expérimentale et la psychologie expérimentale qui se limite à l'étude de l'homme normal dans des situations réalisables en laboratoire (Reuchlin, 2010).

3. Une science dure (la physique par exemple) se distinguerait d'une science « molle » par un nombre plus réduit de paradigmes explicatifs d'un phénomène étudié. On considère les paradigmes comme des « découvertes scientifiques universellement reconnues qui, pour un temps, fournissent à une communauté de chercheurs des problèmes types et des solutions. [...] Les sciences de la nature seraient donc plus scientifiques que les sciences humaines [et sociales] parce qu'il y prévaut des paradigmes, c'est-à-dire des consensus théoriques et méthodologiques. » (Dépelteau, 2000, pp. 16-17)

retrouve dans les plans de recherche expérimentaux en psychologie, les trois exigences classiques à sa mise en œuvre :

- la manipulation d'une variable indépendante (par exemple le discours de l'entraîneur) ;
- la présence d'au moins une variable dépendante (par exemple la performance de l'athlète) ;
- l'assignation aléatoire des participants et la présence d'un groupe témoin

Dans le sens du questionnement de Lagache (Lagache, 2004), certains psychologues considèrent que seule la psychologie expérimentale est scientifique, alors que pour d'autres, la méthode expérimentale est inapplicable aux faits psychiques. Plusieurs limites sont associées à la méthode expérimentale (Fraisse, 1963). Dans un premier temps, la psychologie expérimentale sacrifie la connaissance de l'individu à une science du général. Les lois établies ne seraient ainsi valables que pour les individus auprès desquels elles ont été découvertes. Dans un deuxième temps, la méthode expérimentale sacrifie la connaissance globale à la connaissance analytique. Il s'agirait de prendre en compte la totalité des réactions d'un être humain, et ne pas s'attacher uniquement à appréhender quelques variables indépendantes (c'est-à-dire les causes du comportement étudié). Enfin une dernière critique considère que la méthode expérimentale sacrifie le subjectif à l'objectif. Guillaume résumait cette critique dans cette citation :

> « Si l'expérimentation est difficile dans le monde humain, c'est surtout parce que l'individu n'accepte pas de s'y soumettre [...]. À plus forte raison se refuse-t-il en général aux tentatives pour exercer sur lui une action et pour percer le secret de sa conduite ; il redoute d'être un jouet qu'un autre manœuvre et par conséquent domine ; lors même qu'il accepte d'être sujet dans une expérience, il est rare qu'il se livre tout entier. » (Guillaume, 1942, p. 302)

L'alternative à la méthode expérimentale est symbolisée par la **méthode clinique**[1]. Toutes les méthodes qui ne s'appliquent qu'à un seul individu sont par définition cliniques. Particulièrement propice à la psychologie pathologique, où chaque individu vit sa maladie différemment, cette méthode consiste pour le clinicien à formuler son diagnostic en s'appuyant sur des lois résultant des observations antérieures. La psychologie en France est, à ce titre, particulièrement orientée sur le versant pathologique avec notamment une tradition de la psychanalyse (Lacan, Lagache, Dolto). La démarche psychanalytique s'applique également dans le contexte sportif.

1. Étymologiquement, la médecine clinique est une méthode qui se focalise sur les manifestations de la maladie « au lit ». Les signes cliniques sont par exemple les symptômes de la maladie que le médecin peut percevoir par la seule observation de son patient.

Huguet et Labridy relatent l'analyse d'une jeune athlète ayant « exclu complètement » ses parents. « On n'a qu'une vie » dit-elle, « il faut sélectionner les personnes pour vivre bien. Père ou pas père. » Elle raconte comment elle s'est retournée vers son entraîneur qui lui a « appris » à vivre, et finalement permis de construire un nouveau rapport au père. « O, c'est comme mon père pour moi. » Mais cette relation exige de l'exclusivité et cette jeune athlète ne supporte aucune rivalité féminine : « Il peut entraîner un autre garçon, mais pas une fille, parce que les nanas je ne peux pas les saquer, O c'est mon coach à moi » (Huguet & Labridy, 2004, p. 121).

Cette orientation vers le pathologique perdure donc encore aujourd'hui, ce qui engendre chez certains professionnels du secteur sportif en France une certaine défiance vis-à-vis des actes du psychologue. Ainsi, l'action de ce professionnel est avant tout perçue comme un moyen de traiter une maladie, alors qu'il pourrait tout autant favoriser l'émergence d'un potentiel chez un sportif[1].

2. Les différents courants de la psychologie

La psychologie se caractérise également par sa pluridisciplinarité, ce qui vu de l'extérieur ne facilite pas la compréhension de cette discipline. Lieury propose que les différents champs d'application de la psychologie s'organisent autour de deux axes orthogonaux (Lieury, 1990). Un axe normal/pathologique qui reflète la prise en compte des caractéristiques du public étudié. L'objet d'une psychologie « normale[2] » se trouve être le reflet d'une personne typique, c'est-à-dire *a priori* sans pathologie psychologique. Ainsi le versant pathologique s'applique plus spécifiquement à étudier les populations présentant des déficits ou désordres psychologiques. D'autre part, l'axe social/biologique se focalise davantage sur le « grain » de l'analyse. Du côté social, l'analyse des conduites d'un sujet va prendre en compte un certain nombre de variables dites contextuelles, spécifiques à un contexte d'activités telles que le comportement de l'entraîneur. En revanche, le versant biologique renvoie aux racines du comportement et restreint considérablement le nombre de facteurs explicatifs de la conduite humaine. Par exemple, la neuropsychologie étudie les effets d'un dysfonctionnement d'ordre neurologique sur les conduites, c'est-à-dire tant sur les cognitions que sur les comportements (par exemple les conséquences d'un accident vasculaire cérébral). Face à cet éclatement disciplinaire de la

1. On se souvient de cette illustration de Chenez publiée dans le journal *L'équipe* en 2010, associant l'image de Freud pour signifier la venue d'un « profileur » au centre d'entraînement de Clairefontaine à la demande de Laurent Blanc sélectionneur de l'équipe de France de football, peu de temps après sa nomination qui faisait suite à l'échec de la coupe du monde organisée en Afrique du Sud. Le personnage de Freud disait alors « Si on m'avait dit que je terminerai profileur à la FFF. »

2. On parle d'ailleurs de normalité lorsque les caractéristiques d'un sujet sont similaires à environ 85 % des caractéristiques d'une population.

psychologie et pour une meilleure compréhension des champs d'application de la psychologie du sport, nous proposons de synthétiser cette diversité autour de quatre courants centraux de la psychologie contemporaine.

- La psychologie cognitive : Une cognition au sens strict, désigne les activités de l'homme contribuant à l'accroissement, au maintien et à l'utilisation des connaissances. Cela regroupe tout à la fois des activités perceptives, les apprentissages, la mémoire, les activités de résolution de problème, ou encore le langage. On assimile généralement la cognition aux activités internes de l'individu par opposition aux activités externes directement observables (les comportements). Le terme cognitivisme s'oppose quant à lui au terme behaviorisme. Il apparaît comme le paradigme ou cadre conceptuel dominant qui s'est substitué au behaviorisme au milieu du XXe siècle. Le développement du cognitivisme a été fortement favorisé par l'essor de l'outil informatique. Les spécialistes de l'intelligence artificielle se considèrent d'ailleurs comme des spécialistes de la cognition. Ils se retrouvent dans la grande famille des sciences cognitives regroupant les psychologues, les linguistes, sociologues, logiciens, neurobiologistes...
- La psychologie du développement : elle étudie à la fois les changements observables dans la vie d'une personne de la naissance jusqu'à la mort, mais également les continuités au cours de la vie. Elle s'applique plus particulièrement à distinguer les facteurs externes sources d'influence du développement de l'enfant (l'influence d'un contexte familial porté sur la compétition sur l'orientation motivationnelle du jeune enfant sportif par exemple), des facteurs internes qui relèveraient davantage de la maturation de l'organisme (le passage de la marche à la course classiquement observé chez l'enfant autour de sa deuxième année).
- La psychologie sociale quant à elle analyse « la façon par laquelle nos pensées, sentiments et comportements sont influencés par la présence imaginaire, implicite ou explicite des autres, par leurs caractéristiques et par les divers stimuli sociaux qui nous entourent » (Vallerand, 1994, p. 12). Autrement dit, elle appréhende systématiquement les facteurs environnementaux caractéristiques du contexte ambiant comme vecteurs des conduites de l'individu. C'est ainsi que le déroulement d'une rencontre sportive peut influencer la confiance en soi du sportif.
- La psychologie clinique repose « sur l'observation de la conduite et les résultats de la conduite » (Lagache, 2004, p. 53). Elle s'attache plus particulièrement à caractériser le sujet dans sa globalité et s'appuie sur l'analyse de ses états de conscience afin d'avoir une représentation la plus fine possible de ses modalités de fonctionnement.

Pour ce qui concerne plus spécifiquement la psychologie du sport, elle représente, au même titre que les précédents, un courant de la psychologie. Et bien qu'elle ait pour objectif de comprendre les comportements et les cognitions des sportifs et pratiquants d'activité physique, il n'en demeure pas moins qu'elle s'appuie sur des méthodes associées au développement de la psychologie comme nous l'avons vu précédemment. Il ne va pas sans dire que la psychologie est souvent associée à la pratique sportive dans le sens où de nombreux acteurs du monde sportif (pratiquants, entraîneurs, consultants, journalistes, spectateurs, parents...) évoquent facilement des facteurs psychologiques pour expliquer telle ou telle performance ou déconvenue du sportif. Pour autant, lorsqu'il s'agit de caractériser la psychologie du sport en essayant de répondre par exemple à la question « cette analyse revêt-elle ou non de la psychologie ? », peu de ces acteurs sont capables de proposer une réponse claire permettant de circonscrire l'objet même de la psychologie. En guise d'illustrations, nous vous proposons quelques applications de la psychologie dans le sport et l'activité physique.

« Je déteste le tennis, je le hais de tout mon cœur, et cependant je continue de jouer, je continue de frapper des balles toute la matinée, tout l'après-midi, parce que je n'ai pas le choix. » L'auteur de cette citation est André Agassi, ex. n°1 mondial et vainqueur de chacun des quatre tournois du grand chelem pour un total de huit victoires (Agassi, 2009, p. 47). On devine très clairement le cadre d'analyse de la psychologie clinique susceptible d'analyser ses états de conscience.

« Bouger 30 minutes par jour c'est facile ! » L'INPES[1]. Les campagnes de promotion de l'activité physique diffusées par l'INPES et le ministère de la santé s'appuient sur des évidences scientifiques quant aux bienfaits de l'activité physique sur la santé physique (la réduction des risques cardio-vasculaires) et mentale (la réduction du risque d'épisodes dépressifs). Pour autant ces campagnes de promotion ne se traduisent pas nécessairement par des changements de comportements chez les populations cibles. C'est pourquoi le champ de la psychologie sociale étudie les stratégies cognitivo-comportementales susceptibles de faire évoluer les comportements. La stratégie d'appui de la campagne vise à ce que le citoyen dépasse les freins et barrières qui se dressent devant ses intentions de pratique en lui démontrant via une vidéo promotionnelle qu'il a les moyens de réaliser 30 minutes d'activité physique par jour.

« Droitier ou gaucher ? » Ce n'est pas avant 5-6 ans que l'enfant est capable de se représenter les notions de droite et de gauche. On distingue d'ailleurs la latéralité d'usage de la latéralité fonctionnelle. La première caractérise la préférence de l'enfant pour un côté dans ses activités du quotidien, par exemple l'écriture. Quant à la latéralité fonctionnelle, elle peut être évaluée dans des tâches moins

1. INPES : Institut national de la prévention et de l'éducation pour la santé, notamment à l'origine du PNNS (plan national nutrition santé).

courantes où l'on peut évaluer la variabilité de l'efficacité des gestes effectués par la main ou le pied. Ainsi cette latéralité peut ne pas être cohérente et varie en fonction de la façon dont l'enfant a construit son apprentissage. Le cas du tennisman Rafaël Nadal est typique de cette latéralité fonctionnelle, droitier pour l'ensemble des gestes du quotidien et gaucher pour le tennis suite à la volonté marquée de son entraîneur à ce qu'il joue de la main gauche. Cet objet d'analyse est caractéristique de la psychologie du développement.

3. L'émergence d'une psychologie positive

La psychologie positive est un courant récent dont l'objet est l'étude scientifique des conditions et processus qui contribuent à l'épanouissement ou au fonctionnement optimal des personnes, des groupes et des institutions. La paternité est attribuée à Seligman et Csikszentmihalyi à la fin des années 90. Mais il convient toutefois de relativiser compte tenu du fait que les premiers travaux de Triplett évoqués plus loin sont bien antérieurs et s'inscrivent finalement tout à fait dans cette optique. Toutefois, la spécificité de la psychologie positive est vraiment de se pencher sur ce qui permet le fonctionnement optimal des personnes, les variables susceptibles de l'influencer comme l'optimisme, ou la motivation par exemple (Martin-Krumm & Tarquinio, 2011). Ce qui est intéressant par ailleurs, c'est que cette logique est envisagée au niveau de l'individu, mais aussi des groupes d'individus, autrement dit potentiellement une équipe par exemple, ou alors encore plus largement au niveau d'une institution, le club par exemple. Les implications dans le domaine du sport sont intéressantes et vont relever de choix stratégiques de la part de l'entraîneur ou de l'enseignant.

En effet, lors de l'entraînement ou de l'enseignement, faut-il se pencher sur les défauts de l'athlète ou de l'élève pour qu'il les corrige mais au risque finalement d'altérer la confiance qu'il aura en lui ? Faut-il au contraire pointer ses points forts de manière à ce qu'il les identifie, sache les utiliser, créer les conditions pour les utiliser avec au final un impact sur la confiance en soi ? Le risque serait pourtant qu'il ne progresse pas s'il n'apprend pas pour corriger sa technique par exemple. Le compromis réside sans doute dans la capacité de l'enseignant ou de l'entraîneur à prendre en compte la temporalité. Il s'agit peut-être longtemps avant une échéance de corriger des éléments techniques pour progresser et pour apprendre, tout en identifiant les points forts. Juste avant l'échéance, et pendant la performance, sans aucun doute conviendra-t-il plutôt de focaliser l'élève ou l'athlète sur ses points forts afin de gonfler peut-être artificiellement sa confiance, quitte après à débriefer afin de faire un point qui soit à la fois source de satisfaction et de progrès.

2 La psychologie du sport et de l'activité physique

1. Histoire de la psychologie du sport

Il est toujours intéressant d'étudier l'histoire d'une science afin d'appréhender les logiques de sa genèse et ainsi mieux comprendre ses orientations actuelles. Ce que nous pouvons considérer comme la première expérience en psychologie du sport remonte en 1898. À l'époque Norman Triplett, psychologue à l'Université d'Indiana, observe lors des courses cyclistes que les coureurs semblent plus rapides en présence d'autrui que seuls (Triplett, 1898). Il opérationnalise cette hypothèse dans une tâche expérimentale désormais célèbre : la tâche du moulinet. Cette expérience consiste à rembobiner le plus vite possible un fil de pêche dans deux conditions différentes, seul puis en présence d'un autre participant. Les résultats de cette étude rapportent que la performance moyenne est supérieure lors de la confrontation, bien que tous les sujets n'aient pas nécessairement amélioré leur score entre les deux conditions d'expériences. Il faut ensuite attendre les années 20 pour que d'autres études alimentent le domaine de la psychologie du sport. Considéré comme le père de la psychologie du sport, l'Américain Coleman Griffith publie, durant la première moitié du XXe siècle, de nombreux articles ainsi que deux ouvrages *Psychology of Sport* et *Psychology of Coaching* (Griffith, 1926, 1928). Mais surtout il collabore déjà avec les équipes des ligues professionnelles de base-ball. Globalement l'attrait des psychologues, entraîneurs mais aussi médecins envers la psychologie du sport est croissant en ce début du XXe siècle, toutefois les applications restent pour la plupart du temps superficielles d'un point de vue scientifique.

Du côté européen, la psychologie du sport émerge à la fin de la seconde guerre mondiale. Et si le premier congrès international de psychologie du sport se déroule à Rome en 1965, l'Europe prend un retard considérable sur l'Amérique du Nord dans le développement de la formation en psychologie du sport. Ainsi l'introduction de la psychologie du sport à l'université (États-Unis) est déjà effective durant les années 60. Elle découle directement du système sportif américain porté par ses compétitions universitaires qui offrent aux chercheurs une base de données formidable dans le cadre de leurs travaux de recherche. En France il faudra attendre l'arrivée des sciences et techniques des activités physiques et sportives (STAPS) à l'université en 1975 pour voir la mise en œuvre des premiers cours de psychologie appliquée au sport. Entre temps, Georges Rioux fonde en 1973 la Société française de psychologie du sport et d'éducation corporelle (actuelle SFPS[1]) qui fait écho au développement de la Fédération européenne de psychologie du sport et des activités corporelles (FEPSAC, 1969). Parallèlement à ce développement institutionnel, des revues

1. En suivant un processus d'accréditation, la SFPS a notamment pour mission de reconnaître et garantir la qualité scientifique de la formation et des pratiques professionnelles des spécialistes de la psychologie du sport. http://www.psychodusport.com/.

scientifiques spécialisées dans le domaine se diffusent et favorisent ainsi la collaboration entre les acteurs de la psychologie du sport. C'est ainsi que le *Journal of Sport Psychology* publie ses premiers exemplaires en 1979[1], suivi quelques années plus tard par *The Sport Psychologist* (1986) et le *Journal of Applied Sport Psychology* (1989) qui a plus spécifiquement pour objet d'étudier la mise en œuvre de programmes de psychologie appliqués au terrain sportif.

Cette dynamique de diffusion des productions scientifiques n'a cessé de s'étendre depuis. Chaque année de nombreux congrès et journées d'étude tantôt à caractère scientifique tantôt à visée professionnelle offrent en France et à l'international des opportunités de réflexion sur ce domaine. Néanmoins force est de constater que les fédérations sportives en France n'intègrent pas systématiquement des modules d'enseignement de la psychologie du sport dans leurs programmes de formation des éducateurs. Ce déficit récurrent traduit en quelque sorte pour les acteurs du terrain la difficulté de caractériser finement les apports et objectifs de cette discipline dans la progression de leurs pratiquants.

2. Objectifs de la psychologie du sport

Au même titre que la psychologie est pluridisciplinaire, la psychologie du sport s'appuie sur différents domaines de recherche issus des sciences du sport (biomécanique, physiologie, développement et apprentissage moteur, sociologie, pédagogie...) intégrant divers courants de la psychologie (psychologie sociale, psychologie clinique, psychologie du développement, psychologie cognitive). Dès lors, il reste toujours très délicat de caractériser la psychologie du sport à travers un seul et même objet d'étude associé à une méthode unique comme on pourrait le faire pour d'autres sciences. Globalement on peut toutefois considérer que la psychologie du sport étudie « l'homme en mouvement au cours des exercices physiques, des compétitions sportives et des activités ludiques de plein air » (définition de la FEPSAC, 1979). Plus précisément, deux orientations centrales semblent se dégager de cette discipline. Le premier objet serait de comprendre l'effet des facteurs psychologiques sur la performance motrice, considérant cette performance motrice comme représentative d'une réalisation motrice optimale dans un cadre compétitif ou non. Par exemple, la performance d'une personne obèse pourrait être la réalisation d'une activité physique quotidienne de 30 minutes. Le second objet viserait, quant à lui, à étudier les effets de l'activité physique sur le psychisme de l'individu. Autrement dit, à quel point l'activité physique et le sport peuvent-ils favoriser le développement psychologique de l'individu. Par exemple, les travaux scientifiques montrent très clairement que l'activité physique régulière améliore la qualité de vie chez l'adulte (Vuillemin *et al.*, 2005).

1. Actuel *Journal of Sport and Exercise Psychology*.

3. Vous faites déjà de la psychologie du sport !

Comparativement à d'autres champs disciplinaires, tels que la physiologie et ses applications dans la préparation physique et le reconditionnement physique, la psychologie du sport a officiellement peu de place dans le contexte de l'activité physique et du sport en France. Pour autant, il suffit d'observer les acteurs du terrain pour repérer chez eux la mise en œuvre d'un véritable accompagnement psychologique de leurs pratiquants.

À ce titre, on reconnaît aisément dans leurs séances les outils méthodologiques classiques de la psychologie. Par exemple, le cadre expérimental n'est jamais très éloigné des séances d'entraînement. L'entraîneur manipule un certain nombre de facteurs afin de dégager des situations propices au développement de certaines habiletés psychologiques. C'est ainsi qu'un exercice va délibérément générer de la frustration chez son athlète pour l'amener à contrôler ses émotions, alors que la situation suivante se voudra volontairement facilitatrice afin de renforcer son efficacité personnelle. Et si les conditions de réalisation des entretiens accordés à ses athlètes ne sont pas toujours standardisées et rigoureuses dans la forme, il s'agit bien pour autant d'une démarche clinique visant à caractériser plus finement le fonctionnement psychique de son athlète. Pré-programmés en début de saison ou improvisés sur le site d'une compétition, ces entretiens participent pleinement à l'atteinte des objectifs fixés conjointement entre l'entraîneur et le sportif.

Autrement dit, l'entraîneur s'applique parfois sans le savoir à faciliter le développement psychologique de son athlète. Un mot, un regard, une situation, un comportement suffisent à impacter le psychisme de son athlète. Mais également, l'athlète lui-même, de par l'évaluation cognitive qu'il réalise vis-à-vis de ses propres actions mais aussi celles de son entourage (coach, partenaires, adversaires, parents), contribue consciemment ou non au développement de ses habiletés psychologiques.

Vous avez donc compris que les expériences de chacun des acteurs du contexte de l'activité physique et du sport contribuent au développement de leurs connaissances et compétences en psychologie du sport. Néanmoins certains en font leur métier dans trois domaines professionnels distincts bien qu'ils puissent également se recouper :

- Le secteur de la recherche scientifique. Les travaux de recherche en psychologie du sport s'effectuent principalement au sein des universités. La plupart des équipes de recherche sont associées aux UFR[1] STAPS et très peu d'entre elles sont en lien avec les UFR de psychologie. Les professionnels sont dans ce cas des chercheurs ou enseignants-chercheurs ayant obtenu *a minima* un doctorat d'État parfois en psychologie mais le plus souvent en STAPS. Enfin, certains d'entre eux sont engagés au sein d'unités de

1. UFR : unité de formation et de recherche.

recherche extra-universitaires (le département de la recherche de l'INSEP[1] par exemple). Globalement la recherche a pour objectif l'élaboration de connaissances sur l'état psychologique de l'athlète ou pratiquant d'activité physique. Cette recherche fournit ainsi un ensemble de cadres théoriques qui offrent aux acteurs du milieu sportif la possibilité de traduire leurs expériences de terrain via les concepts théoriques identifiés par les chercheurs. Plus la science progresse plus les concepts se multiplient ! Être spécialiste de l'ensembles des théories liant sport et psychologie s'avère utopique, c'est pourquoi le chercheur va se spécialiser dans un domaine plus précis au sein de la psychologie du sport (psychologie de la motivation, psychologie de l'apprentissage moteur...).

- L'enseignement. Il a pour objectif la diffusion des connaissances en matière de psychologie du sport à destination des étudiants ou autres professionnels en formation. En France, deux types de formation œuvrent dans ce sens. L'un est universitaire, dénommé « formation initiale », l'autre est professionnel reconnu sous l'appellation « formation continue ». Le premier est quasi-exclusivement associé aux STAPS, l'enseignant de psychologie du sport est le plus souvent enseignant-chercheur (titulaire d'un doctorat), mais peut être aussi professeur agrégé en EPS (lauréat du concours de l'agrégation en EPS) ou encore professionnel du secteur ayant une expérience significative sur le terrain (préparateur mental). Quant à la formation professionnelle, elle est le plus souvent assurée par les cadres d'État du ministère des Sports, principalement des professeurs de sport (lauréat du concours de professeur de sport). Ce dispositif assuré tantôt par les CREPS tantôt par les fédérations, voire des instituts privés de formation vise à former les futurs éducateurs sportifs sur les processus psychologiques liés à l'activité physique. La formation se dit professionnelle parce qu'elle s'appuie sur une période d'alternance en structure (au sein d'un club sportif).
- La consultation et la préparation mentale. La consultation auprès d'athlètes ou d'équipes est le troisième volet assuré par les spécialistes de la psychologie du sport. Il est certainement le plus médiatique. De plus en plus de fédérations ou de clubs emploient à temps plein ou à temps partiel des psychologues du sport afin d'optimiser le potentiel des athlètes. Pour représenter la diversité des profils de ces acteurs de terrain, il faudrait davantage parler d'intervenant en psychologie du sport. En effet le titre de psychologue est actuellement réservé aux seuls titulaires d'un master en psychologie (formation à bac + 5). Le psychologue (du sport) est, en France, le seul professionnel habilité à pouvoir traiter les psychopathologies susceptibles de se déclarer dans le domaine du sport et de l'activité physique. À l'image d'une clientèle, il peut recevoir au sein de son cabinet ou dans le contexte de la pratique, un athlète en proie à des troubles psychiques. Prenons

1. INSEP : Institut national du sport, de l'expertise et de la performance (http://www.insep.fr/).

pour exemple les troubles des conduites alimentaires relativement fréquents chez les sportives de compétition. Dans une étude réalisée auprès de nageuses et gymnastes universitaires aux États-Unis, Anderson et Petrie (2012) relèvent des signes cliniques de troubles alimentaires nécessitant une prise en charge psychothérapeutique pour 6,3 % d'entre elles. Dans un autre registre l'intervenant en psychologie du sport peut revêtir le rôle de préparateur mental. Son rôle est par exemple de développer les habiletés psychologiques d'un athlète susceptibles d'optimiser ses ressources mentales pour faire face aux exigences de la situation. Ainsi, le préparateur mental va entraîner son sujet à des habiletés telles que le maintien de l'attention, le relâchement musculaire ou encore la fixation de buts. Cet intervenant n'est pas nécessairement psychologue, il peut avoir suivi une formation universitaire ou professionnelle et a pour seul objectif de favoriser la performance du pratiquant. Autrement dit, il ne se substitue pas au rôle du psychologue.

3 Bibliographie

Agassi A. (2009). *Open.* Paris : J'ai lu.

Anderson C., & Petrie T. (2012). Prevalence of disordered eating and pathogenic wight control behaviors among NCAA Division 1 Female Gymnasts and swimmers. *Reserach Quaterly for Exercise and Sport, 83*(1), 120-124.

Delay J. & Pichot P. (1967). *Abrégé de psychologie* (3e éd.). Paris : Masson.

Delignières D., (2015). *Psychologie du sport,* Que sais-je ?, 2e édition, Paris : PUF.

Dépelteau F. (2000). *La démarche d'une recherche en sciences humaines : de la question de départ à la communication des résultats.* Bruxelles : de Boeck Supérieur.

Descamps G. (2011). *Psychologie du sport et de la santé,* Bruxelles : De Boeck.

Fraisse P. (1963). La méthode expérimentale. Dans P. Fraisse, & J. Piaget, *Traité de psychologie expérimentale* (pp. 71-120). Paris : PUF.

Griffith C. R. (1926). *Psychology of coaching.* New York : Scribner.

Griffith C. R. (1928). *Psychology and athletics: A general survey for athletes and coaches.* New York : Scribner.

Guillaume P. (1942). *Introduction à la psychologie.* Paris : Vrin.

Huguet S., & Labridy F. (2004). Approche psychanalytique de la relation entraîneur-entraîné : le sport comme prétexte de la rencontre. *Movement & Sport Sciences*(52), 109-126.

Lagache D. (2004). *L'unité de la psychologie,* 7e édition, Paris : PUF.

Lieury A. (1990). *Manuel de psychologie générale.* Paris : Dunod.

Martin-Krumm C., & Tarquinio C. (2011). *Traité de psychologie positive.* Bruxelles : De Boeck.

Pavlov I. P. (1963). *Réflexes conditionnels et inhibitions.* Genève : Gonthier.

Reuchlin M. (2010). *Histoire de la psychologie.* Paris : PUF.

Ribot T. (1870). *La psychologie anglaise contemporaine.* Paris : Alcan.

Triplett N. (1898). The dynamonegic factors in pacemaking and competition. *American Journal of Psychology*, 507-533.

Vallerand R. J. (1994). *Les fondements de la psychologie sociale.* Montréal: Gaëtan Morin.

Vuillemin A., Boini S., Bertrais S., Tessier S., Oppert J.-M., Hercberg S., Briançon S. (2005). Leisure time physical activity and health-related quality of life. *Preventive Medicine*(41), 562-569.

Résumé de ce chapitre

La psychologie du sport et de l'activité physique est issue d'une longue tradition scientifique visant à rendre l'analyse des conduites humaines plus objective, plus scientifique. Longtemps associée à la philosophie, la psychologie a su s'appuyer sur des méthodes d'objectivation de ses analyses en suivant plus spécifiquement deux démarches scientifiques :

- la première dite « expérimentale » rend compte de la manipulation de variables, en laboratoire ou sur le terrain, afin d'identifier le ou les facteurs explicatifs d'une conduite humaine isolée ;
- la seconde est appelée « clinique », et vise à comprendre l'individu dans sa globalité, à l'image du psychologue qui cherchera à mieux comprendre le psychisme de son client afin de l'aider à réduire certaines tensions ou optimiser son potentiel.

Dès lors que l'on s'intéresse à la psychologie du sport, on ne peut se passer d'appréhender les conduites « sportives » sous ces deux angles. D'une part, l'approche expérimentale serait plus propice au contexte de l'entraînement sportif. En effet, l'éducateur cherche au même titre que l'expérimentateur à vérifier des hypothèses, posées avant une situation durant laquelle il manipulera un certain nombre de variables (par exemple le nombre de répétitions) afin de favoriser l'émergence d'une conduite (ici l'apprentissage d'une habileté sportive). D'autre part, le versant clinique de la psychologie du sport se traduirait par les interactions privilégiées, plus ou moins confidentielles, entre l'éducateur et son pratiquant. L'entretien de début de saison pour un sportif de compétition avec son entraîneur, ou l'entretien diagnostic, parfois motivationnel, associé à une prise en charge thérapeutique d'un patient dans le cadre d'une activité physique adaptée

(APA) sont autant d'exemples qui illustrent l'intérêt de cette dimension clinique.

Et si la psychologie du sport a su s'approprier voire même développer les méthodes classiques de la psychologie, elle a également dû s'adapter à la diversification de ses champs disciplinaires. Partagée entre le « normal », le pathologique, le social ou encore le biologique, les objets de la psychologie du sport et de l'activité physique se multiplient et offrent par conséquent des alternatives diverses et variées quant à l'analyse des conduites du sportif.

POUR RÉVISER

Question 1

Pourquoi la psychologie du XIXe siècle s'est-elle appuyée sur les méthodes classiquement utilisées en physiologie, physique ou médecine ?

Niveau 1 et 2 : La psychologie n'était à l'époque qu'une branche de la philosophie et manquait selon certains auteurs d'esprit scientifique. C'est pourquoi dans le but d'objectiver ses conclusions, elle s'est appuyée sur la méthode expérimentale omniprésente dans les sciences de la vie, et a finalement importé ses outils de mesure afin de quantifier les faits psychiques.

Question 2

Quelles sont les trois exigences d'un plan de recherche expérimental ?

Niveau 1 : Le plan de recherche expérimental s'appuie sur trois exigences :

(1) La présence d'une variable dépendante, c'est-à-dire la variable que l'on souhaite voir évoluer. Dans le contexte sportif, la variable dépendante « ultime » étant la performance de l'athlète.

(2) La manipulation d'une variable indépendante. Il s'agit ici de la variable que l'expérimentateur va manipuler, par exemple un mode d'entraînement très contrôlant et directif vs. un mode de coaching supportant l'autonomie. Il s'en suivra en fonction de l'une ou l'autre de ces deux conditions une différence potentielle sur le niveau de la variable dépendante.

(3) Enfin, le plan de recherche expérimental nécessite la présence d'un groupe témoin (appelé également contrôle) et l'assignation aléatoire des sujets aux différents groupes expérimentaux.

Complément niveau 2 : À noter également que le devis expérimental est nécessairement réalisé en condition de laboratoire, si cette condition n'est pas respectée, on parlera alors de devis quasi-expérimental.

Question 3

Quelle est l'origine de la psychologie clinique en France ?

Niveau 1 : L'origine de la psychologie clinique en France est psychopathologique, c'est-à-dire qu'elle s'applique à étudier les conduites de l'homme présentant une altération du système organique et/ou psychique. Cette orientation historique a particulièrement teinté la psychologie en France sur un versant pathologique et a contribué à éloigner les Français de cette science tout aussi propice à optimiser le potentiel de l'individu (*cf.* postulats de la psychologie positive).

Niveau 2 : L'origine de la psychologie clinique en France est psychopathologique, c'est-à-dire qu'elle s'applique à étudier les conduites de l'homme présentant une altération du système organique et/ou psychique. Les psychologues français du début du XXe siècle n'étaient autres que des médecins de formation qui n'ont pu trouver dans les méthodes de la médecine traditionnelles les moyens de soigner certaines psychopathologies de leurs patients (les hystéries par exemple). Par conséquent, ils ont pu développer des méthodes alternatives, particulièrement en lien avec le courant psychanalytique de Freud. Cette orientation historique a particulièrement teinté la psychologie en France sur un versant pathologique et a contribué à éloigner les Français de cette science tout aussi propice à optimiser le potentiel de l'individu (*cf.* postulats de la psychologie positive).

Question 4

Citez les deux objets d'étude de la psychologie du sport

Niveau 1 : Les deux objets de la psychologie du sport sont :

- étudier les facteurs d'ordre psychologique (confiance en soi, cohésion de groupe, motivation...) susceptibles d'impacter la performance ;
- étudier les effets de l'activité physique sur le psychisme de l'individu, par exemple les effets de la pratique sportive chez l'enfant sur ses performances académiques.

Complément niveau 2 : On entend par performance non seulement la performance sportive normée telle qu'on peut la retrouver dans le classement d'une course cycliste, mais également dans la performance auto-référencée telle que l'augmentation de la distance de marche chez une personne atteinte d'obésité.

Question 5

Quelle est la différence entre un préparateur mental et un psychologue du sport ?

Niveau 1 : Un préparateur mental appartient à la famille des entraîneurs. Il a donc pour objectif d'entraîner les habiletés psychologiques de l'athlète (imagerie mentale, contrôle de l'attention...). Le psychologue du sport peut assurer des interventions en préparation mentale mais œuvre principalement dans le domaine de l'accompagnement psychologique et demeure le seul professionnel habilité à gérer le versant psychopathologique (anorexie, dépression, addiction...).

Complément niveau 2 : Le préparateur mental n'a pas nécessairement suivi de cursus universitaire en psychologie, il peut avoir suivi une formation universitaire en STAPS et/ou des formations d'éducateur sportif (formations fédérales) et/ou encore des formations parapsychologiques (sophrologie, PNL...). Le statut de psychologue s'obtient après cinq années d'études universitaires en psychologie.

CHAPITRE 2

Le développement de l'homme et ses relations à l'activité physique

Nicolas Hauw, Yvan Paquet, Pascal Legrain et Charles Martin-Krumm

DANS CE CHAPITRE

Le développement de la petite enfance jusqu'à l'âge adulte avancé demeure un champ d'étude très important tant en psychologie qu'en psychologie du sport. Dans le contexte de l'activité physique, l'éducateur a acquis à travers sa formation et son expérience suffisamment de repères afin d'adapter ses contenus et attentes au public auquel il s'adresse. Connaître les différents stades de développement c'est à la fois garantir la pertinence des séances pédagogiques et rationaliser un projet de transformation dans le temps.

L'ontogenèse, c'est-à-dire l'évolution individuelle à travers les transformations vécues au cours d'un cycle de vie, est l'objet même de la psychologie du développement. Bien qu'elle en constitue une de ses orientations fortes, cette psychologie est souvent confondue à tort avec la psychologie de l'enfant. Il est vrai que les changements observés chez l'enfant sont de loin les plus spectaculaires et les plus attractifs aux yeux des scientifiques. Depuis une trentaine d'années, elle s'est élargie pour englober toutes les phases de la vie, l'âge adulte et surtout la vieillesse qui requiert une attention marquée dans nos sociétés modernes. En effet si le développement de l'individu semble suivre une évolution commune chez l'homme que l'on nomme phylogenèse, celui-ci est également impacté par l'évolution de la société et de la culture (la sociogenèse). Et plus qu'une juxtaposition de stades de développement, il s'agit désormais de considérer le développement humain à travers une vie entière, un cycle de vie entier bien connu sous le terme anglo-saxon *life-span development*[1]. Il est de bon ton de rappeler aux jeunes éducateurs sportifs que l'enfant n'est pas un adulte en miniature. Cette évidence ressassée auprès des éducateurs de jeunes enfants prend source dans les écrits de nombreux auteurs des XVI et XVIIe siècles

1. Que l'on peut traduire par « développement tout au long de la vie » (Baltes & Goulet, 1970).

qui voyaient en l'enfant une reproduction imparfaite de l'adulte[1]. Rousseau (1712-1778) devient le premier à considérer que l'enfant a des manières de voir, de penser, et de sentir qui lui sont propres. La différence entre l'enfant et l'adulte devient dès lors plus qualitative que quantitative comme par le passé. Appliquée dans le champ sportif, cette expression reflète l'idée d'adaptation des contenus d'entraînement au public auquel l'éducateur fait face. Mais au-delà de cette évidence, il convient donc pour l'entraîneur d'être suffisamment armé sur les caractéristiques de ces populations afin de proposer des séances cohérentes avec leurs capacités et surtout leurs attentes. Cette partie traite de l'évolution du rapport qu'entretient l'individu avec l'activité physique au fur et à mesure de son développement physique et cognitif. Nous verrons notamment à quel point celui-ci impacte ses motivations vis-à-vis de l'exercice moteur.

1 De jeunes enfants intrinsèquement motivés pour le jeu

1. Vers une meilleure différenciation

Entre la naissance et deux ans, le développement tout aussi bien moteur que cognitif du jeune enfant trouve sa base dans l'expérience motrice. Les activités perceptives et motrices constituent ses seuls moyens d'explorer son environnement. Le nourrisson est privé de langage et plus généralement de la capacité de se représenter les objets ou les personnes qui ne se situent pas dans son champ perceptif. Fait remarquable au début de sa vie, l'enfant ne se distingue pas du monde qui l'entoure. Cet état d'indifférenciation est qualifié d'égocentrisme, l'univers de l'enfant est ainsi principalement centré sur son propre corps et sur ses actions. L'enfant doit, pour parvenir à se situer comme objet parmi les objets, s'engager dans un processus de décentration. L'activité motrice y contribue très largement et via une meilleure différenciation, devient de plus en plus fine et localisée. Ce processus de différenciation limite l'apparition des réflexes dits primitifs tel que le réflexe de préhension caractérisé par l'agrippement de tout objet placé dans la main du nourrisson[2] et favorisent ainsi la motricité volontaire. L'étude des réflexes s'avère être un volet important de l'état de santé du nouveau né puisque l'absence de certaines réactions peut traduire un déficit d'ordre neurologique. On remarque également chez le jeune enfant un développement céphalo-caudal, caractérisé par la myélinisation des fibres nerveuses du cerveau vers celles du bas de la colonne vertébrale. Ainsi les muscles de l'axe du corps les plus proches de la partie céphalique sont

1. Ariès (1973) situe la « découverte » de l'enfance à la fin du XVIIe siècle. À cette époque, non pas que l'enfant n'était pas aimé, éduqué, mais il était simplement considéré comme un adulte en devenir caractérisé par sa faiblesse et son manque de raison.

2. Ce réflexe est également appelé réflexe de Darwin, puisqu'il fait écho au postulat d'ascendance commune évoqué par le naturaliste anglais. En effet, les observations menées sur les jeunes singes montrent également ce réflexe d'agrippement principalement à destination de la mère.

plus rapidement sous contrôle du système nerveux central (SNC). Le contrôle moteur touche ainsi dans un premier temps les muscles oculaires (vision, suivi des mouvements, dès la naissance), suivis de ceux du cou (redressement de la tête à 2-3 mois), puis du dos (maintien de la position assise, 7/9 mois) et enfin des membres inférieurs (marche autour de 14 mois et ébauche de la course vers 18 mois)[1].

2. Une histoire de représentation mentale

L'apprentissage trouvant ainsi sa base dans l'expérience motrice, chaque notion va donc être abordée par un mouvement, une perception interne ou externe qui auront un impact sur la mémoire intellectuelle, perceptive et affective de l'enfant. Piaget (Piaget & Inhelder, 1963) associe cette période de développement (de la naissance à 24 mois) au stade de l'intelligence sensori-motrice. Il associe à ses travaux le concept de schème sensori-moteur impliqué dans toutes les activités faisant intervenir la perception et le mouvement, souvent associée à la notion de coordination[2], et permettant de résoudre les problèmes pratiques[3] au moyen des actions sensori-motrices et avant l'apparition du langage. Par un processus d'adaptation non linéaire, l'enfant passe progressivement d'une période de réflexes à une période de combinaisons mentales (18-24 mois) marquée par l'apparition des premières représentations mentales.

De Lièvre et Staes rappellent à quel point la psychomotricité de l'enfant est de l'ordre du vécu corporel (De Lièvre & Staes, 2011). Ainsi la représentation de la rondeur d'un objet peut être appréhendée par la simple capacité de l'enfant à se mettre en boule puis rouler sur un plan incliné. Cette représentation mentale du corps est aussi un moyen d'objectiver la conscience du soi chez le jeune enfant. En effet, comment peut-on s'assurer que l'enfant a une représentation fidèle de son image ? Bien que tous les auteurs ne soient pas d'accord sur la période à laquelle l'enfant prend conscience de lui, les travaux de Zazzo (1977) montrent que cette reconnaissance est assez tardive. L'enfant semble reconnaître les autres (en réalité ou en image) bien avant lui-même. Cette identification n'aboutit finalement qu'autour du 30e mois et correspond au moment où l'enfant parle de lui à la première personne du singulier. Cela traduit chez lui une capacité de décentration c'est-à-dire la capacité de se percevoir objet parmi les objets. Une des possibilités d'objectiver la conscience du soi, c'est-à-dire de savoir si l'enfant a une perception de lui-même, consiste à étudier les réactions de l'enfant face à son image. Pour tester si l'enfant se reconnaît, il est couramment utilisé le test du nez rouge (Zazzo, 1977), il consiste à mettre

1. Pour une description détaillée des stades d'évolution des principales habiletés motrices, se référer à l'ouvrage de Paoletti (1999).
2. L'intelligence sensori-motrice englobe certes la coordination mais également le tonus postural et l'équilibration.
3. C'est ce qui la différencie du concept d'intelligence.

à l'insu de l'enfant une trace rouge sur son nez et à le placer face au miroir, si l'enfant porte son doigt sur son nez il a donc bien compris que l'image de l'enfant sur le miroir n'est autre que lui-même (vers 18-24 mois). Dans un contexte d'éducation psychomotrice, on peut faciliter cette prise de conscience en demandant à l'enfant de manipuler un objet (ballon, foulard) face à une glace. Au niveau scolaire, le test de la représentation graphique du bonhomme utilisé tout au long de l'école maternelle est un témoin de la représentation mentale du corps par l'enfant.

La représentation mentale est aussi fondamentale dans les comportements d'attachement de l'enfant vis-à-vis de son parent. En effet, Bowlby (1961) montre que le besoin d'attachement est un besoin inné, dépassant ainsi les postulats freudiens quant à la période d'étayage qui supposaient que l'attachement à la mère est consécutif à la satisfaction des besoins alimentaires par la mère. Bowlby décrit un pallier maturatif vers l'âge de trois ans dans la construction de cette représentation lui permettant notamment de supporter la séparation avec le parent suite à l'entrée en maternelle

3. Le plaisir de l'exploration corporelle

Quelle que soit l'habileté motrice recherchée[1], l'enfant de moins de trois ans est intrinsèquement motivé par la découverte et l'exploration du mouvement corporel. Autrement dit, seule l'exploration de ses capacités motrices le guide alors même qu'il n'est pas pleinement conscient de son schéma corporel. Le concept de schéma corporel concerne plus particulièrement la connaissance que l'on a de son corps et donc par extension de soi-même (conscience de soi). Il se traduit par la connaissance des limites corporelles et des possibilités motrices notamment lorsque l'on est confronté à un environnement physique[2]. Et bien que l'influence sociale liée à son entourage (encouragement de la mère, démonstration du grand frère...) soit favorable à son engagement et sa persévérance dans l'activité motrice, les nombreuses heures quotidiennes consacrées à l'exploration motrice démontrent à quel point l'enfant est tellement impliqué dans une activité que rien ne semble autrement importer. Force est de constater que ces comportements authentiques et autotéliques (qui n'a d'autre but que lui-même) laisseront progressivement place à des comportements davantage contrôlés par l'environnement social. Nul doute que ces expériences motrices insouciantes mais particulièrement plaisantes resteront gravées dans

1. Malina (1982) classe les habiletés motrices en trois catégories : les habiletés locomotrices (reptation, marche, course, saut), les habiletés posturales (station assise, pousser, tirer, se pencher), et les habiletés de manipulation (saisir, attraper, déplacer un objet, donner un coup de pied/de main).

2. Il est courant, par exemple, d'observer un enfant qui heurte la haie avec la tête et le dos en voulant passer en dessous.

la mémoire de l'enfant et ne manqueront pas par la suite, à l'âge adulte, d'offrir un levier motivationnel pour un (ré)engagement dans l'activité motrice.

2 D'une motivation autonome vers une motivation contrôlée (de 3 à 12 ans)

1. Un développement psychomoteur progressif

Les enfants ont vécu les deux premières années de leur vie comme une période de construction intensive du soi. Ils entrent désormais dans une période de développement très stimulante puisqu'elle va leurs permettre d'optimiser ce potentiel psychomoteur. Ce qui fait dire à Tourette et Guidetti :

> À « 3 ans, l'essentiel des acquisitions psychomotrices est réalisé ; l'enfant sait manipuler les objets avec précision, les combiner, se déplacer de façon sûre, ses mouvements sont assez précis et assez bien coordonnés. L'évolution ultérieure portera sur la combinaison de la rapidité et de la précision des gestes par une meilleure indépendance des groupes musculaires (limitations des syncinésies). » (Tourette & Guidetti, 2008, p. 68)

À l'âge pré-scolaire et scolaire, l'évolution des capacités psychomotrices de l'enfant est directement liée au développement physique. Mais si la myélinisation du système nerveux se poursuit en même temps que l'enfant explore son environnement, le rythme des changements est nettement plus lent comparativement au stade précédent. À titre d'exemples, l'enfant entre deux et huit ans grandit d'environ cinq à sept centimètres et prend 2,5 kilogrammes par année. Les modifications physiques de l'enfant lui permettent cependant d'améliorer nettement ses capacités motrices. Ainsi, un enfant de cinq ans peut effectuer un bond d'environ 85 centimètres, alors qu'un enfant de 11 ans atteindra 1,60 m (Cratty, 1986).

2. Une différence garçons/filles ?

Les jeunes filles d'âge scolaire possèdent en général une longueur d'avance sur le plan de la maturation. Cependant, on n'observe pas de distinction entres les deux sexes quant à la masse musculaire avant la période pubertaire. Par conséquent, les performances observées dans le contexte de l'éducation physique devraient être sensiblement équivalentes entre garçons et filles. D'autant plus que chez les 3-10 ans, le temps consacré aux pratiques d'activité physique ne diffère pas significativement en fonction du sexe (Usen, 2006). Or force est de constater que les performances sont largement à l'avantage des garçons. Alors comment expliquer que les garçons se montrent plus motivés et affichent une compétence perçue plus élevée dans le sport que celle des filles (Chalabaev, Sarrazin, Fontayne, Boiché, & Clement-Guillotin, 2013) ?

Une des réponses se trouve dans l'analyse des attitudes[1] des enfants définies à la fois par des facteurs internes, tels que les motivations, et par des facteurs externes, tels que l'influence des parents, des enseignants et des pairs. En effet, nos sociétés contemporaines confortent certaines représentations sociales liées au genre. Bandura (1986) démontre à quel point le modelage social s'appuie très largement sur les médias au détriment parfois du poids de l'éducation (relation parent/enfant). Le sport n'y échappe pas et vient conforter l'idée de l'homme « meneur et combatif » et celle de la femme « sensible et douce » (Bem, 1981). L'influence conjuguée des médias et des autrui significatifs[2] favorise ainsi l'internalisation par le jeune enfant des normes sociales et stéréotypes sexués en relation avec l'activité physique. Le modèle d'expectation-valeurs d'Eccles (Eccles *et al.*, 1983) soutient l'idée que les attentes de réussite de l'enfant dans l'activité physique tout comme l'intérêt intrinsèque qu'il attribue à la tâche vont très largement conditionner son comportement à venir. Ainsi, certains travaux démontrent que les parents considèrent le sport comme étant plus important pour le jeune garçon que pour les filles et reconnaissent en ces dernières une compétence sportive moins élevée que pour les premiers (Fredricks & Eccles, 2005)[3]. Et si l'émergence actuelle du sport professionnel féminin semble atténuer l'acceptation des stéréotypes sexués chez les jeunes filles, Chalabaev rappelle, néanmoins, à quel point l'activation d'un stéréotype au sein d'une situation peut avoir des effets délétères sur la performance des sportives (Chalabaev, Sarrazin, Fontayne, Boiché, & Clement-Guillotin, 2013).

Pour exemple, une jeune fille qui se sentirait compétente dans une activité typée masculine[4], tel que le football, pourrait cependant perdre ses moyens par un commentaire d'un observateur susceptible d'activer le stéréotype (« les filles ne savent pas jouer au football »).

1. L'attitude est considérée comme un système stable d'évaluations positives ou négatives vis-à-vis d'un objet (Potvin & Rousseau, 1991). Par exemple, un individu aimant peu l'activité physique parce qu'il juge que c'est traumatisant adoptera une attitude négative envers l'activité ce qui limitera l'adoption de comportements « actifs ».

2. Les autrui significatifs peuvent être tout autant les parents, les enseignants ou encore les éducateurs (Jöesaar, Hein, & Hagger, 2011).

3. Pour illustration, le programme « *go girl go !* », engagé aux États-Unis afin d'inciter les jeunes filles de 5 à 18 ans des communautés et quartiers défavorisés à pratiquer une activité physique régulière, remet aux parents un guide explicatif des bienfaits de l'activité physique. Et surtout il tend à sensibiliser les parents sur l'intérêt d'encourager leur fille et pas seulement leur fils à pratiquer le sport (http://www.womenssportsfoundation.org/GoGirlGo.aspx).

4. Pour un exemple de classification des APS en fonction de leur caractère sexué (activité « masculine », « appropriée aux deux sexes », « féminines ») voir Fontayne, Sarrazin et Famose, 2001, p. 27.

Au-delà des effets négatifs à court terme sur l'engagement en compétition des jeunes filles dans des activités dites masculines, le marquage sexuel du sport et globalement de l'activité physique impacte fort logiquement les niveaux d'activité physique et de sédentarité chez les femmes adultes comparativement aux hommes. Dépasser les représentations sociales liées au sport, c'est aussi une question pédagogique. Plus l'éducateur mettra l'accent sur les valeurs intrinsèques de l'activité physique (sensations, accomplissement et connaissance de l'activité), moins l'attention des pratiquantes sera portée sur ces représentations susceptibles d'activer certains stéréotypes. Radel et ses collègues montrent à quel point l'orientation motivationnelle de l'éducateur sportif (extrinsèque vs. intrinsèque) conditionne la nature des motivations de ses pratiquants (Radel, Sarrazin, & Pelletier, 2009).

3. Vers une autonomisation de la pratique

Ce sont souvent les parents qui sont à l'origine des inscriptions des enfants dans l'une ou l'autre des activités (souvent d'ailleurs celles pratiquées par le père ou la mère). Dans le contexte de la compétition sportive, l'influence de la famille est par conséquent fondamentale quant à la persévérance et la réussite des enfants. Les parents s'investissent d'autant plus dans la pratique sportive de leur enfant qu'ils perçoivent en lui un potentiel, et les athlètes à qui les parents répètent qu'ils sont doués, se montrent plus confiants, motivés, persévérants et déterminés (Ericsson, Krampe, & Tesch-Römer, 1993). Du côté de l'enfant, la situation est toute autre puisque d'un point de vue des états émotionnels, dès l'âge de 5 ans, l'enfant peut dissocier le ressenti de ses propres émotions et les conduites expressives qu'il adopte, il peut par exemple faire semblant d'être content de pratiquer telle ou telle activité sportive. Autrement dit, il peut induire une fausse croyance chez le camarade ou le parent. Selon les observations d'Ericsson sur des pianistes virtuoses, l'excellence nécessite un minimum de 10 000 heures de pratique délibérée[1]. Durant l'enfance, on perçoit aisément à quel point la dépendance de l'activité sportive de l'enfant est forte vis-à-vis de l'accompagnement des parents, d'autant plus si un ou les deux parents ont pratiqué ou pratiquent encore une activité physique en compétition. Cela dit, concernant plus globalement l'activité physique, les études montrent une influence plus mitigée du modèle parental sur l'engagement des enfants de 3 à 12 ans dans une activité physique (Ferreira *et al.*, 2006). L'effet serait plus spécifiquement lié au genre, ainsi le niveau d'activité physique du père influencerait davantage celui du jeune garçon, alors que la participation des filles serait liée à celle de la mère.

1. La notion de pratique délibérée caractérise toutes les activités d'entraînement de l'athlète spécifiquement assurées par un entraîneur dans un but d'amélioration de la performance individuelle (Ericsson, Krampe, & Tesch-Römer, 1993).

Malgré cette dépendance vis-à-vis des parents, l'autonomisation grandissante de l'enfant lui permet de sortir partiellement du groupe familial pour s'intégrer dans d'autres groupes sociaux tels que le groupe sportif[1]. La compétence sportive du jeune enfant devient dès lors une véritable monnaie sociale lorsqu'il s'agit pour lui de développer ses relations interpersonnelles, particulièrement à l'école. Si la représentation de soi commence à se coordonner chez l'enfant, ce dernier devient également en mesure d'évaluer les caractéristiques de ses camarades et par conséquent de se comparer à eux. Le développement de son réseau social en sera directement affecté puisqu'il va chercher à se rapprocher des individus qui lui ressemblent. Une autre stratégie visera à se conformer à la source d'influence sociale, c'est-à-dire transformer une attitude ou un comportement afin d'adopter la position du groupe de référence. Ce processus d'affiliation sociale nécessite donc chez l'enfant d'âge scolaire de prendre en compte la perspective d'autrui.

Cette décentration offre, à ceux qui en ont la capacité, l'opportunité d'adopter des conduites affiliatives (comportements pro-sociaux d'offrande et de partage) et par conséquent de maintenir ou développer leur popularité. Le statut social de l'enfant durant cette période est fondamental quant à son développement psychique sur le court et le long terme. Ainsi, selon Guay, Boivin et Hodges (1999), les élèves qui éprouvent des difficultés d'intégration sociale durant l'école primaire risquent d'éprouver dans le futur des dysfonctionnements psychologiques (anxiété sociale, faibles estime de soi et sentiment de compétence) et des difficultés d'accomplissement académique (abandon précoce du système scolaire et prévalence plus marquée à la délinquance).

Les enfants les moins populaires se partagent entre les enfants dits « rejetés », principalement du fait de leur propension à se montrer agressifs, et les enfants dits « négligés ou isolés » qui représentent peu d'attractivité. La littérature montre très clairement que le niveau de compétence sportive chez les jeunes garçons tout comme chez les jeunes filles[2] est un des indicateurs les plus significatifs de la popularité. Cela corrobore les modèles hiérarchiques de l'estime de soi qui reconnaissent dans la valeur physique perçue un des piliers du concept de soi (Fox & Corbin, 1989). Par un processus de comparaison sociale, le soi physique prend donc naissance durant cette période que Piaget considérait de « latence » avant les turbulences de l'adolescence au cours de laquelle le corps prend une part prépondérante au bon développement psychique.

D'un point de vue pédagogique, l'action de l'éducateur doit s'attacher à maintenir coûte que coûte un sentiment de compétence satisfaisant aux yeux du jeune sportif. Sans quoi ce dernier serait tenté de quitter son sport, dans lequel il pourrait ne plus se sentir progresser, pour finalement s'engager dans

1. À ce titre, dans les sports traditionnels la première licence est souvent délivrée dès l'âge de 6 ans.
2. Chez les jeunes filles, l'apparence physique est également un déterminant majeur du statut social.

une nouvelle discipline sportive. Analysé sous cet angle, le phénomène de zapping sportif traduirait une stratégie visant à garantir à l'enfant, redevenu « novice », une marge de progression très importante favorable à son sentiment de compétence (pour une revue sur les stratégies, *cf.* Coudevylle, Gernigon, Martin Ginis & Famose, 2015).

3 La période de l'adolescence

1. Une période de transformations du corps ...

La période de l'adolescence peut recouvrir des groupes d'âge très différents. L'OMS inclut par exemple les 11-24 ans. Mais plus généralement, elle concerne les 12-17 ans, groupe d'âge assez homogène, puisque la très grande majorité d'entre eux sont scolarisés dans le secondaire, et vivent au foyer familial avec leurs parents. Mais ce que l'on retient surtout de la période de l'adolescence, c'est qu'elle est marquée par de profonds changements d'ordre physiologique (modifications hormonales) et physique (forte poussée staturo-pondérale). Plus que les changements, c'est bien la rapidité de ces modifications comparativement au rythme de croissance de la période précédente qui est symptomatique de cette période. L'adolescent est ainsi littéralement contraint de modifier l'image qu'il s'était fait de son corps en intégrant, avec plus ou moins d'ambigüité, ses caractéristiques sexuelles[1]. Pour autant Jousselme montre, chez les filles, que la perception d'être adolescente n'est pas liée à l'apparition des règles (Jousselme, Cosquer, & Hassler, 2015). Cette réalité qui s'impose tout comme l'influence des modèles sociaux du corps adulte sont susceptibles d'être sources d'angoisse pouvant générer dysmorphophobie[2] voire parfois des mutilations. L'hétérogénéité des groupes d'adolescents d'un point de vue physique tant au collège que dans les groupes sportifs traduit la forte variabilité observée quant à l'apparition de ces transformations[3]. Dans le contexte de la formation pour l'accès au sport de haut niveau, l'identification du stade pubertaire du jeune sportif est fondamentale dans une logique de prédiction de performances futures. En effet, l'entraîneur devra parfois se montrer patient face à une progression de son athlète ralentie durant cette période à nouveau centripète[4].

1. En France, 50 % des filles de 12 ans ont eu leurs premières règles alors que 50 % des garçons de 13 ans ont mué (Jousselme, Cosquer & Hassler, 2015).

2. La dysmorphophobie est caractérisée par la peur d'avoir un développement disharmonieux, avec des points de fixation sur certaines parties du corps. À ce titre, 30 % des filles contre 16 % des garçons souffrent d'avoir un corps qui ne représente pas ce qu'ils sont (Jousselme, Cosquer & Hassler, 2015).

3. En pleine croissance, l'adolescent est susceptible de grandir de 10 cm/an.

4. L'adolescent face aux transformations de son corps et par conséquent de sa coordination motrice se recentre à nouveau (comme durant la petite enfance) sur lui-même.

2. Un développement cognitif remarquable

Selon Piaget, les opérations formelles sont à considérer comme l'achèvement du développement cognitif. On entend par opération formelle, la capacité de l'adolescent à mettre en œuvre une pensée hypothético-déductive, c'est-à-dire d'émettre des hypothèses, de raisonner sur ces hypothèses et de construire des plans d'expérience pour les vérifier. Piaget soutient ainsi l'idée :

> « La logique de l'adolescent est un système complexe, mais cohérent, relativement différent de la logique de l'enfant. Elle constitue l'essence de la logique des adultes cultivés. » (Piaget, 1972, p. 6)

Conformément à la pensée constructiviste de Piaget, ces nouvelles capacités ne surgissent pas subitement, mais se construisent dans le temps. Cette période propice à la réflexion est particulièrement favorable au développement des connaissances tactiques de l'athlète dans son environnement sportif. C'est le cas dans les sports collectifs où l'apprentissage de systèmes et plans de jeu s'invite sur le terrain et dans les vestiaires. Cette évolution du raisonnement s'appuie également sur des modifications structurelles en lien avec la capacité de la mémoire de travail et de la mémoire à long terme (connaissances stockées). Cela se traduit par le développement de trois formes de connaissances. Les connaissances déclaratives (savoir que) représentent toutes les connaissances factuelles qu'un individu a acquises (par exemple savoir que l'activité physique est bénéfique pour la santé). Les connaissances procédurales (savoir comment) correspondent à toutes les habiletés acquises (poser une multiplication, savoir faire du vélo...). Les connaissances conceptuelles (savoir pourquoi) renvoient, quant à elles, à la compréhension dont fait preuve un individu à l'égard de situations ou concepts abstraits (être capable de comprendre une ambivalence chez le pratiquant)[1].

Le jugement moral découle des niveaux cognitifs atteints par l'adolescent. C'est-à-dire que plus celui-ci est capable de raisonnements complexes, plus il est en mesure de faire face à des dilemmes moraux. Tout particulièrement les adolescents deviennent de plus en plus capables d'écouter le point de vue de l'autre, de gérer des relations interpersonnelles, de résoudre des problèmes sociaux et de faire preuve d'empathie et d'altruisme. Là aussi les sports d'équipe et plus largement les clubs associatifs sont propices à cette évolution.

1. La classification des connaissances a fait et continue de faire débat au sein de champs d'étude aussi divers que la psychologie, l'informatique ou la pédagogie. Pour une réflexion sur cette question, se référer à Désilets (1997).

Les stades de développement moral

Piaget (1932) identifie deux stades du développement moral.

- Le stade préopératoire de la moralité se caractérise par le respect des règles à la lettre, sans interprétation, parce que la plupart du temps, elles émanent de l'autorité adulte.
- Le stade de la moralité autonome : l'adolescent perçoit la règle comme résultante d'un consensus et non d'une autorité extérieure. Si le jugement moral met en jeu le raisonnement logique que l'adolescent doit savoir exercer, il s'appuie également fortement sur la cognition sociale. L'acquisition du code social, par exemple dans un groupe sportif, participe ainsi à l'édification du jugement moral.

Les codes sociaux véhiculés au sein des groupes auxquels il appartient confrontent l'adolescent à un nouveau dilemme. D'une part, il cherche à développer son autonomie et s'émanciper, et d'autre part il maintient coûte que coûte des liens avec le modèle parental représentatif de l'adulte qu'il va devenir. Cette période de l'adolescence marque aussi le temps de l'engagement affectif au sein de groupes sociaux autres que la cellule familiale. Ce transfert d'attachement lui permet néanmoins de s'affranchir des modèles parentaux, bien que 82 % des adolescents déclarent être globalement satisfaits de leur relation avec leur mère et 70 % avec leur père (Jousselme, Cosquer, & Hassler, 2015). L'adolescent dans une perspective d'identité sociale cherche à se rapprocher des caractéristiques d'un groupe d'appartenance (l'endogroupe) tout en se différenciant des autres groupes (les exogroupes). Le sentiment d'appartenance à un groupement sportif sera d'autant plus marqué que ce dernier s'appuie sur une forte identité sociale, matérialisée par un code de conduites, un code vestimentaire, un style de jeu, un niveau de performance... Si les relations interpersonnelles se développent significativement durant cette période, le(s) groupe(s) de pairs et la famille sont en soi complémentaires parce qu'ils ne visent pas aux yeux de l'adolescent les mêmes buts : matériels et moraux pour la famille ; sentimentaux et personnels pour le groupe d'amis.

3. Crise de l'adolescence ? Qualité de vie et activité physique

L'adolescent se situe dans une période de remaniements psychiques et physiques qui le place dans une vulnérabilité, et même si chaque adolescent ne ressent pas en tant qu'acteur cette « crise », un peu moins de 10 % des adolescents français déclarent néanmoins mal vivre leur adolescence (Jousselme, Cosquer, & Hassler, 2015). Parmi ces derniers, la dépression touche deux fois plus de filles que de garçons. Comparativement aux adultes, les adolescents démontrent, certes, de meilleurs scores de santé physique mais de plus faibles scores de santé mentale (niveaux d'anxiété et de dépression). Les signes de souffrance physique révèlent souvent l'incapacité de l'adolescent à exprimer une souffrance psychique impossible à mettre en mots. Cette période est aussi caractérisée par des phénomènes de fusion collective, d'effervescence sociale au cœur desquels l'adolescent traduit une alternative aux relations familiales. Cette alternative peut s'appuyer sur des rites d'initiation pouvant générer la consommation de substances psychoactives (tabac, alcool, drogues). L'adolescent est parfois susceptible de prendre appui sur le groupe pour justifier l'adoption de telle ou telle conduite dangereuse, bien qu'il ne l'ait pas adoptée en privé. Les comportements violents sont en revanche plus souvent du ressort de l'individu que du groupe. Ils découlent généralement d'expériences ou d'exposition à la violence durant l'enfance. Cette violence de l'adolescent peut être synonyme à la fois de protection et d'agressivité envers eux-mêmes (automutilations, suicides). Mais si dans l'ensemble ces comportements déviants sont principalement initiés en groupe ou en famille, le maintien et l'accoutumance des habitudes sont surtout dépendantes de la personnalité et des difficultés identitaires.

Il s'avère ainsi difficile de caractériser ce qui relève des processus normaux et des processus pathologiques dans la réflexion autour de cette notion de crise de l'adolescence. Cependant, la rapidité et l'intensité des changements physiologiques, physiques, cognitifs, sociaux et affectifs soulignent une période à risques susceptible d'impacter le niveau de qualité de vie de l'adolescent. L'environnement familial semble être le facteur de protection le plus enclin à réguler les difficultés d'adaptation à ces turbulences, tout comme l'activité physique a démontré de réels effets sur la qualité de vie des jeunes.

La qualité de vie

D'un point de vue conceptuel, la qualité de vie (QDV) est un concept multidimensionnel comprenant selon l'Organisation mondiale de la santé (1991) quatre dimensions : la santé mentale, la santé physique, les relations interpersonnelles et la qualité de l'environnement. Plus récemment la notion de qualité de vie liée à la santé (HRQoL[1]) a fait son apparition et place le focus sur les effets de la santé, de la maladie et des traitements sur la qualité de vie. Bien que la distinction avec la QDV soit parfois difficile, la HRQoL exclut par principe les aspects de la QDV non liés à la santé (c'est-à-dire culturels, politiques et sociétaux). Qualité de l'environnement, sécurité civile, éducation, niveau de vie, transports, liberté d'expression, services culturels sont autant de facteurs qui sont par conséquent minimisés dans l'étude de la HRQoL. En revanche en qualité de traitement et de facteur de prévention primaire, l'effet de l'activité physique sur la HRQoL est particulièrement étudié. Globalement pour toute population, plus l'on pratique de l'activité physique, plus la qualité de vie liée à la santé est positive (Bize, Johnson & Plotnikoff, 2007). Pour ce qui concerne les adolescents,

1. HRQoL : *Health Related Quality of Life.*

l'activité physique « vigoureuse[1] », comparativement aux activités physiques de faible intensité (marche lente, yoga, pêche...) prévient des épisodes dépressifs, réduit l'anxiété, renforce la perception de l'apparence physique et la satisfaction relative au poids (Birkeland, Torsheim & Wold, 2009 ; Goldfield *et al.*, 2011).

Force est de constater que si l'activité physique est favorable à la santé mentale des adolescents (Ahn & Fedewa, 2011) le niveau d'activité physique chute significativement durant cette période de la vie. À travers une revue de littérature, Dumith et ses collègues (Dumith, Gigante, Domingues & Kohl, 2011) estiment à 7 % de perte de quantité d'activité physique par année entre 9 et 16 ans. Plus spécifiquement, cette chute serait plus importante pour les filles entre 9 et 12 ans que pour les garçons et inversement durant la période 13-16 ans. Plus précisément à propos des conduites des adolescents français, Jousselme (Jousselme, Cosquer, & Hassler, 2015) rapporte que 82 % d'entre eux pratiquent toutefois un sport régulièrement (90 % des garçons et 75 % des filles). Cette même étude précise néanmoins qu'entre 13 et 18 ans le pourcentage relatif à la pratique du sport de compétition passe de 64 % chez les garçons et 39 % chez les filles à respectivement 44 % et 21 %. Cette baisse significative de l'engagement dans le sport de compétition semble dépendre du temps consacré aux études et des limites de la réussite sportive. La différence entre les deux sexes pourrait quant à elle s'expliquer par le décalage d'environ une année quant à l'apparition des premiers signes de la puberté. Certains auteurs ont ainsi pu constater chez les jeunes adolescentes d'un même âge, qu'une puberté avancée engendre de plus faibles perceptions d'attirance et de condition physique, de compétence dans les sport, et plus globalement impacterait négativement la HRQoL (Hunter Smart, Cumming, Sherar & Standage, 2012).

Il faut enfin remarquer que si la très grande majorité des adolescents français pratique une activité physique, le rapport de l'ENNS[2] (Usen, 2006) montrait que seulement 60 % des 11-14 ans atteignaient les objectifs du programme national nutrition santé (PNNS), à savoir 30 minutes d'activité physique quotidienne[3].

4 Pour une approche contemporaine de la psychologie du développement de l'adulte

Les premières approches de la psychologie du développement supportaient l'existence de cycles de vie organisés comme une succession de croissance et de

1. Classiquement on considère une activité « vigoureuse » lorsque le cœur bat rapidement et que le corps transpire (par exemple course, basket-ball, football).

2. ENNS : Étude nationale nutrition santé.

3. 64 % des garçons et 55 % des filles de cette tranche d'âge et 71 % des 15-17 ans (78 % pour les garçons, 65 % pour les filles) atteignaient cet objectif.

déclin. On considère cette approche comme ontogénétique, puisqu'elle retrace la série de transformations subies par l'individu depuis la fécondation jusqu'à l'être achevé. Cette perspective considérait finalement le développement sur une période donnée qui voyait l'homme devenir progressivement enfant, adolescent et enfin jeune adulte, suivie ensuite d'une période de récession ponctuée par la mort (Jung, 1933). Par conséquent, dès lors que l'intérêt se porte sur l'adulte, les travaux se focalisent davantage sur le déclin et la perte des habiletés physiques et cognitives, alors que dans le cadre d'analyse du développement de l'enfant, le rôle de la maturation demeure central. Ainsi les psychologies appliquées à l'enfant et à l'adulte se différencient sur l'interprétation du développement qui chez l'adulte semble plus ambiguë, notamment quand il s'agit d'associer des stades de développement avec certains âges de la vie. Également, il s'avère difficile de répondre à la question de l'existence de schèmes récurrents à l'image de ceux observés par Piaget chez l'enfant. Peut-on considérer, par exemple, que les gens deviennent plus sages ou plus lents d'un point de vue cognitif en vieillissant ?

Dans une toute autre orientation, des conceptions plus contemporaines considèrent le vieillissement non pas comme une maladie mais comme un cycle de vie (Baltes & Goulet, 1970). On parle ainsi de vieillissements « primaire » quand on étudie les processus inévitables liés à l'avancée dans l'âge, et « secondaire » si l'on recherche les influences de l'environnement, de l'hygiène de vie et de la maladie (Birren & Schroots, 1996). Ainsi, les recherches ne contestent pas l'avantage des jeunes adultes en termes de capacités cognitives et physiques, mais elles estiment néanmoins que les différences, entre jeune adulte et adulte d'âge avancé, devraient être moins marquées sans l'impact du vieillissement secondaire. Cette différenciation s'inscrit pleinement dans le paradigme du *life span development* considérant la vie comme une succession de cycles ayant tous autant une importance et un intérêt pour un développement optimal de l'individu (Baltes & Goulet, 1970). Dans cette logique, Denney (1984) apporte une illustration très concrète de ce mode de pensée. En effet, elle propose deux postulats quant à l'amélioration possible des habiletés cognitives et physiques tout au long de la vie. Le premier soutient l'idée que, quel que soit l'âge, il est toujours possible d'améliorer ses habiletés et par conséquent de progresser (par exemple augmenter son VO2 max si l'on entreprend un programme d'entraînement). Le second suggère que le niveau maximal d'une habileté diminue avec l'âge, y compris avec un programme d'entraînement intensif (les sportifs de haut niveau en fin de carrière voient progressivement leurs performances diminuer). Une fois ces deux postulats établis, Denney différencie ensuite les habiletés en fonction de leur niveau d'expertise. D'une part, les habiletés cognitives et physiques exercées de façon optimale sont les activités les plus souvent exercées. Elles peuvent atteindre un niveau de performance relativement élevé tout en étant conditionné par le potentiel de l'individu[1]. D'autre part, les habiletés non exercées sont relatives à des activités cognitives ou physiques que l'individu pratique pas ou peu. Ces habiletés offrent par conséquent un degré d'amélioration plus important au cours de la vie adulte que celles qui étaient « exercées ». Plus le niveau initial est faible plus il est possible pour l'adulte de bénéficier de cette progression. De façon plus globale, il convient également de caractériser les différents âges de la vie adulte. Bien que toute classification puisse être discutée et remise en cause, la plupart des auteurs distribuent l'âge adulte en trois phases distinctes : le jeune adulte (20 à 40 ans), l'adulte d'âge moyen (40 à 65 ans) et l'adulte d'âge avancé (65 ans et plus). Cette classification reflète les différents changements dans les rôles sociaux qui se produisent à chacune des étapes (Papalia, Olds & Felman, 2009).

1. Le dilemme du statu quo ou du changement chez l'adulte

a. Le jeune adulte

Si l'adolescent construit son identité, l'adulte construit quant à lui son intimité. On entend par intimité cette capacité à fusionner son identité avec celle d'une autre personne sans craindre de perdre un peu de soi-même. Cette construction identitaire se réalise à travers les rôles sociaux[2] qui évoluent avec l'âge. Ainsi le jeune adulte se verra progressivement confronté aux rôles de travailleur, conjoint et parent. Leurs apparitions au sortir de l'adolescence s'accompagnent classiquement d'une prise de confiance, d'une meilleure estime de soi et d'une plus forte indépendance, notamment vis-à-vis du modèle parental. Toutefois, comme le rapporte Nydegger :

> « La tâche du jeune adulte consiste à se libérer émotionnellement de ses parents tout en leur restant attaché en tant que fils ou fille[3]. » (Nydegger, 1991, p. 102)

L'entrée dans l'âge adulte se traduit également par un nouveau mode de pensée plus complexe comparativement au modèle hypothético-déductif (le « si... alors ») caractéristique de la période adolescente. Cette nouvelle forme de pensée implique, pour le jeune adulte, la recherche d'une synthèse ainsi que la reconnaissance et l'acceptation du paradoxe et de l'incertitude. Cette démarche lui permet de faire face aux problèmes pour lesquels il n'existerait pas de solutions ou au contraire il existerait plusieurs solutions. À travers son étude sur le développement cognitif et moral des étudiants de l'université

1. Pour exemple, en 2014, le perchiste français Renaud Lavillenie a franchi 6,16 m, ce qui représente une performance probablement très proche du maximum que peut lui offrir son potentiel.
2. Un rôle social est constitué du statut social et du modèle associé à ce statut, c'est-à-dire : le comportement, les conduites, les caractéristiques associées à la personne qui occupe ce statut. On attend par exemple d'un « sportif » qu'il soit endurant, persévérant, dynamique, habile...
3. Traduction libre.

d'Harvard, Perry (1970) montre à quel point le développement de la pensée post-formelle est progressif dans le temps et passe par plusieurs remises en question de certains présupposés. D'une dualité de base (voir le monde comme juste ou faux, bon ou mauvais[1]), le jeune adulte découvre la multiplicité des connaissances et s'engage progressivement dans un relativisme diffus vis-à-vis d'un champ de connaissances qui s'ouvre à lui[2]. Ce relativisme est désormais intrinsèquement lié au processus même de la connaissance. Si les travaux de Perry sont appliqués au contexte universitaire (De Martin-Silva, Fonseca, Jones, Morgan & Mesquita, 2015), ils n'en demeurent pas moins applicables dans le secteur de l'entraînement sportif où le coach attend de son jeune athlète qu'il se comporte avec une plus grande maturité et perçoive la responsabilité qui lui incombe. Grâce à cette dynamique, la relation, initialement hiérarchique entre l'entraîneur et son sportif, laisse place à une relation plus horizontale où l'un et l'autre tâtonnent dans leur recherche de la vérité. Cette évolution est affectivement très chargée.

À chaque moment, le jeune adulte est tiraillé entre le désir de progresser et la résistance au changement. Ce relativisme diffus est susceptible d'engendrer chez le jeune adulte un choc émotionnel dès lors qu'il en vient à se poser la question : « tout est relatif ? Et moi, mes valeurs, mes certitudes ?». À l'image de son entrée dans le monde professionnel, l'adulte entre 20 et 30 ans se situe donc dans un stade d'essai durant lequel il apprend les ficelles de son métier afin de pouvoir gravir les premiers échelons. Mais cet apprentissage s'avère plus ou moins rapide en fonction des individus et dépend également de l'influence de son environnement proche. La pression d'un supérieur associée à des attentes de performance quasi-immédiates (jeune recrue prometteuse dans un club sportif) ne facilitent pas cette construction identitaire du jeune adulte. Il convient, par conséquent pour l'éducateur, de se montrer patient avec un sportif entrant dans la vie adulte, afin de ne pas stéréotyper sa pratique et finalement entraver sa prise d'initiative et sa créativité.

La phase suivante (30-40 ans) sera plus stable et le jeune adulte pourra dès lors se concentrer sur ses aspirations personnelles mais devra également faire face à une prise de conscience plus marquée de la réalité de la mort. L'individu passe d'une perspective « du temps écoulé depuis la naissance » à une perspective du « temps qui reste jusqu'à la mort » ; ainsi celui-ci se préoccupe moins du monde extérieur et fait preuve davantage d'introversion. La foi que l'adulte avait en ses valeurs se trouve parfois ébranlée et initie chez lui la quête d'un style de vie qui donnera une nouvelle impulsion, un nouveau sens à sa vie.

1. Lorsque Perry interroge un étudiant de 2e année sur ce qu'il dirait à un étudiant débutant : « si tu viens, et si tu fais tout ce que tu dois faire, tout ira bien ; c'est vraiment tout ce que tu dois savoir » (Perry, 1970, p. 62, traduction libre).

2. Un autre étudiant, plus avancé dans son cursus, évoque cette notion de relativisme : « on doit penser en des termes complexes : on doit pondérer plus d'un facteur en essayant de développer sa propre opinion » (Perry, 1970, p. 100, traduction libre).

Enseigner, transmettre son savoir, prendre soins des autres ou les servir sont autant de stratégies qui visent à alléger les angoisses vécues au cours de cette période. La fin de carrière sportive de haut niveau est caractéristique de cette période centripète. L'estime de soi de l'athlète et la perception de son corps sont altérées à l'approche de la fin de carrière. Et dès lors que celle-ci est terminée, la recherche de substituts, notamment dans le contexte professionnel, offre parfois des raccourcis entre expérience sportive, leadership, goût de l'effort et esprit d'équipe (Chamaladis, 2012). Cette relation entre performance au travail et activité physique est particulièrement d'actualité au sein des sociétés touchées par le syndrome de l'inactivité (voir chapitre 4). L'esprit sportif semble être à la mode dans nos entreprises et notamment dans le secteur des ressources humaines au sein duquel il s'agirait de conduire une équipe de cadres comme on mène une équipe sportive à la victoire (cohésion, motivation, gestion du stress, leadership). Autre analogie entre contexte de la performance sportive et le monde du travail, l'épuisement émotionnel, bien connu sous le terme anglo-saxon *burnout*. Selon Raedeke (1997), le *burnout* relève de trois composantes :

- le niveau d'épuisement mental et physique lié à l'exigence de l'activité sportive ou professionnelle ;
- la dévalorisation de soi découlant de sentiments négatifs envers le sport ou l'activité professionnelle, la perte de sens et d'utilité dans le domaine considéré ;
- la diminution du sentiment d'accomplissement conséquent à des difficultés récurrentes d'atteindre les performances visées.

Certains auteurs montrent également que les activités professionnelles ou sportives sont parfois si prégnantes qu'elles peuvent entrer en conflit avec les autres sphères d'activités de la personne telles que la famille (Senecal, Vallerand, & Guay, 2001). La satisfaction de vie du jeune adulte est, comme nous l'avons vu, susceptible d'être affectée par la confrontation à de nouveaux rôles sociaux (vie en couple, travail, responsabilité liée à la famille). Ces difficultés récurrentes à cet âge semblent toutefois être atténuées dès lors que l'adulte bénéficie d'une base de sécurité émotionnelle familiale[1]. Ainsi, ceux qui présentent un attachement sécurisant s'inquiètent moins d'un échec professionnel et ont moins tendance à se sentir dépréciés. Alors que les adultes présentant un attachement insécurisant sont constamment préoccupés par des questions d'attachement et s'inquiètent de leur rendement au travail (Hazan & Shaver, 1990). Parfois même, le travail leur permet d'éviter la vie sociale et les relations

1. Ce qui explique notamment pourquoi les dirigeants des centres de formation dans le sport de haut niveau ont durant de longues années véhiculé ce type de discours auprès de leurs stagiaires professionnels.

intimes à l'image de certains adultes qui ne prennent pas de vacances, sont des bourreaux de travail et préfèrent travailler seuls.

En partie grâce à cette base de sécurité émotionnelle, le jeune adulte va progressivement passer d'une définition externe du soi, encore dépendante des questionnements de l'adolescence vers une définition interne du soi caractérisant une prise de conscience de sa trajectoire de vie. Pour autant les sentiments d'échec social perçus à travers des messages sociaux de l'entourage sont parfois à l'origine d'états dépressifs d'autant plus que l'individu possède une faible estime de soi. Paradoxalement, la période de la vie où l'homme est au sommet de sa forme physique et intellectuelle correspond à la période où il est le plus vulnérable aux problèmes de santé mentale (dépression, toxicomanie, anxiété, troubles de la personnalité, schizophrénie). Dans les pays industrialisés, les risques de souffrir de troubles émotionnels de toutes sortes sont plus fréquents chez les jeunes adultes que chez les adultes plus âgés (Kessler, Foster, Webster, & House, 1992). Face à ces constats, le développement des habiletés psychologiques demeure essentiel afin d'offrir au jeune adulte les moyens de faire face à ses interrogations. De plus en plus de programmes sont mis en œuvre dans les contextes éducatif et sportif et visent à offrir dès l'âge scolaire les bases de ces habiletés mentales. L'apprentissage de la pleine conscience est à ce titre très significatif de l'intérêt actuel porté à ces méthodes (Bernier, Thienot, Codron & Fournier, 2012). Permettant, par exemple, d'optimiser les performances cognitives (contrôle de l'attention) ou de favoriser la résilience au stress, la pleine conscience a déjà démontré son efficacité dans le contexte scolaire (Zenner, Herrnleben-Kurz & Walach, 2014).

b. L'adulte d'âge moyen

L'adulte d'âge moyen (de 40 à 65 ans) semble être désormais suffisamment armé sur le plan du développement (mental et physique) pour faire face aux exigences rattachées aux postes d'autorité. C'est généralement durant cette période de sa vie qu'il occupe le poste le plus important de sa carrière professionnelle. Mais si la satisfaction au travail est habituellement associée chez l'homme à des mesures objectives de réussite telles que les promotions ou le salaire, chez la femme elle est corrélée aux décisions prises au début de l'âge adulte. Ainsi, si une femme estime avoir accordé trop d'importance aux responsabilités familiales et conjugales au détriment de sa carrière, elle est susceptible d'être insatisfaite au travail, ce qui peut parfois l'inciter à reprendre ses études. Les exigences liées aux rôles sociaux diminuent ou se font moins pressantes ce qui permet à l'adulte de consacrer plus de temps à sa vie conjugale et plus globalement à ses relations interpersonnelles. Les personnes adultes d'âge moyen entretiennent les relations établies par le passé et ne recherchent pas nécessairement de nouvelles affinités. Ces relations de longue date deviennent en revanche plus intimes. Les intérêts étant à nouveau orientés vers soi, on observe un net regain du goût pour l'esthétique. Ceci se traduit notamment par un engagement dans les activités physiques et sportives ou dans les soins corporels qui se fait plus marqué durant cette période.

Si les capacités sensorielles et psychomotrices déclinent avec l'âge[1], on constate néanmoins, en dehors de travaux nécessitant de la force, une augmentation de la productivité durant l'âge moyen. À l'image de la conduite automobile, les attitudes compensatoires telles que la prudence et l'anticipation facilitent la performance comparativement aux jeunes adultes.

Les stratégies mises en place

Plusieurs mécanismes imbriqués offrent à l'adulte de nouvelles perspectives de performance malgré ce léger déclin des habiletés physiques et cognitives (Baltes & Baltes, 1990).

- Tout d'abord, l'optimisation sélective favorise le maintien d'un niveau de performance. Dans un contexte professionnel, l'individu va se focaliser sur des tâches importantes et déléguer les tâches périphériques. Dans un contexte de loisirs sportifs, l'adulte va donner une nouvelle orientation à sa pratique soit en changeant de fonction ou de poste au sein de son équipe, soit en s'engageant dans une nouvelle activité physique plus favorable à ses capacités (le passage d'une pratique collective à un sport individuel tel que la course à pied).
- La compensation, quant à elle, comporte des stratégies pragmatiques afin de surmonter les obstacles. C'est le cas des appareillages (lunettes, prothèses auditives) qui facilitent l'adaptation aux pertes des systèmes corporels. Dans le contexte de la compétition, les stratégies de compensation sont assez courantes chez les sportifs plus âgés. Principalement basées sur la lecture (du jeu, de l'environnement) et l'anticipation, elles offrent aux plus anciens d'entre eux la possibilité de faire jeu égal avec la jeune garde[2]. Il n'est pas rare, cependant, de constater chez certains adultes des mécanismes de défense face aux changements qui relèvent du déni (Vaillant, 2000).
- Le déni traduit une absence de prise en compte des modifications liées à l'âge, l'adulte continue sa pratique sportive, par exemple, sans l'adapter à ses capacités. Les conséquences du déni sont de l'ordre de la blessure d'un point de vue physique et de la désillusion sur le versant mental. Face au vieillissement, ce type de réaction « immature » s'oppose au type « mature » caractérisé par l'humour et l'altruisme (Vaillant, 2000).

1. On estime à 10-15 % de perte de la capacité de force physique et de coordination vers 60 ans (Papalia, Olds & Felman, 2009).

2. Les exemples de sportifs et sportives dont la carrière perdure dans le temps sont nombreux dans le contexte du haut niveau. On peut prendre pour illustration le surfeur américain Kelly Slater champion du monde pour la 11e fois en 2011 à 39 ans, ou encore Marco Olmo, vainqueur de l'ultra trail du Mont Blanc à 59 ans en 2007.

2. Le bien vieillir

Le jeune adulte est convaincu que son corps est en mesure de supporter toutes sortes d'excès et d'abus, d'autant plus que celui-ci est moins susceptible de mourir ou de tomber malade que l'adulte d'âge moyen ou avancé. Par conséquent, les effets de leurs habitudes peuvent leur sembler sans grandes conséquences. Il n'en est rien ! La santé physique et mentale de l'adulte à partir de 40 ans est associée aux habitudes contractées au début de l'âge adulte. Si les facteurs de protection réduisent les risques de maladie et augmentent le sentiment de bonheur ou de bien-être chez la personne, les facteurs de risque provoquent l'effet contraire, ils augmentent les risques de maladie et diminuent la satisfaction de vivre. Les résultats de l'étude d'Alameda (Breslow & Breslow, 1993) sont très significatifs de l'effet à long terme des habitudes de vie sur le niveau de santé. Cette étude longitudinale et épidémiologique a analysé sept pratiques quotidiennes de 6 928 sujets californiens (tabagisme, consommation d'alcool, activité physique, poids, petit-déjeuner, alimentation, sommeil). Les résultats sont éloquents, excepté pour le petit-déjeuner, tous les facteurs prédisent la mortalité, la maladie et l'invalidité des sujets, 18 ans après. Le travail de Lissner (Lissner, Bengtsson, Björkelund & Wedel, 1996) démontre également, auprès de femmes suédoises, que plus leur niveau d'activité physique initial est élevé plus le risque de mortalité est faible 20 ans après. Enfin, l'étude de Basset a mis en évidence l'effet d'un mode de vie actif sur l'état de santé (Basset, Schneider & Huntington, 2004). Ces auteurs ont montré, au sein d'une communauté Amish aux États-Unis, que les hommes réalisent en moyenne 18 425 pas par jour et les femmes 14 196[1]. La conséquence d'une telle dépense énergétique se traduit par un taux d'obésité nul chez les hommes et de 9 % chez les femmes. Ces pourcentages détonnent en comparaison de la prévalence à l'obésité pour la population adulte américaine, environ 35 % chez les plus de 20 ans en 2011-2012 (Ogden, Carroll, Kit, & Flegal, 2014).

En termes de mode de vie, on observe chez les personnes d'âge avancé une tendance progressive à la sédentarité. Ainsi, les adultes de plus de 65 ans, et tout particulièrement les femmes sont moins susceptibles d'atteindre les recommandations en matière de niveau d'activité physique (Sun, Norman, & While, 2013). Cet effet de l'âge semble cependant moins marqué chez les individus qui font preuve de maîtrise interne. La notion de locus de contrôle vis-à-vis de la santé découle de la théorie de l'apprentissage social de Rotter (Rotter, 1966). En effet, la personne dont l'orientation serait externe a le sentiment d'avoir moins d'emprise sur son état de santé. Les conséquences négatives d'une maîtrise externe se caractérisent par un faible niveau d'estime de soi, un refus du soutien social et une tendance à l'introversion, la procrastination et au pessimisme. Cette orientation externe est ainsi susceptible d'entraver

1. Pour une synthèse des recommandations internationales en matière d'activité physique, se référer au rapport de l'Organisation mondiale de la santé (WHO, 2010).

l'engagement de la personne âgée dans un programme d'activité physique, dès lors qu'elle considère le déclin de ses habiletés physiques comme irrémédiables (Horne & Tierney, 2012). Toutefois les effets bénéfiques d'un mode de vie actif sont bien réels et plus nets pour les personnes âgées que pour les jeunes adultes car les conséquences de la sédentarité sont plus fréquentes chez ces personnes (WHO, 2010). La littérature scientifique démontre clairement l'amélioration de la qualité de vie via la pratique d'activités physiques adaptées à cette population, telles que le tai chi, les activités aquatiques, les exercices aérobie, ou encore la marche (Inserm, 2008). Ces résultats sont d'autant plus significatifs que le niveau de qualité de vie au début du programme s'avère faible. C'est souvent le cas des publics âgés présentant une maladie cardiovasculaire, des limitations fonctionnelles, ou encore des états dépressifs pour lesquels, l'activité physique demeure très favorable au renforcement de la qualité de vie (Taylor-Piliae *et al.*, 2014).

D'un point de vue cognitif, les activités intellectuelles de la personne âgée sont également impactées par le vieillissement d'autant plus lorsqu'elles requièrent de la vitesse ou nécessitent l'apprentissage de nouvelles habiletés. Ainsi, les capacités mnésiques, le temps de réaction, l'attention sélective, ou encore l'intelligence sont très sensibles aux effets du vieillissement. Il convient de bien différencier l'intelligence cristallisée de l'intelligence fluide (Catell, 1963). La première forme renvoie aux connaissances et l'ensemble des habiletés cognitives (par exemple la lecture). Celle-ci ne décroit pas systématiquement dans le temps. En revanche, la seconde forme, caractérisée par la vitesse de réaction, la mémoire ou le raisonnement abstrait, subit une forte influence du temps, tout particulièrement après 70 ans. Cette baisse progressive des capacités d'adaptation de l'individu, caractérisées par des processus de démence[1], peuvent avoir des conséquences significatives sur l'autonomie de la personne[2]. À propos de son environnement social, les adultes bénéficiant d'un soutien approprié présentent des risques moins élevés de maladie, de décès et de dépression que des adultes qui ont des réseaux sociaux peu étendus (Cohen, 1991). Le soutien social, caractérisé par la fréquence de contacts avec les amis ou la famille, la situation familiale mais aussi la participation à un groupe d'appartenance fait véritablement office de tampon lorsque l'adulte est soumis à un facteur anxiogène (par exemple l'annonce d'une maladie grave). Aussi les effets du stress sur la santé sont moins importants sur les personnes qui bénéficient d'un soutien social conséquent. Si l'accent est souvent mis sur le déclin des fonctions cognitives de la personne âgée, il ne faut pas négliger le

1. La démence est un désordre neurologique engendrant des pertes de mémoire et de structuration de la pensée qui perturbent le fonctionnement émotionnel de la personne âgée.

2. La maladie d'Alzheimer qui demeure la forme de démence la plus répandue actuellement est la première cause de placement en centre d'hébergement pour des adultes d'âge avancé (Bee & Boyd, 2011). Selon l'organisme américain *Alzheimer's Association* (2011), une personne sur huit de plus de 65 ans et touchée par la maladie et 43 % des plus de 85 ans.

développement de certaines d'entre elles durant la période de vieillesse. C'est par exemple la sagesse qui reflète la compréhension des vérités universelles, des lois, autrement dit un modèle de pensée baigné de relativisme. Elle repose sur la compréhension que les faits en soi ne constituent pas toujours des certitudes et que l'incertitude et l'imprévisibilité font partie de la vie. La créativité est, quant à elle, associée pour certaines personnes au processus de vieillissement. L'histoire regorge d'illustrations d'artistes ayant atteint leur apogée au début de l'âge adulte avancé[1]. Si les fonctions cognitives se révèlent être un indicateur important de santé et de longévité, elles sont aussi dépendantes du mode de vie de la personne âgée. Ainsi, plus cette dernière est insérée dans un réseau social, plus elle participe à des activités cognitives de loisirs (par exemple les jeux de sociétés) et plus elle pratique une activité physique régulière, moins le déclin de ces fonctions cognitives est marqué (Fratiglioni, Paillard-Borg, & Winblad, 2004). Et parmi ces facteurs de protection, l'activité physique demeure le plus efficace contre les effets délétères de l'âge sur la santé cognitive (Bherer, Erickson, & Liu-Ambrose, 2013).

Par exemple, Kemoun et ses collègues ont étudié les bénéfices d'un programme d'activité physique sur quinze semaines auprès de 31 sujets âgés en moyenne de 82 ans. Les résultats démontrent que la répétition d'activité physique ralentissait les pertes liées aux fonctions cognitives. Mais bien plus que de ralentir des processus qui sembleraient inéluctables, l'activité physique régulière pourrait également améliorer les fonctions cognitives à l'âge adulte avancé. C'est notamment le cas de la pratique régulière du tai-chi, trois fois par semaine sur une période de trois mois, qui améliore significativement le niveau des fonctions cognitives globales de sujets atteints de démence (Lam *et al.*, 2011). Ces travaux renforcent l'attrait du concept de *life span development*. Au-delà du fait qu'ils offrent une visibilité scientifique aux activités physiques, ils encouragent l'éducateur à questionner l'objet même de ses interventions auprès des adultes d'âge avancé. Trop souvent orientés sur le ralentissement des pertes des fonctions cognitives ou tout au plus sur le maintien de celles-ci, ces programmes pourraient viser concrètement une amélioration des fonctions cognitives et physiques de ce public.

5 Bibliographie

Ahn, S., & Fedewa, A. (2011). A Meta-analysis of the Relationship Between Children's Physical Activity and Mental Health. *Journal of Pediatric psychology Advance* , 1-13.

1. C'est par exemple le cas du peintre Paul Cézanne dont ses œuvres tardives sont nettement mieux cotées aux enchères que ses œuvres plus précoces. Une peinture de Cézanne à 67 ans vaut en moyenne quinze fois plus qu'une de ses peintures réalisées à 26 ans (Heinich, 2011).

Association, A. (2011). Alzheimer's disease facts and figures. *Alzheimer's Dementia, 7*(2).

Association-Alzheimer. (2011). Alzheimer's disease facts and figures. *Alzheimer & Dementia, 7*(2).

Baltes, P., & Baltes, M. (1990). Selective optimization with compensation. Dans P. Baltes, & M. (. Baltes, *Successful aging: Perpesctives from the behavioral sciences* (pp. 1-34). New York: Cambridge University Press.

Baltes, P., & Goulet, L. (1970). Status and issues of a life-span developmental psychology. In L. Goulet, & P. B. (Eds), *Life-span developmental psychology. Research and theory* (pp. 3-21). New York: Academic Press.

Bandura, A. (1986). *Social foundations of thought and action: A social cognitive theory.* Englewood Cliffs: Prentice-Hall.

Basset, D., Schneider, P., & Huntington, G. (2004). Physical activity in an old order Amish community. *Medicine & Science in Sports & Exercise, 36*(1), 79-85.

Bee, H., & Boyd, D. (2011). *Les âges de la vie: Psychologie du développement humain* (éd. 4ème). St Laurent, Québec: ERPI.

Bem, S. (1981). Gender schema theory: A cognitive account of sex typing. *Psychological Review*(88), 354-364.

Bernier, M., Thienot, E., Codron, R., & Fournier, J. (2012). La troisième vague des théories cognitivo-comportementales en psychologie du sport. Dans G. Decamps, *Psychologue du sport et de la performance* (pp. 261-280). Bruxelles: De Boeck.

Bherer, L., Erickson, K., & Liu-Ambrose, T. (2013). A review of the effects of physical activity and exercise on cognitive and brain functions in older adults. *Journal of Aging Research*(657508).

Birkeland, M., Torsheim, T., & Wold, B. (2009). A longitudinal study of the relationship between leisure-time physical activity and depressed mood among adolescents. *Psychology of Sport an Exerice*, 25-34.

Birren, J. E., & Schroots, J. (1996). History, concepts, and theory in the psychology of aging. In J. Birren, & K. W. (Eds), *Handbook of the psychology of aging* (4ème ed., pp. 3-23). San Diego: Academic Press.

Bize, R., Johnson, J., & Plotnikoff, R. (2007). Physical activity level and health-related quality of life in the general adult. *Preventive Medicine*(45), 401-415.

Bowlby, J. (1961). L'éthologie et l'évolution des relations objectales. *Revue française de psychanalyse*(25), 623-631.

Breslow, L., & Breslow, N. (1993). Health Practices and Disability: Some Evidence from Alameda County. *Preventive Medicine, 22*(1), 86-95.

Catell, R. (1963). Theory of fluid and crystallized intelligence: A critical experiment. *Journal of Educational Psychology*(55), 1-22.

Chalabaev, A., Sarrazin, P., Fontayne, P., Boiché, J., & Clement-Guillotin, C. (2013). The influence of sex stereotypes and gender roles on participation and performance in sport and exercise: Review and future directions. *Psychology of Sport and Exercise, 14*(2), 136-144.

Chamaladis, M. (2012). Continuer à être après avoir été. le passage délicat vers la fin de la carrière sportive. In G. Decamps, *Psychologie du sport et de la performance* (pp. 311-322). Bruxelles: DE Boeck.

Cohen, S. (1991). Social supports and physical health: Symptoms, health behaviors, and infectious disease. In E. M. Cummings, A. L. Greene, & (. K. H. Karraker, *Life-span developmental psychology: Perspectives on stress and coping* (pp. 213-234). Hillsdale, NJ, England: Lawrence Erlbaum Associates.

Coudevylle, G., Gernigon, C., Martin Ginis, K., & Famose, J.-P. (2015). Les stratégies d'auto-handicap : fondements théoriques, déterminants et caractéristiques. *Psychologie Française, 60*(3), 263-283.

Cratty, B. (1986). *Perceptual and motor development in infants and children* (3ème ed.). Englewood Cliffs: Prentice-Hall.

De Lièvre, B., & Staes, L. (2011). *La psychomotricité au service de l'enfant, de l'adolescent et de l'adulte* (5ème ed.). Bruxelles: de Boeck.

De Martin-Silva, L., Fonseca, J., Jones, R., Morgan, K., & Mesquita, I. (2015). Understanding undergraduate sports coaching students' development and learning: the necessity of uncertainty. *Teaching in higher Education.*

Denney, N. (1984). A model of cognitive development across the life span. *Developmental Review, 4*(2), 171-191.

Desilets, M. (1997). Connaissances déclaratives et procédurales : des confusions à dissiper. *Revue des Sciences de l'Education, 23*(2), 289-308.

Dumith, S., Gigante, D., Domingues, M., & Kohl, H. (2011). Physical activity change during adolescence: a systematic review and a pooled analysis. *International Journal of Epidemiology*(40), 685-698.

Eccles, J., A. T., Futterman, R., Goff, S. B., Kaczala, C. M., Meece, J. L., & & Midgley, C. (1983). Expectancies, values, and academic behaviors. In J. T. (Ed.), *Achievement and achievement motivation* (pp. 75-146). San Fransisco: W. H. Freeman.

Ericsson, K., Krampe, R., & Tesch-Römer, C. (1993). The Role of Deliberate Practice in the Acquisition of Expert Performance. *Psychological Review, 100*(3), 363-406.

Ferreira, I., Horst, K. v., Wendel-Vos, W., Kremers, S., Lenthe, F. J., & Brug, J. (2006). Environmental correlates of physical activity in youth-A review and update. *Obesity Reviews*(8), 129-154.

Fox, K. R., & Corbin, C. B. (1989). The Physical Self-Perception Profile: Development and preliminary validation. *Journal of Sport & Exercise Psychology, 11*(4), 408-430.

Fratiglioni, L., Paillard-Borg, S., & Winblad, B. (2004). An active and socially integrated lifestyle in late life might protect against dementia. *The Lancet Neurology, 3*(6), 343-353.

Fredricks, J., & Eccles, J. (2005). Family socialization, gender, and sport motivation and involvement. *Journal of Sport & Exercise Psychology*(27), 3–31.

Goldfield, G., Henderson, K., Buchholz, A., Obedi, N., Nguyen, H., & Flament, M. (2011). Physical Activity and Psychological Adjustment. *Journal of Physical Activity and Health,*, 157-163.

Guay, F., Boivin, M., & Hodges, A. (1999). Predicting change in academic achievement: A model of peer experiences and self-system processes. *Journal of Educational Psychology, 91*(1), 105-115.

Hazan, C., & Shaver, P. R. (1990). Love and Work An Attachment-Theoretical Perspective. *Journal of Personality and Social Psychology, 59*(2), 270-280.

Heinich, N. (2011). Les vieux maîtres et les jeunes génies: Temporalité artistique, créativité et reconnaissance selon David Galenson. *Temporalités*(14).

Horne, M., & Tierney, S. (2012). What are the barriers to exercise and physical activity uptake and adherence among south Asian older adults: A systematic review of qualitative studies. *Preventive Medicine, 55*(4), 276-84.

Hunter Smart, J. E., Cumming, S. P., Sherar, L. B., & Standage, M. (2012). adolescent females. A mediated effects model. *Journal of Physical Activity & Health, 9*(1), 86-95.

Inserm. (2008). *Activité physique: Contextes et effets sur la santé.* Paris: Editions Inserm.

Jöesaar, H., Hein, V., & Hagger, M. S. (2011). Peer influence on young athletes' need satisfaction, intrinsic motivation and persistence in sport: A 12-month prospective study. *Psychologye of Sport and Exercise*(12), 500-508.

Jousselme, C., Cosquer, M., & Hassler, C. (2015). *Portraits d'adolescents, enquête épidémiologique multicentrique en milieu scolaire en 2013.* Paris: Inserm.

Jung, C. G. (1933). *Modern Man in Search of a Soul.* . London: Kegan Paul Trench Trubner.

Kessler, R. C., Foster, C., Webster, P. S., & House, J. S. (1992). The relationship between age and depressive symptoms in two national surveys. *Psychology and Aging, 7*(1), 119-126.

Lam, L. W., Chau, R., Wong, B., Fung, A., Lui, V., Tam, C., . . . Chan, W. (2011). Interim follow-up of a randomized controlled trial comparing Chinese style mind body (Tai Chi) and stretching exercises on cognitive function in subjects at risk of progressive cognitive decline. *International Journal of Geriatric Psychiatry, 26*(7), 733-740.

Lissner, L., Bengtsson, C., Björkelund, C., & Wedel, H. (1996). Physical activity leveles and changers in relation to longevity: A prospective study of Swedish women. *American Jounal of Epidemiology, 143*(1), 54-62.

Malina, R. (1982). Physical growth and maturity characteristics of young athletes. In R. Magill, M. Ash, & F. S. (Eds), *Children and sport* (2ème ed., pp. 73-96). Champaign, IL, USA: Human Kinetics.

Nydegger, C. N. (1991). The development of paternal and filial maturity. In K. A. Pillemer, & K. M. (Eds), *Parent-child Relations Throughout Life* (pp. 93-111). Hillsdale, N.J.: Erlbaum.

Ogden, C., Carroll, M., Kit, B., & Flegal, K. (2014). Prevalence of childhood and adult obesity in the united states, 2011-2012. *Journal of the American Medical Association, 311*(8), 806-814.

Paoletti, R. (1999). *Education et motricité, l'enfant de 2 à 8 ans.* Paris: de Boeck.

Papalia, D., Olds, S., & Felman, R. (2009). *Psychologie du développement humain* (7ème ed.). Bruxelles: De Boeck.

Perry, W. (1970). *Forms of intellectual and ethical development in the college years. A scheme.* New York: Holt, Rinehart & Winston.

Piaget, J. (1932). *Le jugement moral chez l'enfant.* Paris: PUF.

Piaget, J. (1972). Intellectual Evolution from Adolescence to Adulthood. *Human Development, 15*(1), 1-12.

Piaget, J., & Inhelder, B. (1963). Les opérations intellectuelles et leur développement. In P. Fraisse, & J. Piaget, *Traité de psychologie expérimentale* (Vol. VII, pp. 115-165). Paris: PUF.

Potvin, P., & Rousseau, R. (1991). *Les attitudes réciproques des enseignants et des élèves en difficulté scolaire.* Université du Québec, Trois Rivières.

Radel, R., Sarrazin, P., & Pelletier, L. (2009). Evidence of subliminally primed motivational orientations: the effects of unconscious motivational processes on the performance of a new motor task. *Journal of Sport and Exercise Psychology*(31), 657-674.

Raedeke, T. (1997). Is athlete burnout more than just stress ? A sport commitment perspective. *Journal of Sport and Exercise Psychology,* 396-417.

Rotter, J. (1966). Generalized expectancies for internal versus external control of reinforcement. *Psychological Monographs, 80*(1), 1-28.

Senecal, C., Vallerand, R., & Guay, F. (2001). Antecedents and outcomes of work-family conflicts: Toward a motivational model. *Personality and Social Psychology Bulletin*(27), 176-186.

Sun, F., Norman, I., & While, A. (2013). Physical activity in older people: a systematic review. *BMC Public Health*(13), 449.

Taylor-Piliae, R., Hoke, T., Hepworth, J., Latt, D., Najafi, B., & Coull, B. (2014). Effect of tai chi on physical function, fall rates and quality of life among older stroke survirvors. *Archives of Physical Medicine and Rehabilitation*(95), 816-824.

Tourette, C., & Guidetti, M. (2008). *Introduction à la psychologie du développement, du bébé à l'adolescent* (3ème ed.). Paris: Armand Colin.

Usen. (2006). *Étude nationale nutrition santé (ENNS).* Institut de Veille Sanitaire (INS), Paris.

Vaillant, G. (2000). Adaptive mental mechanisms: Their role in a positive psychology. *American Psychologist, 55*(1), 89-98.

WHO. (2010). *World Health Organization. Global recommendations on physical activity for health.* Geneva: World Health Organization.

Zazzo, R. (1977). Image spéculaire et image antispéculaire. *Enfance*(2-4), 223-230.

Zenner, C., Herrnleben-Kurz, S., & Walach, H. (2014). Mindfulness-based interventions in schools-a systematic review and meta-analysis. *Frontiers in Psychology, 5*, 1-20.

Résumé de ce chapitre

Le développement de l'homme tout au long de sa vie est à la fois associé à des changements et des continuités. Ce développement se traduit sur différents plans d'analyse, qu'ils soient d'ordre physique, moteur, cognitif, social ou affectif. Chaque âge est ainsi caractérisé par une évolution de l'individu comparativement à la période précédente. Et lorsqu'il s'agit d'étudier les facteurs déterminants d'un développement optimal, le niveau d'activité physique revient comme une évidence.

C'est ainsi que dès les premiers âges de la vie, l'exercice physique contribue au développement psychomoteur, affectif et cognitif de l'enfant. Mais au-delà d'une perspective à court terme on connaît désormais les effets d'un mode de vie actif sur le long terme. En effet, le bien vieillir est associé à un mode de vie actif adopté durant les périodes de vie précédentes. C'est pourquoi, les politiques actuelles en matière de sport et d'activité physique visent à renforcer des attitudes positives vis-à-vis de l'activité physique particulièrement chez les enfants et adolescents.

Toutefois, résumer le cycle d'une vie à une première période où l'individu engrange des points « bonus » et une seconde période qui consisterait à vivre au mieux avec ce pécule serait réduire le développement de l'homme au vieillissement. Au contraire, le courant du *life span development*, autrement dit le développement tout au long de la vie, pose l'idée que l'homme est susceptible de se développer à chaque âge. L'acquisition ou le renforcement des habiletés liées aux activités physiques et sportives ne déroge pas à ce postulat, d'autant plus si l'habileté a été peu exercée par le passé. Par conséquent, l'éducation physique et sportive auparavant limitée aux premiers âges de la vie s'ouvre désormais à toutes les populations quel que soit leur âge, et contribue ainsi activement à renforcer leur qualité de vie.

Question 1

En quoi la représentation mentale est un facteur important du développement de l'enfant en bas âge ?

Niveau 1 : La représentation mentale se développe dès le premier âge via une diversité de combinaisons mentales. D'un point de vue affectif, celle-ci favorise la séparation temporaire avec la mère/le père puisque l'enfant est en mesure de construire mentalement les retrouvailles. D'un point de vue de l'entraînement sportif, cette habileté à se représenter mentalement favorise le processus de décentration que l'éducateur va par la suite alimenter. C'est particulièrement le cas dans les sports de balles/ballons. L'éducation tactique du joueur passe nécessairement par une bonne maîtrise de cette image mentale.

Niveau 2 : La représentation mentale se développe dès le premier âge via une diversité de combinaisons mentales. C'est ainsi que l'apprentissage du langage passe nécessairement par cette représentation mentale puisque l'enfant est capable d'associer une image mentale à sa verbalisation. D'un point de vue affectif, celle-ci favorise la séparation temporaire avec la mère/le père puisque l'enfant est en mesure de construire mentalement les prochaines retrouvailles. Cette représentation mentale est également à l'origine de la construction du schéma de soi, vecteur incontournable d'un développement psychomoteur optimal de l'enfant. Enfin, cette habileté à se représenter mentalement favorise le processus de décentration que l'éducateur va par la suite alimenter, notamment, dans les sports de balles/ballons. L'éducation tactique du joueur passe nécessairement par une bonne maîtrise de cette image mentale.

Question 2

Quelles sont les explications les plus probables de la différence de performance motrice entre les filles et les garçons entre 3 et 12 ans ?

Niveau 1 : Alors même que les caractéristiques physiques tout comme le temps consacré à l'activité physique diffèrent peu avant l'adolescence entre les deux sexes, les performances sportives sont néanmoins plus favorables aux jeunes garçons qu'aux jeunes filles. L'explication la plus probable de ce constat relèverait de la nature de leurs attitudes vis-à-vis de l'activité physique. Les garçons seraient ainsi plus favorables à la pratique d'activité physique que les filles.

Complément niveau 2 : L'origine de cette différence découlerait de l'influence des stéréotypes sexués véhiculés dans nos sociétés, conjuguée à l'influence des autrui significatifs des enfants (parents, entraîneurs, enseignants) qui confortent ces croyances sociales.

Question 3

Expliquez pourquoi la compétence sportive devient progressivement une « monnaie sociale » pour l'enfant entre 3 et 12 ans.

Niveau 1 : Plus l'enfant grandit plus il a tendance à se comparer à ses pairs. Dans ce processus de comparaison sociale, le sentiment de compétence perçue devient un atout important dans le cadre de son développement psychoaffectif. Le statut social de l'enfant, notamment dans le contexte scolaire, en dépend et la littérature démontre qu'un niveau élevé de compétence sportive est associé à la popularité de l'enfant, tant chez les garçons que chez les filles. C'est en cela que la compétence sportive peut être assimilée à une monnaie sociale.

Niveau 2 : Le statut social de l'enfant durant cette période est fondamental pour son développement psychique sur le court et le long terme. Les élèves qui éprouvent des difficultés d'intégration sociale durant l'école primaire risquent d'éprouver dans le futur des dysfonctionnements psychologiques et des difficultés d'accomplissement académique. La littérature démontre qu'un niveau élevé de compétence sportive est associé à la popularité de l'enfant, tant chez les garçons que chez les filles. Cela corrobore les modèles hiérarchiques de l'estime de soi qui reconnaissent dans la valeur physique perçue un des piliers du concept de soi.

Question 4

Définissez la pensée hypothético-déductive chez l'adolescent et faites le lien avec l'évolution de la nature des entraînements sportifs sur les aspects tactiques et stratégiques.

Niveau 1 : Le développement progressif de la pensée hypothético-déductive durant l'adolescence permet d'émettre des hypothèses, de raisonner sur ces hypothèses et de construire des plans d'expérience pour les vérifier. Cette réflexion est particulièrement favorable au développement des connaissances tactiques de l'athlète puisqu'elle lui offre la possibilité d'émettre plusieurs hypothèses *a priori* pour ensuite les tester sur le terrain. C'est particulièrement le cas dans les sports collectifs où l'apprentissage de systèmes et plans de jeu s'invite sur le terrain et dans les vestiaires.

Niveau 2 : Le développement progressif de la pensée hypothético-déductive durant l'adolescence permet d'émettre des hypothèses, de raisonner sur ces hypothèses et de construire des plans d'expérience pour les vérifier. Cette pensée est associée chez le jeune sportif au développement de trois formes de connaissances : les connaissances déclaratives (savoir que), les connaissances procédurales (savoir comment) et les connaissances conceptuelles (savoir pourquoi). Ce développement cognitif offre de nouvelles perspectives dans l'éducation sportive car il invite le sportif à raisonner par lui-même et de façon plus complexe que durant l'enfance. Dans le sport de compétition, cette période est considérée comme une période phare des finalités tactiques et stratégiques de l'entraînement.

Question 5

Expliquez ce qu'est le life span development *et montrez en quoi l'activité physique peut être un facteur du bien vieillir.*

Niveau 1 : Le *life span development* considère la vie comme une succession de cycles ayant tous autant les uns que les autres une importance, et vise un développement optimal de l'individu (Baltes & Goulet, 1970). L'activité physique est un facteur prépondérant du bien vieillir car à tout âge la personne adulte peut progresser d'autant plus dans une activité non exercée par le passé. D'ailleurs les effets bénéfiques d'un mode de vie actif sont bien plus nets pour les personnes âgées que pour les jeunes adultes car les conséquences de la sédentarité sont plus fréquentes chez ces personnes.

Niveau 2 : Le *life span development* considère la vie comme une succession de cycles ayant tous autant les uns que les autres une importance, et vise un développement optimal de l'individu (Baltes & Goulet, 1970). L'activité physique a des effets bénéfiques sur la santé mentale et physique de l'adulte de tout âge et plus particulièrement l'adulte d'âge avancé. Ce sont notamment les fonctions cognitives (mémoire, temps de réaction) qui sont impactées positivement par un mode de vie actif. Dès lors, toutes les opportunités de pratique seront favorables au maintien de ces fonctions cognitives, d'autant plus si l'activité n'était pas exercée par le passé. D'un point de vue affectif, le soutien social via l'affiliation à un groupe de pratiquants (club sportif) fait office d'effet tampon lorsque l'adulte est soumis à un facteur anxiogène. Plus globalement, la littérature scientifique démontre très clairement que la pratique d'activité physique a un effet significatif sur la qualité de vie de l'adulte.

CHAPITRE 3

Motivation et performance

Yvan Paquet, Roberta Antonini Philippe, Pascal Legrain, Elisabeth Rosnet, Nicolas Hauw et Charles Martin-Krumm

DANS CE CHAPITRE

L'objectif de ce chapitre est de présenter différentes thématiques de la psychologie appliquées au domaine du sport. La motivation, les déterminants des performances individuelle et collective, la préparation mentale et les principales théories de l'apprentissage moteur seront respectivement abordés.

1 La motivation dans le sport

La motivation demeure l'un des plus vastes champs théoriques étudiés en psychologie du sport. Quel éducateur n'a jamais rêvé identifier le levier motivationnel susceptible de rendre son athlète plus engagé, déterminé, attentif, persévérant, créatif, agressif, ou tout simplement plus performant. Nuttin (1985) définit la motivation comme « l'aspect dynamique et directionnel (sélectif ou préférentiel) du comportement ». Celle-ci se manifeste par une orientation de l'attention et de l'activité d'un individu vers un but, par une persistance face aux obstacles, par des efforts pour atteindre ce but, par une continuité de l'activité sans contrainte externe et par les performances élevées. La motivation entretient de multiples relations avec la performance en intervenant à tous les moments de la vie sportive : au cours de l'entraînement, pendant et après la compétition. La motivation peut avoir des effets directs sur la performance (régulation de l'activation, de l'attention, de l'anxiété), mais ces effets sont surtout indirects. Ainsi, ils concerneraient la pertinence des objectifs choisis par le sportif, l'intensité des efforts fournis, la persévérance à l'entraînement et également l'adhésion à un style de vie compatible avec les exigences de la compétition.

Les premières réflexions sur la motivation humaine reposaient sur une analyse mécanique du comportement motivé. Les individus seraient passifs dans leurs choix puisque leurs comportements seraient régulés tant par un équilibre physiologique de type homéostasique (Bernard, 1850-1970 ; Cannon, 1932) que par des pulsions psychologiques (Freud, 1900 ; Hull, 1943 ; Skinner, 1953). Par exemple, la loi de l'effet selon Skinner postule que lorsqu'un comportement est suivi d'un état satisfaisant (par exemple une récompense), le comportement a de fortes chances d'être répété. Seules les forces de la situation sont prises en compte dans l'interprétation du comportement.

Les approches psycho-dynamique et freudienne (Freud, 1900 ; Hendrick, 1942) postulent, quant à elles, que les véritables forces motivationnelles sont inconscientes et peu accessibles. Bien que ces représentations mécaniques du comportement fussent les plus courantes au début du XXe siècle, la révolution cognitiviste des années 40/50 renforce la prise en compte des cognitions de l'individu dans l'analyse de ses motivations :

- les perspectives cognitives (Heider, 1958) ;
- les perspectives sociales (deCharms, 1968 ; White, 1959) ;
- les perspectives humanistes (Maslow, 1970 ; Rogers, 1951 ; Deci & Ryan, 1985).

Pour Vallerand et Thill (1993) :

> « Le concept de motivation représente le construit hypothétique utilisé afin de décrire les forces internes et/ou externes produisant le déclenchement, la direction, l'intensité et la persistance du comportement. » (p. 18)

Cette définition est importante au moins pour trois raisons. D'abord elle permet de bien mettre en évidence qu'il s'agit d'un construit hypothétique, c'est-à-dire qu'il est possible que cela se passe « comme ça », mais que ce n'est pas forcément le cas pour tout le monde. Il est possible que ce soit la motivation qui soit à l'origine du comportement, mais peut-être pas. Le second point important dans cette définition c'est qu'elle donne des indicateurs précis de motivation qui dépassent une conception triviale qui consisterait à considérer que lorsque l'individu fait ce qui lui est demandé, il est motivé, et quand il refuse, il n'est pas motivé. Il peut très bien être motivé par ne rien faire, ne pas s'engager dans la tâche, autrement dit ici, faible intensité, pas de persistance, déclenchement quasi nul, et direction difficile à identifier (peut-être la protection de l'estime de soi par exemple). Dernier point, les différentes composantes laissent entrevoir la complexité de la motivation qui a été pointée par Fenouillet (2012) qui a identifié plus de 100 théories dont certaines ont été évoquées précédemment. Dans ce dédale, comment s'y retrouver et quels choix opérer afin d'avoir potentiellement des clés sur le terrain ? Comment motiver des individus ?

Dans ce contexte, la théorie de l'autodétermination constitue un des cadres théoriques les plus utilisés pour étudier la motivation humaine.

1. La théorie de l'autodétermination

a. Le continuum de la motivation

La littérature de la seconde moitié du XXe siècle portant sur la psychologie de la motivation[1] s'est principalement penchée sur l'existence de différentes formes de motivation qui se distinguent par le degré d'autodétermination sous-jacent à leur fonctionnement. Deci et Ryan, au sein de la TAD (théorie de l'autodétermination) proposent que trois formes de motivation soient distinguées : la motivation intrinsèque, la motivation extrinsèque, et l'amotivation (voir figure 3.1).

Comportement	Non autodéterminé ---> Autodéterminé					
Motivation	Amotivation	Motivation extrinsèque				Motivation intrinsèque
Style de régulation	Non régulation	Régulation externe	Régulation introjectée	Régulation identifiée	Régulation intégrée	Régulation intrinsèque

Figure 3.1 Le continuum d'autodétermination d'après Biddle, Chatzisarantis et Hagger (2001, p. 28)

◆ Motivation intrinsèque

La motivation intrinsèque demeure la forme la plus attrayante de la motivation et représente le plus haut niveau d'autodétermination. Classiquement elle est associée au caractère inné de la motivation. L'enfant en bas âge est actif, curieux et joueur, même en l'absence de récompense. Elle se réfère à la réalisation d'une activité pour elle-même et pour le plaisir et la satisfaction qu'elle procure. Vallerand et ses collègues[2] ont proposé une taxonomie tripartite de la motivation intrinsèque :

- **La motivation intrinsèque à la connaissance** peut être définie comme l'engagement dans une activité pour le plaisir et la satisfaction qu'un individu en retire pendant qu'il apprend, explore et essaye de nouvelles choses. Le joueur d'échec qui pratique parce qu'il aime apprendre de nouvelles tactiques fait preuve de motivation intrinsèque à la connaissance.
- **La motivation intrinsèque à l'accomplissement** fait référence à l'engagement dans une activité pour le plaisir d'accomplir, de créer quelque chose ou de se surpasser soi-même. L'individu est centré sur le processus et non sur le résultat de cet accomplissement. Le joueur de basket qui s'exerce au lancer

1. Pour revue, voir Deci & Ryan, 1985.
2. Vallerand, Blais, Brière, & Pelletier 1989 ; Vallerand, Pelletier, Blais, Brière, Senécal, & Vallière 1992 & 1993.

franc pour le plaisir que lui procure le fait de marquer un panier est motivé intrinsèquement à l'accomplissement.

- **La motivation intrinsèque à la stimulation** correspond au fait de participer à une activité pour les sensations plaisantes qu'elle engendre. La personne s'engage dans une activité parce qu'elle lui procure une excitation, un amusement, un plaisir sensoriel d'esthétisme ou bien le plaisir de faire un avec l'activité. C'est le cas d'un élève qui va en cours d'EPS afin de vivre des émotions positives dans de nouvelles activités sportives qu'il ne pratique pas ou peu en dehors de l'établissement (par exemple activités de voile).

◆ Motivation extrinsèque

La seconde forme de régulation du comportement correspond à la motivation extrinsèque. L'individu agit non pas pour le plaisir et l'intérêt engendrés par l'activité, mais dans le but d'obtenir quelque chose de plaisant ou d'éviter quelque chose de déplaisant une fois l'activité terminée, telles que les récompenses, contraintes ou sanctions. La motivation extrinsèque représente par conséquent un niveau moindre d'autodétermination que la motivation intrinsèque. L'avancée majeure de la théorie de l'autodétermination est de considérer que certains comportements extrinsèquement motivés peuvent être plus ou moins autodéterminés. Ainsi, Deci, Ryan et leurs collègues[1] ont proposé l'existence de quatre types de motivation extrinsèque pouvant se situer sur un continuum d'autodétermination :

- **La régulation externe** réfère à l'adoption de comportements régulés par des facteurs externes comme les récompenses et les contraintes. Un élève qui apprend ses leçons dans le simple but d'avoir une bonne note à l'interrogation fait preuve de régulation externe.
- **La régulation introjectée** caractérise l'individu qui intériorise les raisons pour lesquelles il pratique l'activité. Cependant, les éléments intériorisés sont influencés par des pressions externes antérieures vécues maintenant comme des pressions internes. Dans ce type de cas, le sportif participe à l'entraînement car il se sent coupable s'il ne s'y investit pas.
- **La régulation identifiée** correspond à un comportement autodéterminé. Quand le comportement est identifié, il est hautement valorisé et jugé très important pour l'individu. L'individu choisit librement de faire l'activité même s'il ne la juge pas intéressante. Dans ce cas, un sportif peut faire de la musculation (même si cette activité ne l'intéresse pas) dans le but d'être plus performant en compétition.
- Enfin, **la régulation intégrée** se réfère également à un comportement autodéterminé. Dans la régulation intégrée l'individu choisit librement de s'engager dans une activité en harmonie avec d'autres éléments importants

1. Deci & Ryan, 1985.

de sa vie, non pas pour l'activité en elle-même, bien qu'elle ne soit pas déplaisante. Dans ce cas, le sportif à la veille d'un match important va rester chez lui (au lieu de sortir) car il est important pour lui de se concentrer sur la rencontre à venir et d'être bien reposé. Ce choix s'inscrit en harmonie avec d'autres éléments importants de sa vie (être chez soi avec sa famille par exemple).

◆ Amotivation

Enfin, Deci et Ryan (1985) proposent une dernière forme de construit motivationnel, il s'agit de l'amotivation.

> « Un individu est amotivé lorsqu'il ne perçoit pas de relation entre ses actions et les résultats obtenus[1]. »

Dans ce cas, l'individu a la perception que ses comportements sont causés par des facteurs indépendants de sa volonté. Et bien qu'il puisse effectuer une tâche quelconque de façon mécanique, il n'est ni intrinsèquement ni extrinsèquement motivé. Ce concept est extrêmement proche de celui de la résignation apprise (Seligman, 1975) puisque les deux considèrent que lorsque l'individu se sent désabusé, il se pose dès lors la question du pourquoi de son comportement et tendra à abandonner dés qu'il en aura la possibilité.

b. Les besoins fondamentaux

La TAD appréhende principalement les besoins comme des éléments psychologiques innés essentiels pour le développement psychologique, l'intégrité et le bien-être de l'homme[2]. L'hypothèse de départ de la TAD est que les individus sont des organismes actifs qui ont tendance à se diriger vers la maîtrise de défis et l'intégration de nouvelles expériences qui sont cohérentes avec leur soi. Cependant, ces tendances naturelles ne fonctionnent pas automatiquement, mais nécessitent des nutriments et du soutien social régulier. Ces nutriments nécessaires au développement et au fonctionnement sain de l'individu s'appellent « besoins psychologiques fondamentaux » :

- Le besoin d'autonomie correspond au fait de se sentir à l'origine de ses actions et d'avoir la possibilité de faire des choix entre plusieurs pistes d'action. D'après la TAD, l'autonomie ne se réfère pas à l'indépendance, au fait d'être détaché, ou à l'égoïsme, mais plutôt au sentiment de volonté qui peut accompagner tout acte. L'autonomie signifie agir volontairement avec un sentiment de choix, tandis que l'indépendance est le moyen de fonctionner seul et de ne pas compter sur les autres[3].

1. Pelletier & Vallerand, 1993, p. 256.
2. Ryan & Deci, 2000.
3. Deci & Ryan, 2008.

- Le besoin de compétence se définit comme un besoin inné d'interagir efficacement avec son environnement social et d'atteindre les performances souhaitées. La TAD postule que chaque individu est mu par un besoin inné de compétence. Deci (1975) suggère que ce besoin de compétence pousse les individus à se fixer des challenges optimaux au regard de leurs propres capacités. Et plus la tâche à accomplir est perçue comme étant difficile, plus la satisfaction est importante une fois celle-ci accomplie. Cette perception est néanmoins en constante interaction avec l'environnement et fluctue en fonction des contextes de vie.
- Le besoin d'affiliation ou d'appartenance sociale ou de proximité sociale est également considéré comme un des éléments clés de la satisfaction et du bien-être de l'homme dans sa vie sociale[1]. Il se définit comme le besoin de se sentir appartenir à un groupe et d'être reconnu par celui-ci[2]. C'est le besoin de se sentir connecté et accepté par un groupe social[3]. Baumeister et Leary pensent que le besoin d'appartenance sociale renvoie à deux processus distincts. Le premier consiste à penser que l'homme recherche le contact social à travers des rencontres ou des interactions avec une ou plusieurs autres personnes. Dans l'idéal ces interactions peuvent engendrer des conséquences affectives positives, mais elles doivent prioritairement éviter tout conflit. Le second renvoie à la perception par l'individu de son réseau social. La simple croyance qu'un ensemble de personnes se préoccupe de sa santé et de son bien-être, ou l'aime tout simplement, permet de satisfaire ce besoin d'affiliation. Mais bien que le besoin d'affiliation soit prégnant dans la société actuelle, l'homme recherche dans certains cas, la solitude ou le repli sur soi.

La TAD postule ainsi que dans la mesure où les besoins sont satisfaits, les individus vont se développer et fonctionner efficacement et ressentir du bien-être. Si ces besoins sont contrecarrés, les individus sont plus susceptibles de ressentir du mal-être et avoir un fonctionnement non optimal. Ainsi, certains types de psychopathologie, les préjugés et les agressions peuvent être compris en termes de réactions aux besoins de base ayant été contrariés. Les conséquences de la motivation auto-déterminée sont très bien résumées dans la citation suivante :

> « Tout comme la plante prospérera si les trois nutriments fondamentaux que sont le soleil, la terre et l'eau sont présents, l'Homme connaîtra le bien-être et se développera de manière harmonieuse

1. Baumeister & Leary, 1995 ; Maslow, 1970 ; Deci & Ryan, 2000.
2. Ryan & Deci, 2002.
3. Ntoumanis, Edmuns, & Duda, 2009.

si ses trois besoins psychologiques d'autonomie, de compétence et de proximité sociale sont satisfaits[1]. »

Application sur le terrain

Être motivé ne relève pas d'une fatalité. Il y a des moyens qui permettent d'influencer la motivation de l'individu. Si l'entraîneur ou l'enseignant est capable de faire en sorte que l'individu sache ce qu'il a appris lors de l'entraînement ou du cours, ce qu'il est en train d'apprendre aussi ; s'il sent qu'il est avec des personnes qu'il apprécie ou que l'entraineur, l'enseignant fait preuve d'empathie ; et s'il sent qu'un certain nombre d'éléments dépendent de lui (choix de la difficulté de la tâche, choix des partenaires, choix de venir ou pas, choix dans le niveau d'engagement, etc.), alors ce sont autant de besoins qui seront pris en compte. Jouer sur ces besoins va permettre de soutenir la motivation auto-déterminée, et donc de renforcer les différents indicateurs de la motivation.

c. Le modèle hiérarchique de la motivation

Vallerand (1997) a proposé un modèle hiérarchique de la motivation (figure 3.2). Ce modèle intègre les différentes facettes de la motivation ainsi que les déterminants et les conséquences qui y sont associés. Ce modèle repose sur plusieurs postulats.

Tout d'abord, la motivation existe à trois niveaux de généralité :

- Le niveau situationnel représente le plus bas niveau de la hiérarchie. Il renvoie à la motivation de l'individu quand celui-ci est en train de réaliser une activité. Cela correspond à un état motivationnel dans lequel des personnes se trouvent à l'instant même où elles font une expérience ou pratiquent une activité.
- Le niveau contextuel représente la tendance plus ou moins stable de l'individu à être motivé dans un contexte spécifique. Emmons (1995) définit le contexte comme « une sphère d'activité » comme par exemple le sport, l'éducation, le travail. Cette dimension renvoie au fait que la motivation peut varier d'un contexte à l'autre. Il est important d'étudier la motivation au niveau contextuel car elle est plus sujette à des variations que la motivation globale.
- Le niveau global se réfère à une orientation motivationnelle générale d'un individu à interagir avec l'environnement. Elle peut être perçue comme une différence interindividuelle.

1. Sarrazin, Pelletier, Deci, & Ryan, 2012, p. 305.

Ce modèle hiérarchique postule que le niveau de stabilité de la motivation varie proportionnellement au niveau de généralité. La motivation globale sera donc la plus stable et la motivation situationnelle la moins stable.

Le postulat suivant est que les facteurs sociaux impactent la motivation à chacun des trois niveaux. Ceux-ci influencent plus fortement la motivation du niveau hiérarchique correspondant. Cependant, selon la théorie de l'évaluation cognitive[1], les facteurs sociaux influenceraient la motivation par le biais des besoins fondamentaux.

Les facteurs situationnels renvoient à une variable présente à un moment donné mais non de façon permanente (exemple : un feedback de l'entraîneur ou de l'enseignant). Les facteurs situationnels ont une influence importante sur la motivation situationnelle mais leur impact est limité au moment présent. Les facteurs contextuels représentent des variables qui reviennent de manière régulière et spécifique dans un contexte mais pas dans un autre. Ainsi, lorsque des facteurs situationnels sont présents de manière régulière et dans le même contexte, ils deviennent alors des facteurs contextuels. Diverses études montrent que des facteurs contextuels qui contrôlent la personne pour l'amener dans une certaine direction (entraîneur, parents, co-équipiers) auront pour effet de réduire la motivation intrinsèque et la régulation identifiée. À l'inverse, les facteurs influençant l'initiative personnelle et l'autonomie développent la motivation intrinsèque et la régulation identifiée. Les facteurs globaux se réfèrent aux variables qui sont omniprésentes dans l'ensemble des différents aspects de la vie. Il n'existe pas ou peu de recherches mesurant à ce jour l'impact de ce type de variables sur la motivation globale. Enfin, un dernier postulat est qu'il existe des déterminants internes de la motivation. Ces déterminants peuvent tout d'abord se faire entre les différents niveaux de la motivation ou à l'intérieur d'un même niveau de motivation. Ainsi, il existe :

- Deux types de relations inter-niveaux :
  - L'effet descendant (top-down) qui correspond à un effet descendant des motivations situées à niveau supérieur sur les motivations situées à un niveau inférieur. Ainsi, la motivation globale aurait un effet sur la motivation contextuelle qui aurait elle-même un effet sur la motivation contextuelle. Il est important de noter que cet effet descendant est soumis à la règle de la spécificité.
  - L'effet ascendant (bottom-up) qui représente le fait qu'avec le temps, une motivation située à niveau inférieur peut influencer une motivation de niveau supérieur.
- Deux types de relations intra-niveaux :
  - Le conflit motivationnel existe lorsqu'on active un autre contexte pour lequel la motivation intrinsèque est élevée, ceci a pour effet d'augmenter

1. Deci, 1975 ; Deci & Ryan, 1985.

la motivation extrinsèque envers l'activité moins intéressante réalisée en situation de pression, produisant du même coup des conséquences négatives.

– La compensation motivationnelle : Il semble exister un mécanisme d'homéostasie, autrement dit de retour ou de maintien de l'équilibre, régulant et protégeant le soi. Ainsi, les pertes dans un domaine sont contrecarrées par des gains dans d'autres domaines de vie. Les besoins d'autonomie, de compétence et d'affiliation sociale étant des besoins fondamentaux, l'organisme essaie de maintenir un certain équilibre. Ces besoins ayant une influence sur la motivation, on peut alors prédire des changements motivationnels dans certains domaines de vie. Cependant, il semblerait que ces compensations ne pourraient se produire que dans les contextes dans lesquels les gens peuvent nourrir des besoins fondamentaux.

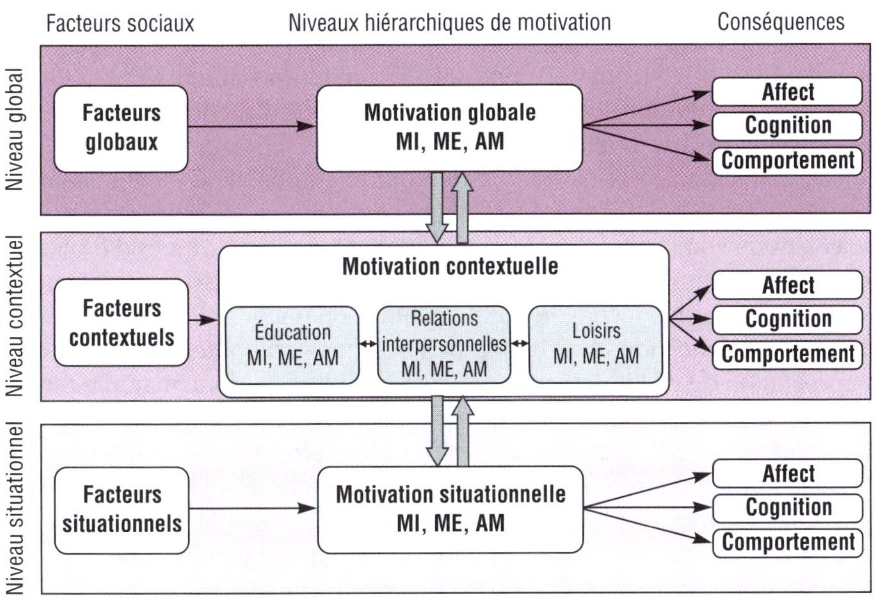

Figure 3.2 Modèle hiérarchique de la motivation intrinsèque-extrinsèque

2. La théorie des buts d'accomplissement

a. Buts d'approche ou buts d'évitement

La motivation peut prendre deux formes (une forme d'évitement ou une forme d'approche) en fonction de la valence positive ou négative accordée à l'événement. Dans un état motivationnel d'approche, le comportement est dirigé vers un événement perçu comme positif ou désirable. Dans un état motivationnel d'évitement, le comportement dirigé vers l'évitement d'un événement perçu comme négatif ou préjudiciable. Cela peut aller jusqu'à se traduire par du renoncement. Malgré cette distinction approche/évitement formulée dans ces premiers travaux, Nicholls penche par la suite en faveur de deux buts d'accomplissements orthogonaux et orientés vers une motivation d'approche. Cela signifie alors que l'on peut orienter son activité à la fois à partir de buts de maîtrise et de buts de performance.

b. La théorie tridimensionnelle des buts

La théorie des buts d'accomplissement s'est principalement penchée sur les buts d'approche (Nicholls, 1989). Ainsi, les différents auteurs ont distingué deux types de comportements. D'un côté, un but d'accomplissement peut être qualifié de but orienté sur l'ego ou encore sur la performance. Dans ce cas, l'individu a la possibilité de démontrer son habileté en établissant sa supériorité vis-à-vis des autres. Le sentiment de compétence repose alors sur un processus de comparaison normative et sur l'utilisation de critères d'évaluation socialement référencés. D'un autre côté, un but d'accomplissement est qualifié de but orienté sur la tâche, de but de maîtrise ou encore but d'apprentissage. Dans ce cas, l'individu cherche plutôt à établir sa compétence à partir de la manifestation de progrès personnels. Son but consiste donc majoritairement à accroître son habileté et à maîtriser la tâche. Le sentiment de compétence repose alors sur un processus de comparaison temporelle et sur des critères d'évaluation autoréférencés. En 1984, Nicholls caractérise un troisième but dont l'objectif est d'éviter de dévoiler une faible compétence (tableau 3.1). Ainsi, il est possible de définir trois buts motivationnels en fonction de la définition de la compétence et la valeur de la compétence de l'individu.

c. Détermination des orientations motivationnelles

Le rôle des buts motivationnels dans l'adoption de comportements adaptatifs vis-à-vis de la performance nous invite à nous interroger sur leur genèse. Ainsi plusieurs facteurs influenceraient leurs formations.

◆ Les facteurs développementaux

Vers l'âge de 11-12 ans, la représentation que l'enfant se fait de son habileté commence à se construire, il fait ainsi la différence entre effort et habileté. Ainsi pour Roberts (1984), c'est à partir de cet âge que les enfants développent des

Tableau 3.1 Les trois buts motivationnels selon Nicholls (1984)

Buts d'accomplissement	Définition de la compétence	Valeur de la compétence
But de maîtrise	Egocentrique	Positive
But d'approche de la performance	Normative	Positive
But d'évitement de la performance	Normative	Négative

buts orientés vers l'ego et fuient les sports de compétition quand ils se sentent peu habiles.

◆ Les facteurs différentiels

Les orientations motivationnelles correspondent à des caractéristiques relativement stables de la personnalité, formées par l'influence des différents contextes auxquels l'individu a été confronté au cours de son développement. Cependant, on repère également des différences individuelles liées au sexe. Ainsi, Duda (1988) remarque que les garçons semblent plus investis sur l'ego tandis que les filles présentent davantage une orientation sur la tâche. De plus, Gill (1986) montre que les garçons auraient un esprit de compétition plus exacerbé que les filles, celles-ci étant plus intéressées par l'atteinte des objectifs fixés sans qu'une comparaison interindividuelle soit nécessaire.

◆ Les facteurs culturels

Il existe très peu d'études transculturelles s'intéressant au domaine des buts motivationnels. Cependant, il semblerait que la culture puisse influencer le type de buts de l'individu. Ainsi une étude de Duda (1986) montre que les Anglo-saxons seraient davantage orientés vers la comparaison sociale, vers la démonstration de compétence et vers la compétition que les individus d'origine espagnole.

◆ Les facteurs contextuels

La motivation du sportif est influencée à la fois par le contexte familial et par le contexte de la pratique sportive elle-même. Ainsi, dans le milieu familial, les orientations motivationnelles des parents agissent sur la signification accordée au succès sportif. Roberts, Treasure et Hall (1994) remarquent que les parents orientés vers l'ego s'intéressent surtout au nombre de victoires ou bien encore aux performances de leur enfant comparées à celle de ses camarades. À l'inverse, lorsqu'une telle orientation est moins marquée, les parents s'intéressent davantage à l'intégration de leur enfant au sein d'une équipe, les victoires en compétition étant alors considérées comme secondaires. Ainsi, l'interprétation que font les parents de la réussite sportive de leur enfant tend à inciter ce dernier à poursuivre des buts motivationnels orientés sur la tâche ou sur l'ego. De même, la pratique sportive influencerait également l'adoption de certains styles motivationnels. Une étude de White et Duda (1994) compare l'évolution des buts motivationnels dans deux sports de combat avec des buts différents (l'aïkido, sport de combat non compétitif et le judo, sport de combat compétitif). Cette étude suggère que si, chez des débutants, le type d'investissement ne diffère pas d'un sport à l'autre, pour les pratiquants confirmés, les buts peuvent être radicalement différents. Les aïkidokas s'éloigneraient d'un investissement sur l'ego alors que les judokas s'en rapprocheraient. Le choix de la pratique n'aurait donc pas été influencé par une orientation motivationnelle individuelle, mais ce serait plutôt la pratique qui influencerait le type d'investissement sur des buts privilégiés.

Application sur le terrain

Comme nous l'avons vu, le contexte dans lequel le sportif exerce son activité sportive influence les orientations motivationnelles de celui-ci. Epstein (1988) met en évidence l'influence de plusieurs variables sur ces orientations. Il définit ainsi les variables TARGET comme constitutifs d'un contexte d'accomplissement. Ainsi, ces variables TARGET favorisent certaines prescriptions possibles :

- Type de tâche : les tâches doivent être variées et individualisées et le sportif doit s'impliquer dans une fixation d'objectifs à court terme réaliste.
- Autorité : l'entraîneur doit être relativement démocratique et faire participer le sportif à certaines décisions en impliquant sa responsabilité personnelle et celle de l'athlète.
- Reconnaissance : l'entraîneur doit valoriser les progrès individuels de manière équitable.
- Groupements : l'entraîneur doit utiliser les différences individuelles et la diversité des compétences des individus afin d'adopter des formes de groupements variées et flexibles.
- Évaluation : l'entraîneur doit réaliser des évaluations individualisées et aider l'athlète à évaluer ses progrès personnels grâce à des critères de maîtrise complétant des critères de performance.
- Temps : l'entraîneur doit laisser le temps nécessaire aux sportifs pour progresser et leur permettre d'organiser eux-mêmes leur travail et leur progression.

Le modèle TARGET donne des éléments très intéressants. Jouer sur les différents paramètres d'un climat motivationnel propice va susciter l'engagement des personnes dans la tâche, et faire en sorte qu'elles fassent des efforts, qu'elles se révèlent persistantes, et qu'elles ne se dispersent pas mais qu'au contraire restent focalisées sur une activité donnée.

3. Autres facteurs liés à la motivation

a. Les attributions causales

Dans le sport comme dans la vie quotidienne, chacun cherche à mieux contrôler l'environnement qui l'entoure. Pour ce faire, les individus cherchent à comprendre les différents événements qui peuvent leur arriver en tentant de leur fournir une explication. On dénomme généralement ce processus : le processus d'attribution. Les auteurs à l'origine de ces théories sont Heider (1944, 1958), Jones et Davis (1965) et Kelley (1967). Un des aspects les plus importants de cette théorie se rapportant à l'explication de la réussite et de l'échec a été développé par Weiner[1]. Dans le domaine sportif, chaque athlète cherche régulièrement, après une compétition ou un entraînement, à expliquer sa performance. Parfois l'arbitre ne sera pas perçu comme impartial, parfois l'adversaire sera considéré comme plus fort, parfois les heures passées à l'entraînement apparaîtront comme payantes : chacun aura sa propre explication de l'événement ou des causes qui sont à l'origine d'un résultat observé. Weiner développe une taxonomie des attributions causales permettant de les classer selon trois dimensions :

- le locus renvoie à la différence entre les causes internes et les causes externes à l'individu. Par exemple, l'habileté ou l'effort seront des explications internes alors que l'adversaire ou la chance seront des explications externes. Weiner montre en particulier qu'un échec attribué à une cause interne aura pour effet de diminuer l'estime de soi de l'individu. À l'inverse, une réussite attribuée à une cause interne augmentera l'estime de soi ;
- la stabilité renvoie aux variations susceptibles de se produire en fonction du temps ou de la situation. Par exemple, l'habileté d'un individu serait une explication stable. À l'inverse, l'effort serait plus instable. Weiner montre que cette dimension aurait une influence sur les attentes futures de succès ou d'échec. Par exemple, un échec attribué à une cause stable influencerait une faible attente future de succès dans une situation similaire ;
- la contrôlabilité renvoie au fait que l'individu possède ou non la possibilité d'exercer du contrôle sur ces causes. Cette dimension permet par exemple de différencier le manque d'effort (contrôlable) et la fatigue (moins contrôlable).

D'autres dimensions ont également été proposées suite à cette taxonomie comme l'intentionnalité ou encore la globalité. L'impact de ces attributions sur l'estime de soi est à la base de certaines stratégies « motivationnelles » plus ou moins conscientes. On distingue ainsi des stratégies motivationnelles anticipatrices et des stratégies motivationnelles réactives.

1. Weiner *et al.*, 1972, 1985.

b. Les stratégies motivationnelles

◆ Les stratégies anticipatrices

Les deux principaux types de stratégies anticipatrices sont les stratégies d'auto handicap et le pessimisme défensif.

1) Les stratégies d'auto-handicap ont pour logique de se trouver des excuses préalables afin de pouvoir attribuer sa performance à autre chose qu'à une mauvaise habileté. Ces stratégies sont des stratégies anticipatrices d'un échec. Elles ont pour but de préserver l'estime de soi en se créant soi-même des obstacles à la réussite. Ces comportements serviront ainsi d'excuses aux pratiquants. On peut distinguer plusieurs catégories de stratégies d'auto-handicap[1]. Tout d'abord les stratégies d'auto-handicap comportemental dans lesquels les individus se créent réellement un handicap comme par exemple sortir en soirée avant une compétition importante. L'autre catégorie concerne les stratégies d'auto-handicap revendiqué qui consiste à identifier plus ou moins objectivement des obstacles qui sont plus ou moins réels avant une compétition. C'est ainsi que l'on peut ressentir une douleur dans la cuisse qui va nous empêcher de faire une bonne performance.

Famose (2001) propose plusieurs formes de stratégies d'auto-handicap telles que :

- la réduction de l'effort (diminuer ses efforts à l'approche d'une compétition importante) ;
- la procrastination (remettre systématiquement au lendemain les actions qui n'apportent pas un bénéfice immédiat) ;
- le choix systématique d'un niveau de difficulté trop élevé ou trop faible ;
- l'absence de recherche d'aide (éviter de rechercher un appui auprès de l'entraîneur ou d'un partenaire) ;
- la stratégie de « la jambe de bois » (admettre publiquement une faiblesse physique ou psychologique) ;
- l'évitement (échapper à la situation).

2) Le pessimisme défensif[2] est lié à une faible confiance en soi et à un effort élevé. Cette stratégie caractérise des individus très anxieux, ayant une basse estime de soi et de faibles espérances de réussite. Ainsi, les sportifs utilisant cette stratégie redoublent d'efforts en prévision d'un échec et anticipent les problèmes futurs. Cette stratégie motivationnelle anticipatrice peut être parfois positive car elle permet à l'individu de s'engager plus fortement dans l'activité et mettre en place des efforts plus importants. Le résultat est donc bien souvent

1. Hirt, Deppe, & Gordon, 1991.
2. Norem & Cantor, 1986 ; Norem, 2015.

une performance bien supérieure aux espérances parce que l'individu va avoir envisagé tous les cas de figure possible, et va s'être préparé en conséquence.

◆ Les stratégies réactives

La principale stratégie réactive est liée au biais d'auto-complaisance. Il correspond à la tendance de certains individus à attribuer leurs échecs à des facteurs externes et instables, et leurs réussites à des facteurs internes et stables dans le but de préserver leur estime de soi. Cette stratégie, bien qu'efficace dans le but de préserver l'estime de soi, s'avère plutôt négative car l'individu ne se remet jamais en question. D'autres normes et biais comme la norme d'internalité, la norme de compétence, la norme de responsabilité, la norme d'effort ou encore la norme de modestie viennent influencer les explications données « à chaud » par le sportif. Ainsi, certains individus peuvent modifier leurs explications en fonction du contexte ou de leur interlocuteur dans le but de préserver leur estime de soi et leur motivation.

c. Le style attributionnel

Dans les années 70, Seligman décrit les réactions de détresse et d'apathie manifestées par les animaux de laboratoire lorsque ceux-ci sont soumis à des événements stressants incontrôlables, tels que des chocs électriques. Au cours de ces expériences menées sur des animaux, Seligman va décrire ce qu'il va appeler l'impuissance apprise ou la résignation acquise caractérisant un comportement acquis suite à des expériences d'échec répétées se traduisant par l'abandon de tout effort pour modifier la situation. Les échecs répétés favorisent le développement d'un faible sentiment de contrôle sur les événements qui peuvent être à l'origine de dépressions et se généraliser ensuite à d'autres situations[1]. Abramson, Seligman, et Teasdale (1978) remarquent que chez l'homme la réaction est un peu différente. En effet, tous les individus ne développent pas forcément d'impuissance apprise, ceci dépendrait d'une variable individuelle : le style attributionnel. Le style attributionnel peut donc se définir comme « la tendance d'une personne à donner le même type d'explications aux différents événements auxquels elle est confrontée[2] ». En s'appuyant sur trois dimensions des attributions causales (le locus, la stabilité et la globalité), Peterson et Seligman (1984) caractérisent deux types de styles attributionnels : le style attributionnel optimiste et le style attributionnel pessimiste (tableau 3.2).

Dans le domaine sportif, Martin-Krumm, Sarrazin, Peterson et Famose (2003) ont par exemple montré que sur une tâche de dribble au basket, des collégiens au style optimiste qui ont été confrontés à une condition d'échec se sont révélés capables de réaliser une meilleure performance lors d'un second passage que

1. Seligman, 1975.
2. Peterson, Buchaman, & Seligman, 1995.

Tableau 3.2 Les composantes des styles attributionnels

	Style attributionnel			
	Pessimiste		Optimiste	
Performance Dimension	Echec	Réussite	Echec	Réussite
Locus	Interne	Externe	Externe	Interne
Stabilité	Stable	Instable	Instable	Stable
Globalité	Global	Spécifique	Spécifique	Global

d'autres élèves au style pessimiste, qu'ils étaient moins anxieux et conservaient des attentes de réussite supérieures. Dans une autre étude, Martin-Krumm, Sarrazin et Peterson (2005) ont montré que le style avait un impact sur la motivation des élèves en EPS, impact positif quand il s'agit d'un style optimiste, mais délétère quand il s'agit d'un style pessimiste, avec en retour des effets sur la performance en EPS. Autre exemple dans le domaine de l'exercice physique ou du sport, Paquet, Bertucci et Hourde (2006) ont montré que des pilotes de BMX au style optimiste réalisaient une meilleure performance à un test d'évaluation des qualités physiques (test de Wingate) que les pilotes au style pessimiste confirmant les idées émises par Seligman (1991) :

- Premièrement, c'est le sportif qui recourt aux explications les plus optimistes qui gagne, parce qu'il s'acharne généralement plus que les autres, surtout face à un défi ou à la suite d'une défaite.
- Deuxièmement, le sportif dont le mode d'explication passe du pessimisme à l'optimisme devrait connaître une amélioration nette de ses performances plus particulièrement dans des conditions de forte concurrence.
- Enfin, ces résultats se retrouvent dans les sports d'équipe : à compétence équivalente, la plus optimiste des deux équipes devrait l'emporter sur son adversaire.

D'autres travaux[1] suggèrent cependant que ces deux dimensions pourraient être orthogonales plutôt qu'opposées. L'auteur révèle ainsi qu'il est possible d'avoir un score à la fois élevé à l'échelle d'optimisme et à celle de pessimisme. Il explique également qu'il existe très peu de réels pessimistes et que la majorité des individus répond en réalité à des scores moyens de l'échelle en se montrant en fait davantage « réalistes ». Ainsi, ils acceptent que certains événements négatifs puissent leur arriver. Les auteurs proposent ainsi de considérer ces deux dimensions de manière indépendante.

1. Benyamini, 2005.

Application sur le terrain : Les programmes de réattribution

Comme nous venons de le voir, les attributions causales peuvent avoir un impact important sur la motivation et l'estime de soi des sportifs. Ainsi, il convient d'y prêter une attention particulière. Rascle et ses collaborateurs (2009) expliquent ainsi qu'il est important d'identifier chez les athlètes les attributions fonctionnelles (entraînant des conséquences positives et donc des comportements fonctionnels) et les attributions dysfonctionnelles (entraînant des conséquences négatives et des comportements dysfonctionnels). Les programmes de réattribution consistent à apprendre aux sportifs à émettre les « bonnes » attributions. Plusieurs études[1] montrent l'influence de ces programmes de réattribution, non seulement, sur les attributions formulées, mais également, sur les attentes de réussites et la persistance de l'individu dans l'activité. Plus que le sportif lui-même, il est indispensable que l'entraîneur ou l'éducateur fasse attention aux feed-back qu'il formule. En cela, interpréter les événements de manière positive est toujours plus efficace que de dire au sportif qu'il est nul !

d. Le flow

Dans les années 70, Csikszentmihalyi étudie ce que ressentent des personnes qui jouent aux échecs, produisent une prestation artistique ou une performance sportive par exemple. Elles ont pour caractéristique de consacrer beaucoup de temps et d'énergie à des activités pour le simple plaisir de les faire sans recherche spécifique de gratifications conventionnelles comme l'argent ou la reconnaissance sociale. Ainsi progressivement, Csikszentmihalyi (1990) identifie les conditions de l'expérience optimale liée à un état psychologique subjectif spécifique qu'il appelle « *flow* ». Cet état se manifeste quand il y a perception d'un équilibre entre les compétences personnelles et les exigences de la tâche (figure 3.3). Dans une certaine mesure, c'est aussi ce qui est sous-entendu quand il est question de *décalage optimal*. En contexte éducatif :

> « Le flow est, par exemple, ressenti quand l'ensemble des actions à réaliser pour comprendre, notamment celles qui réclament une attention particulièrement soutenue, semblent "couler de source", avec une fluidité telle qu'à aucun moment l'apprentissage ou la compréhension ne seront interrompus par une quelconque inquiétude concernant ce qu'il faut faire pour y parvenir ou ce que les autres pourraient en penser[2]. »

Selon Nakamura et Csikszentmihalyi (2009), le flow est caractérisé par :

1. une concentration intense et focalisée sur l'instant présent ;

1. Rascle *et al.*, 2009.
2. Heutte, 2014, p. 17.

2. la fusion de l'action et de la conscience ;
3. l'absence de préoccupation à propos du soi et dilatation de l'ego-épanouissement de la dimension sociale du soi ;
4. le contrôle de l'action ;
5. l'altération de la perception du temps ;
6. le bien-être procuré par l'activité en elle-même (activité autotélique)

Ce dernier point représente en bout de chaîne les émotions positives que l'individu va potentiellement ressentir quand il est en état de *flow*.

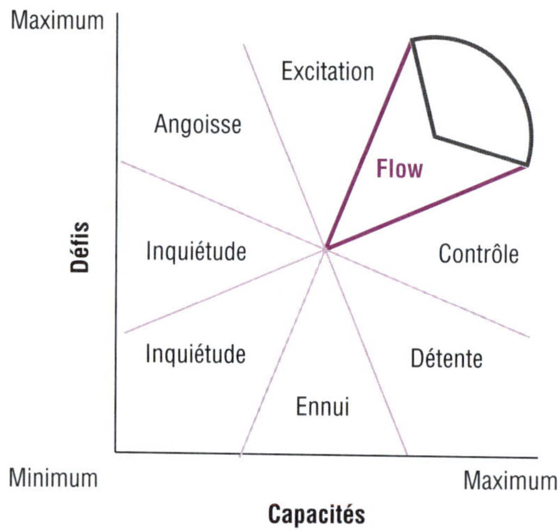

Figure 3.3 Exigences de la tâche et compétences élevées (Csikszentmihalyi, 1990)

Plus que le simple équilibre entre le défi et les compétences, l'expérience optimale (le *flow*) exige qu'il y ait une concentration totale de l'attention dans la tâche de sorte qu'il n'y ait plus de place pour la distraction, ce qui va temporairement occulter les aspects déplaisants de la vie, les frustrations ou les préoccupations quotidiennes.

> « Dans le cadre d'un apprentissage, l'expérience optimale est plus particulièrement ressentie dans les phases qui nécessitent une importante mobilisation de compétences : le flow est un état psychologique dans lequel le sujet se sent simultanément cognitivement efficace, motivé et heureux de progresser[1]. »

1. *Ibid.*

C'est pour continuer à ressentir le *flow* que la personne persistera dans l'apprentissage. En contexte scolaire, les problématiques liées au *flow* suscitent des recherches en collège et en lycée[1] et à l'université[2]. L'expérience optimale entraîne des conséquences très importantes : meilleure performance[3], créativité, développement des capacités, estime de soi et réduction du stress[4]. Pour Heutte et ses collègues[5], quatre dimensions sont déterminantes :

1. l'absorption cognitive ;
2. l'altération de la perception du temps ;
3. l'absence de préoccupation à propos du soi ;
4. le bien-être procuré par l'activité en elle-même.

Ces quatre dimensions éclairent remarquablement la persistance du comportement des apprenants en contexte de formation. La recherche d'un renouvellement de l'expérience consiste pour l'élève à s'engager de nouveau pour ressentir les émotions positives éprouvées avec l'état de *flow*.

Comment le professionnel peut-il créer les conditions du *flow* pour les personnes de manière à ce qu'elles ressentent des émotions positives en s'engageant dans les tâches ? Le tableau 3.3 présente ces conditions dans leur ensemble. Il permet de faire une synthèse de l'ensemble des paramètres avec lesquels on peut jouer pour moduler les effets recherchés dans la tâche comme par exemple le climat motivationnel.

Promouvoir le plaisir et la motivation de pratiquer en éducation physique, ou en contexte sportif, a clairement des implications importantes pour le développement des compétences physiques des individus. Le plaisir peut potentiellement conduire à des états de *flow*. Cela peut conduire en retour à une participation à long terme dans des activités physiques afin de reproduire cette expérience optimale. Alors que les émotions positives ont été associées à une meilleure santé physique[6], leur association avec la motivation intrinsèque à participer au cours d'éducation physique est donc un autre exemple d'une spirale ascendante entre les émotions positives et la santé physique.

Dans le contexte scolaire, les élèves qui ont des perceptions plus élevées de leur compétence physique sont plus susceptibles de s'engager dans une activité physique en dehors de l'école[7]. La motivation intrinsèque des élèves pour l'éducation physique étant associée positivement avec l'intention d'être

1. Fenouillet, Martin-Krumm, Heutte, & Besançon, 2014.
2. Heutte, Fenouillet, Boniwell, Martin-Krumm, & Csikszentmihalyi, 2014.
3. Jackson & Csikszentmihalyi, 1999.
4. Csikszentmihalyi, 2006.
5. Heutte *et al.*, 2014.
6. Kok *et al.*, 2013.
7. Carroll & Loumidis, 2001.

Tableau 3.3 Les neuf caractéristiques de l'expérience optimale : flow

1	Équilibre entre défi et habileté	Savoir que l'activité est réalisable, que les compétences sont adéquates, ne ressentir ni angoisse ni ennui, savoir que nous avons toutes les chances de pouvoir terminer l'activité.
2	Concentration sur la tâche	Etre en mesure de se concentrer sur ce que nous faisons.
3	Cible claire	Grande clarté intérieure, savoir ce qui doit être fait et comment cela pourra se réaliser. La tâche a des objectifs clairs.
4	Rétroaction claire et précise	La tâche (ou l'environnement) fournit une rétroaction immédiate.
5	Absence de distraction	Totalement impliqué, concentré, que ce soit en raison d'une grande curiosité, de l'habitude liée à un entraînement important.
6	Contrôle de l'action	Percevoir que nous pouvons contrôler nos actions
7	Absence de préoccupation à propos de soi – dilatation de l'ego (mais paradoxalement, le sens de soi se trouve renforcé)	Sentiment de sérénité, pas de soucis à propos de soi, le sentiment d'une dilatation de soi au-delà des frontières habituelles de l'ego – se sentir transcendé au-delà de ce qui nous semblait possible.
8	Altération de la perception du temps	Le sens de la durée du temps est altéré : les heures semblent être passées en quelques minutes et les minutes peuvent s'étendre à ressembler à des heures.
9	Expérience autotélique, bien-être	Jubilation et extase, sentiment d'être en dehors de la réalité quotidienne, quelles que soient les raisons ou les buts de l'action, le flow en est la propre récompense. L'activité n'est entreprise pour aucune autre raison que le bien-être qu'elle procure.

Heutte, Galaup, Lelardeux, Lagarrigue, & Fenouillet, 2014, p. 4.

physiquement actif dans l'avenir[1], les niveaux d'implication dans l'éducation physique à l'école ont été associés à des niveaux plus élevés d'activité physique à l'âge adulte[2]. Les élèves qui éprouvent des émotions positives tout en s'engageant en EPS sont plus susceptibles de vouloir continuer. C'est également

1. Ntoumanis, 2001.
2. Cleland, Dwyer, & Venn, 2012.

susceptible de favoriser le développement et le sentiment de compétence, favorisant ainsi le vécu d'expériences émotionnelles positives. Bien que cette spirale ascendante n'ait pas été testée spécifiquement dans le contexte de l'EPS, des données longitudinales soutiennent l'association entre le plaisir des élèves en EPS et l'accroissement des perceptions de compétence physique au fil du temps[1]. La compétence est alors également associée positivement à la motivation intrinsèque des élèves pour la participation en EPS[2]. La pratique sportive régulière a des effets bénéfiques pour la santé. Promouvoir des expériences positives lors des cours d'EPS est donc une approche pertinente pour améliorer la santé et le bien-être à court, moyen et long termes, pendant l'enfance, l'adolescence et l'âge adulte, d'où l'importance d'être sensibilisé quand on est susceptible d'intervenir avec des pratiquants jeunes.

Application sur le terrain

Comment décoder les propos d'un athlète ou d'un élève ? Quoi lui dire ? Est-ce si important ? Les comportements des individus paraissent parfois complètement illogiques quand ils sont confrontés à l'échec, ou parfois même à la réussite. Quand on passe ces propos ou ces comportements à travers le filtre des stratégies motivationnelles, il est possible de comprendre les mécanismes qui sont mis en œuvre, et les raisons pour lesquels ils le sont. Il convient donc de les décoder afin d'adopter les modalités d'intervention adaptées, ne serait-ce qu'en les comprenant afin de faire preuve d'empathie par exemple lorsqu'un athlète est sujet à de l'anxiété pré-compétitive. Nul besoin par exemple de vouloir rendre un individu plus optimiste si une stratégie de pessimisme défensif a été développée. C'est un moyen pour lui de gérer son anxiété, et cela peut s'avérer payant en termes de performances. En revanche, il convient d'accorder une grande importante aux feedback apportés. Apporter des feedback en termes de causes internes, stables, et globales en situation de réussite, et de causes externes, instables et spécifiques en situation d'échec peut s'avérer déterminant pour les performances à venir.

Il est tout à fait envisageable que le client d'une salle de musculation attribue sa réussite dans une évaluation consistant à identifier sa charge maximale en développés-couchés à un coup de chance. En tant qu'intervenant, il est important de l'amener plutôt à considérer qu'il a su placer sa respiration sur le temps fort du mouvement, qu'il a su contrôler la descente de la barre pour laisser exprimer son explosivité pour la remonter, et que sa performance est finalement le résultat d'un ensemble de progrès tant techniques que physiologiques dû à la qualité de son travail. Autant la chance est susceptible de générer des émotions de type « surprise » ne laissant pas présumer de l'issue d'une future prise de performance, autant la qualité du travail sera

1. Cairney, Kwan, Velduizen, Hay, Bray & Faught, 2012.
2. Standage *et al.*, 2003.

susceptible de générer de la « fierté » et aussi de la confiance en soi dont il est possible de supposer qu'elles auront un effet potentiellement important sur la performance future.

e. La passion

La passion a souvent été étudiée sous l'angle de la philosophie[1]. En psychologie, les quelques études se rapportant à la passion se rapportaient à la passion amoureuse[2]. En 2003, Vallerand et ses collaborateurs ont développé un modèle de la passion permettant de comprendre la passion des individus envers une activité. Ainsi, ils définissent la passion comme « une forte inclinaison envers une activité que les individus aiment, qu'ils trouvent importante et dans laquelle ils investissent temps et énergie de façon considérable ». Ce modèle, appelé modèle dualiste de la passion, propose l'existence de deux types de passion : la passion harmonieuse et la passion obsessive. La passion harmonieuse caractérise un individu qui considère son activité comme importante mais qui se sent libre de la pratiquer sans contrainte. Il ne se sent pas dépendant de cette pratique mais c'est lui qui contrôle l'activité. À l'inverse, la passion obsessive caractérise un individu qui organise entièrement sa vie autour de son activité et qui peut se sentir progressivement prisonnier de celle-ci. Ces deux passions se distinguent par le processus par lequel l'activité passionnante a été intériorisée dans l'identité. La passion obsessive résulterait d'une intériorisation contrôlée de l'activité dans l'identité[3] provenant d'une pression intra et/ou interpersonnelle à s'engager dans l'activité (soit par rapport au sentiment d'acceptation sociale, à son estime de soi ou à l'excitation associée à l'activité). La passion harmonieuse résulte, quand à elle, d'une intériorisation autonome de l'activité dans l'identité issue d'un engagement libre dans cette activité importante, en l'absence de toute contingence.

Les individus ayant une passion obsessive ne peuvent plus contrôler leur besoin d'entreprendre leur activité passionnante et risque de vivre des conflits ou d'autres expériences négatives pendant et après la pratique de leur activité. En conséquence, un passionné obsessif risque de vivre de la frustration et de la rumination lorsqu'il se trouvera dans l'impossibilité de pratiquer son activité. Comparativement, les individus vivant une passion harmonieuse restent maîtres de leur activité et choisissent librement quand s'y engager et quand y mettre un terme. Dans ce cas, l'activité passionnante occupe une place significative mais n'entre pas en conflit avec les autres sphères de vie de la personne.

1. Voir pour revue, Rony, 1990.
2. Hatfield & Walster, 1986.
3. Deci & Ryan, 2000 ; Vallerand, 1997.

◆ Passion et performance

De nombreuses études montrent que l'atteinte de l'expertise et la performance passent par un engagement important dans des pratiques délibérées[1]. Les individus s'engagent ainsi durant plusieurs années dans une pratique où il cherche sans cesse à s'améliorer. Plusieurs études menées par Vallerand et ses collaborateurs montrent que les deux types de passion (harmonieuse et obsessive) conduisent à une pratique délibérée, et donc devraient mener à une meilleure performance. Cependant, les passionnés obsessifs manifestent une persistance rigide dans leur activité car, la plupart du temps, ils ne peuvent s'empêcher de pratiquer leur activité. À l'inverse, les passionnés harmonieux font preuve d'un investissement souple et choisissent librement quand pratiquer l'activité ou pas. Si une persistance rigide conduit, comme un investissement plus souple, à une meilleure performance, les conséquences peuvent paraître plus coûteuses pour celui qui a connu le manque de flexibilité. Ainsi, sur le plan de la performance, on peut en déduire que les deux types de passion semblent associés à des comportements favorisant le développement de l'expertise et de la performance, mais seule la passion harmonieuse paraît favorable à l'ajustement psychologique.

◆ Passion et blessures

Dans une première étude portant sur la relation entre passion et blessure[2], les auteurs ont montré que des cyclistes québécois passionnés de manière obsessive continuaient à pratiquer leur activité l'hiver malgré la neige et des conditions non optimales prenant ainsi des risques de chutes et de blessure. En 2006, dans une seconde étude auprès de danseurs universitaires, Rip, Fortin et Vallerand (2006) avaient pour objectif de confirmer ce résultat dans le milieu de la danse où les blessures sont fréquentes. Les résultats ont montré que la passion harmonieuse est associée à la perception d'une souffrance moindre, la mise en place de stratégies centrées sur le problème, l'engagement dans la prévention de la blessure et une plus grande flexibilité envers l'implication personnelle dans la danse. À l'inverse, la passion obsessive est associée des souffrances prolongées, des blessures chroniques, un engagement beaucoup plus rigide dans l'activité et une tendance à penser qu'eux-mêmes sont les mieux placés pour trouver le traitement adéquat. En conséquence, même si ces deux études n'utilisent pas de mesures objectives de santé physique, il apparaît que la rigidité dans l'engagement des passionnés obsessifs peut les conduire à se mettre en danger et risquer ainsi davantage de blessures.

1. Ericsson & Charness, 1994 ; Starkes & Ericsson, 2003.
2. Vallerand *et al.*, 2003.

2 Les déterminants de la performance individuelle

1. Personnalité et sport

La personnalité est un des concepts les plus anciens et les plus étudiés en psychologie. Il en existe de nombreuses définitions. Nous en avons retenu deux définitions assez générales :

> « Description et explication des conditions, interactions et systèmes qui permettent de saisir les différences interindividuelles dans l'expérience subjective et le comportement et éventuellement de prévoir le comportement futur[1]. »
>
> « La personnalité est l'organisation dynamique des aspects affectifs, cognitifs, physiologiques et morphologiques de l'individu[2]. »

Même s'il existe de nombreuses définitions de la personnalité, il existe plusieurs points communs à celles-ci :

- l'unicité : chaque individu a une personnalité qui lui est propre ;
- le caractère organisé : il est possible de décrire un individu en organisant sa personnalité ;
- les aspects différentiels de l'individu : la personnalité permet de différencier les individus.

a. Les théories de la personnalité

La théorie des traits postule que les composantes de base de la personnalité sont relativement stables quelle que soit la situation. Ainsi, on considère que les traits prédisposent les individus à agir d'une certaine manière, indépendamment de la situation et des circonstances. Les origines de cette théorie remontent aux années 60/70, et on doit à Cattel (1965) d'avoir mis au point un inventaire de personnalité dénommé : 16 PF de Cattel. Dans le domaine sportif, Thill met au point en 1983 un questionnaire fondé sur ce modèle : le questionnaire de personnalité pour sportif (QPS). Ce questionnaire est composé de 340 items en vrai/faux, répartis en 14 traits de personnalité réunis dans quatre domaines :

- la motivation (regroupant la motivation intrinsèque, la motivation extrinsèque et l'estime de soi) ;
- l'activité (regroupant l'endurance psychologique, la vitesse-intensité, et la compétitivité psychologique) ;
- le contrôle (regroupant le contrôle de l'activité, la prise de risque, le contrôle des émotions la résistance psychologique) ;

1. Fröhlich, 1997.
2. Sheldon, 1940.

- le relationnel (regroupant l'introversion/extraversion, la dominance, l'agressivité, la sociabilité, et la coopération).

Bien qu'intéressante dans une perspective évaluative, la seule connaissance des traits ne suffit pas toujours à prédire le comportement d'un individu dans une situation particulière. Il faut donc également tenir compte de la situation.

L'approche situationnelle propose que les comportements dépendent de la situation et de l'environnement. Cette approche s'inspire de la théorie de l'apprentissage social[1]. Ainsi, les facteurs environnementaux et les renforcements façonnent les comportements des individus. Dans cette perspective, la situation pourrait s'avérer un facteur de comportement plus influent que les traits de personnalité. Ainsi, de plus en plus souvent, on combine des mesures de traits à des mesures d'état rendant compte de l'effet de la situation sur le comportement. Au demeurant, l'approche situationnelle, tout comme l'approche des traits, ne permet pas vraiment de prédire le comportement.

L'approche transactionniste est issue des travaux de Lazarus et Folkman (1984). Selon cette théorie, l'individu n'influence pas l'environnement seul, l'environnement n'influence pas l'individu seul, mais il existe une véritable conjonction entre la personne, l'environnement et le temps. Selon cette perspective théorique, il faut tenir compte à la fois de la personnalité de l'individu et de la situation si l'on veut interpréter le plus justement possible des comportements. La connaissance combinée des traits d'un individu et des caractéristiques de la situation aide à comprendre le comportement de celui qui agit ici et maintenant. Dans une perspective évaluative, il faut combiner à la fois les résultats obtenus lors des tests à d'autres méthodes comme l'observation ou l'entretien et une bonne compréhension de l'environnement de l'individu avant d'établir une véritable évaluation.

b. Personnalité et performance

Morgan (1980) a examiné la prédiction que l'on pouvait faire du succès sportif à partir de profil de personnalité. L'auteur a demandé à des athlètes d'élites de nombreuses activités de remplir un questionnaire : le *Profile of Mood States* (POMS). Il ressort des résultats de cette étude un profil où tous les aspects négatifs sont « sous la surface », et les aspects positifs sont au dessus (figure 3.4).

L'une des critiques majeures de cette recherche est, qu'alors qu'il existe de très nombreux inventaires pour mesurer la personnalité, Morgan n'a utilisé qu'une mesure de l'humeur, et donc s'est référé à des états plutôt qu'à des traits de personnalité.

1. Rotter, 1966 ; Bandura, 1977.

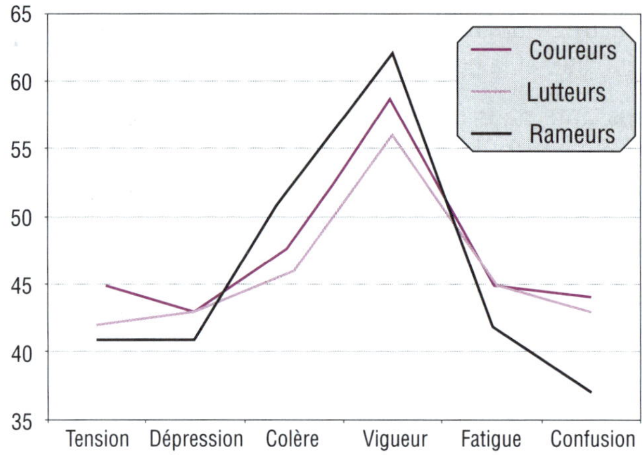

Figure 3.4 Le modèle de l'iceberg d'après Morgan (1979)

c. Types de sport et personnalité

Une autre question évoquée dans le domaine sportif est la relation entre personnalité et sport pratiqué. Schurr et ses collaborateurs (1977) ont comparé la personnalité de 1 596 étudiants avec le type de sport qu'ils pratiquaient, l'investissement qu'ils manifestaient et le niveau de pratique dans lequel ils étaient engagés. Ces auteurs ont entre autres montré que les individus pratiquant un sport collectif sont plus dépendants, extravertis et anxieux, mais moins imaginatifs que ceux pratiquant un sport individuel. Même s'il apparaît que la pratique sportive pourrait développer la personnalité des individus dans une certaine direction, il est également tout à fait possible que certains sports exercent plus d'attrait sur des individus présentant certains types de personnalité.

2. Stress et performance

a. Le stress

L'intensité du stress perçu par un individu (ou un groupe) dépend de la relation entre la représentation que celui-ci a des exigences de la situation et la représentation de la quantité disponible et de la pertinence des ressources dont il dispose. Cette relation est appelée « évaluation cognitive[1] ». On peut considérer que, pour un même individu, il y a un continuum de l'intensité au long duquel on pourrait isoler les quatre points suivants (figure 3.5).

Ce processus d'évaluation, dont l'issue détermine l'intensité du stress perçu, est influencé par :

1. Lazarus & Launier, 1978.

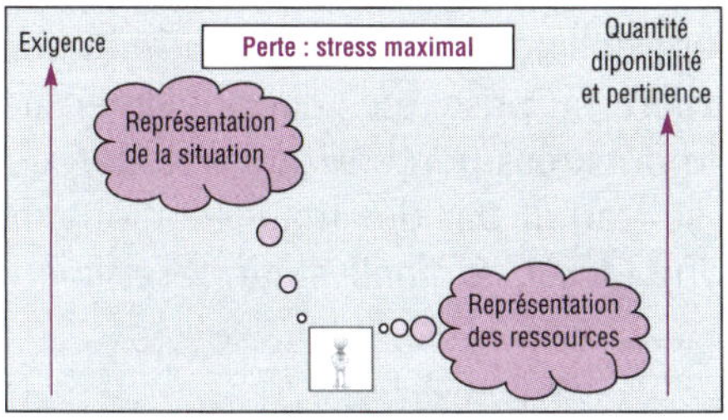

Les exigences de la situation excèdent largement les ressources disponibles : le stress est maximal et l'individu sait qu'il ne pourra pas s'adapter. On parle alors d'une évaluation cognitive de la situation en terme de perte.

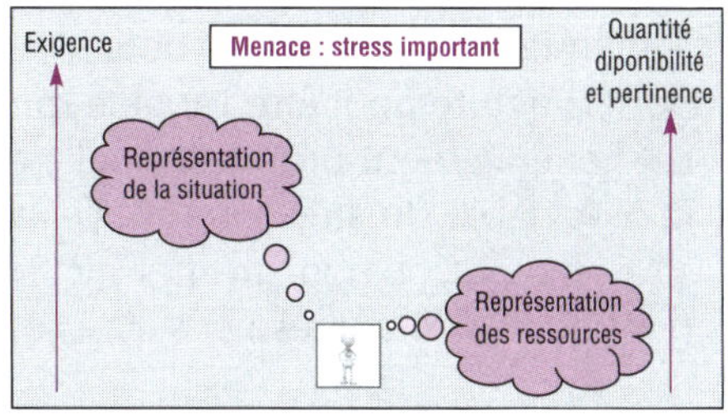

Les exigences de la situation sont supérieures à la quantité et à la pertinence des ressources : le stress est élevé et l'adaptation à la situation est compromise (il est plus probable de ne pas parvenir à s'adapter que d'y parvenir) : c'est une évaluation cognitive en terme de menace.

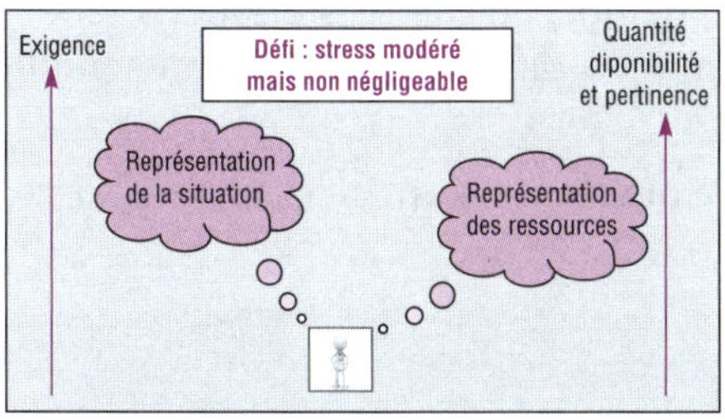

Les exigences de la situation sont légèrement supérieures aux ressources disponibles dans ce domaine : il y a une probabilité réelle de succès, mais aussi d'échec. C'est une évaluation cognitiveen terme de défi (ou challenge).

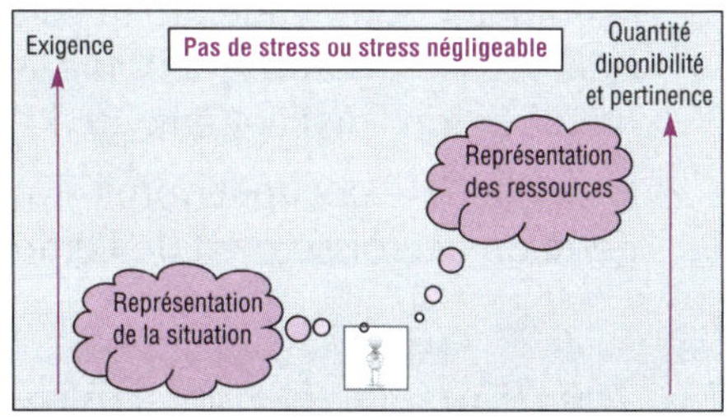

Les ressources de l'individu sont nettement suffisantes et pertinentes pour répondre efficacement aux exigences de la situation, il n'y a donc pas de stress perçu ou un stress si faible qu'il est considéré comme négligeable.

Figure 3.5 Continuum d'intensité du stress perçu

- les caractéristiques de la situation : nouveauté, ambiguïté, prédictibilité, possibilité de contrôle ;
- les caractéristiques de l'individu : ses traits de personnalité, ses stratégies d'ajustement (ou de faire face), ses autres caractéristiques personnelles (style attributionnel, croyances, expériences passées, etc.).

Le stress est donc un phénomène singulier puisqu'il dépend des représentations de l'individu. C'est pourquoi on parle plutôt de stress perçu.

C'est un phénomène dynamique qui débute avant la situation (parfois des mois auparavant, parfois quelques minutes avant) et se termine généralement juste après l'issue de cette situation. Durant cette période temporelle, des informations ou des événements sont susceptibles de modifier les représentations : une blessure la veille de l'épreuve va généralement diminuer la représentation de la quantité et de la pertinence des ressources disponibles ; le forfait du meilleur joueur de l'équipe adverse va diminuer la représentation des exigences de la situation. Lorsque la situation a débuté, l'individu reçoit de nombreuses informations en retour (*feedback*) sur les effets de ses actions (ou de son inaction). Ces informations peuvent modifier les représentations, soit de la situation, soit des ressources disponibles, et, ainsi, faire varier l'intensité du stress perçu.

L'intensité du stress perçu a pour phénomène collatéral le ressenti d'une émotion dont la nature peut être variable (peur, colère, surprise, etc.) et dont l'intensité est généralement proportionnelle à celle du stress perçu. Cette émotion est indissociable du stress perçu. Le stress se traduit par des manifestations de stress qui ont, ou non, un effet sur la performance. Ces manifestations se situent dans quatre domaines :

- le domaine thymique (de l'humeur) : amélioration ou détérioration de l'humeur, pouvant aller d'un sentiment d'euphorie à une humeur dépressive ;
- le domaine relationnel : difficultés à supporter les autres ou repli sur soi ;
- le domaine somatique : maux de tête, de dos, de ventre, sensations variées (« jambes en coton », « boule au ventre », difficultés d'endormissement, modifications de l'appétit, etc.) ;
- le domaine « occupationnel », c'est-à-dire la performance au sens large : perte ou accroissement de l'efficience.

b. Relation avec la performance

Le stress est généralement perçu comme perturbateur pour le sportif de haut-niveau et il est souvent cité comme l'une des causes principales des mauvaises performances. Les relations entre le stress perçu et la performance ont été largement étudiées et différentes théories se sont succédé au cours des années. L'une des premières théories indique que cette relation n'est pas linéaire, mais suit plutôt une courbe de la forme d'un U inversé (figure 3.6) avec en ordonnées la performance dans une tâche donnée et, en abscisses, le stress perçu lors de la réalisation de cette tâche (modèle de Yerkes & Dodson, 1908). Autrement dit, un faible niveau de stress n'entraîne pas de performance. Lorsque le stress augmente, la performance augmente. À partir d'un certain niveau de stress, qualifié d'optimum, la performance commence à décroitre. De nombreux travaux se sont intéressés aux variations de cet optimum d'activation selon les tâches pour un même individu (Fiske & Maddi, 1961, figure3.7).

Oxendine (1968 ; 1970) illustre cette idée en montrant qu'à l'intérieur d'une même activité, il est possible de trouver des habiletés où un niveau d'activation faible est souhaité et des habiletés où l'individu a besoin d'être hautement activé pour être performant. L'auteur va jusqu'à classer les sports sur une échelle ordinale, graduée de 0 (état normal) à 5 (très activé) en fonction du niveau d'activation recommandé pour réaliser une performance élevée (tableau 3.4). Il envisage de surcroît d'établir des différences au sein même de l'activité en fonction de la nature de l'habileté. Ainsi, par exemple, le basket-ball se trouve situé au niveau 3 de l'échelle (activation moyenne), mais le geste du lancer franc est placé au niveau 1 (activation faible). Les téléspectateurs qui se souviennent des dernières minutes de la demi-finale France-Espagne lors du Championnat d'Europe de basket de 2013 auront remarqué le comportement de Tony Parker

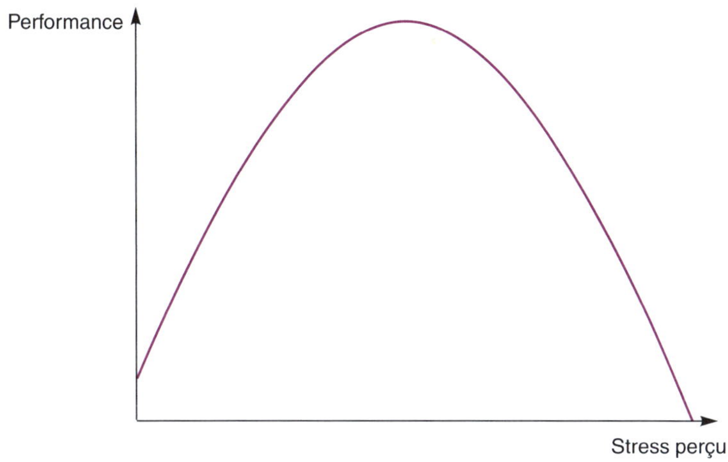

Figure 3.6 Courbe en U inversé de Yerkes et Dodson

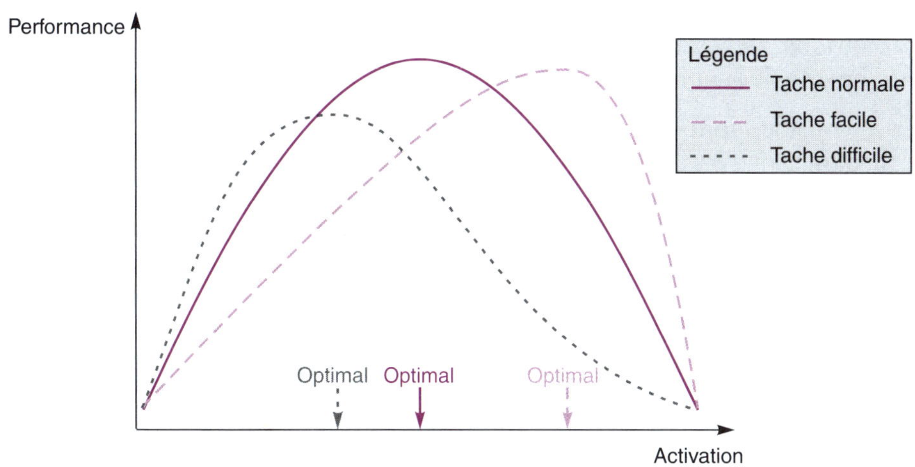

Figure 3.7 Variation de l'optimum d'activation en fonction de la tâche

se mettant de côté et respirant lentement avant d'aller tirer les lancers-franc décisifs.

La prise en compte des variables liées à l'activité ne suffit toutefois pas à expliquer l'ensemble des variations observées. D'autres auteurs ont alors choisi de s'intéresser aux dispositions de l'individu. Hanin (1986) a défini l'IZOF (*Individual Zone of Optimal Functioning* ou zone individuelle de fonctionnement optimal) comme une zone propre à chaque athlète correspondant à l'activation optimale pour la tâche à réaliser, et non plus comme un point. Puis, l'évolution des théories sur l'anxiété ont permis l'émergence de la théorie des catastrophes (Hardy, 1990). Avant d'aborder cette dernière, il est nécessaire de préciser les définitions relatives à l'anxiété (tableau 3.5). Spielberger (1966) a distingué l'état d'anxiété du « trait » d'anxiété et Martens *et al.* (1990) ont différencié l'état d'anxiété cognitif de l'état d'anxiété somatique.

La théorie de Hardy (1990), connue sous le nom de « théorie des catastrophes » comprend quatre relations avec la performance en fonction de la combinaison des états d'anxiété. L'état d'anxiété somatique est, dans ce modèle, remplacé par le niveau d'activation (figure 3.8) :

- lorsque le niveau d'activation est faible, plus l'anxiété cognitive augmente, plus la performance augmente ;
- lorsque le niveau d'activation est élevé, plus l'anxiété cognitive est élevée et plus la performance diminue ;
- lorsque l'anxiété cognitive est faible, la relation entre activation performance suit le modèle en U inversé ;
- lorsque l'anxiété cognitive est élevée, la performance s'améliore proportionnellement à l'augmentation du niveau d'activation jusqu'à un point critique où toute augmentation supplémentaire d'activation produit une détérioration brutale de la performance : la catastrophe.

On constate donc que les relations entre stress et performance ne sont pas simples. D'une part, il y a des niveaux de stress qui favorisent la performance, et, d'autre part, selon les réactions individuelles (état d'anxiété somatique ou état d'anxiété cognitive), les conséquences sur la performance sont très différentes.

3. Le sentiment d'efficacité personnelle

La confiance en soi est souvent évoquée comme un autre facteur important de la performance individuelle. Nous lui préférons un concept proche et qui est un très bon prédicteur de la performance : le sentiment d'efficacité personnelle. Il trouve son origine dans les travaux de Bandura (1977). Il repose sur le concept d'agentivité. Elle désigne pour une personne le fait d'exercer une influence personnelle sur son propre fonctionnement et sur son environnement. En d'autres termes, la personne est agent de son fonctionnement et agit sur son environnement. En effet, si une personne pense être capable de produire des

Tableau 3.4 Classification des activités sportives en fonction du niveau optimal d'activation requis

Niveau 5 : Très activé Football américain (bloqueur)-Haltérophilie-Sprint
Niveau 4 : Natation (vitesse)-Lancer du poids-Judo-Lutte
Niveau 3 : Basket-ball-Boxe-Saut en hauteur-Gymnastique-Football
Niveau 2 : Baseball (lanceur et frappeur)-Plongeon acrobatique-Escrime-Tennis
Niveau 1 : Bowling-Tir à l'arc-Basket-ball (lancer franc)-Golf
Niveau 0 : Etat normal

D'après Oxendine, 1970.

Tableau 3.5 Différentes définitions relatives à l'anxiété

Trait d'anxiété	Composante stable de la personnalité. Une personne est d'autant plus anxieuse qu'elle a tendance à percevoir l'ensemble des situations auxquelles elle peut être confrontée comme menaçantes
État d'anxiété	L'état d'anxiété correspond au « niveau » d'anxiété ressenti dans une situation précise, par exemple, avant un match important ou un examen.
État d'anxiété somatique	Il se limite aux composantes somatiques (liées au corps) de l'état d'anxiété (par exemple, maux de tête, problèmes de sommeil, d'appétit, maux de ventre, etc.)
État d'anxiété cognitive	Il se limite aux composantes cognitives de l'anxiété (par exemple, le fait de se poser des questions, de se faire du souci, de redouter les conséquences d'un résultat, etc.)
Activation	« Etat général d'éveil physiologique et psychologique de l'organisme qui varie sur un continuum allant d'un sommeil profond à une intense agitation » (Gould & Krane, 1992, p. 121)

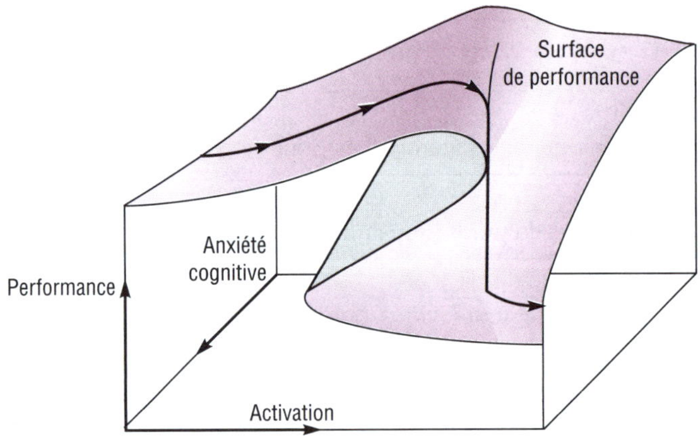

Figure 3.8 Influence du niveau d'anxiété cognitive sur la relation activation/performance
D'après Hardy & Fazey, 1987, cités par Jones et Hardy, 1989.

résultats attendus, elle mettra en œuvre l'ensemble des moyens à sa disposition pour l'obtenir. À l'inverse si une personne estime ne pas être capable de produire les résultats souhaités, elle n'essaiera pas de les provoquer. Ainsi, pour Bandura, l'efficacité personnelle est « un jugement sur l'aptitude de l'individu à s'organiser et exécuter des performances ». D'après Ford (1992), l'efficacité personnelle dépendrait à la fois de ce qu'il appelle les croyances de capacité et les croyances de contexte (figure 3.9). Les croyances de capacité sont les perceptions d'un individu concernant la possession ou non de ressources personnelles nécessaires à effectuer une action efficace. Comparativement, les croyances de contexte concernent les perceptions que possède un individu vis-à-vis du caractère plus ou moins favorable de l'environnement.

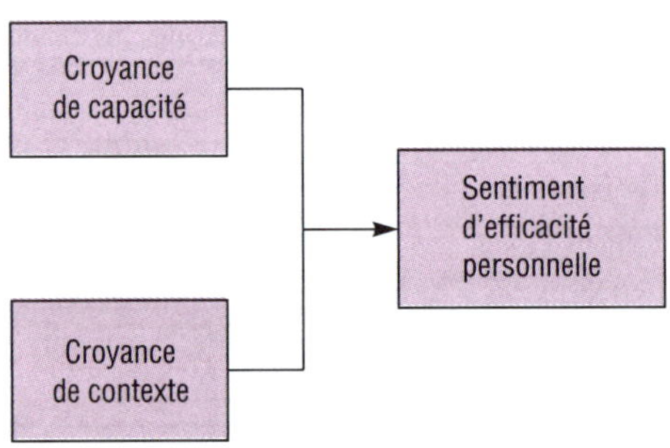

Figure 3.9 Les déterminants des croyances d'efficacité personnelle

a. Efficacité personnelle et apprentissage

Apprendre une habileté motrice nécessite l'engagement d'un grand nombre de ressources issus de domaines différents (cognitif, affectif, social, moteur, énergétique...). Parmi les processus cognitifs impliqués, Bandura (1997) explique que l'influence du sentiment d'efficacité personnelle n'est pas à négliger dans ce contexte. Selon l'auteur, penser que l'on est capable de maîtriser une habileté motrice provoquerait une plus grande considération envers l'activité physique ainsi qu'une plus grande quantité d'efforts investie dans cette activité. Par exemple, Ferrari, Bouffard et Bouchard (1992) montrent, chez des karatékas, qu'à niveau de compétence égal, ceux qui ont le plus grand sentiment d'efficacité personnelle progressent le plus. Jourden, Bandura et Banfield (1991) trouvent des résultats similaires et montrent que lorsque l'apprentissage d'une habileté semble réalisable, les individus apprennent mieux, ont une plus grande satisfaction personnelle et un plus grand intérêt pour l'activité. Ainsi, il semble important pour les entraîneurs de développer chez les jeunes sportifs en phase d'acquisition d'une habileté motrice un sentiment d'efficacité personnelle élevé.

b. Efficacité personnelle et performance

Plusieurs études[1] ont montré une relation entre performance individuelle et sentiment d'efficacité personnelle dans des activités aussi diverses que le tennis, la gymnastique, le plongeon, le basketball ou la course de fond. Parmi les explications avancées, on retiendra qu'un sentiment d'efficacité personnelle élevée serait accompagné d'un faible stress précompétitif, ce qui induirait une bonne performance[2]. Il explique également que certaines « barrières psychologiques » peuvent être liées au sentiment d'efficacité personnelle et empêcher certains sportifs de s'exprimer pleinement. L'exemple pris par Bandura (1997) est celui du record du monde de saut en longueur. Ce record détenu pendant des années par Beamon en 1968 a souvent été longtemps considéré comme imbattable compte tenu des conditions climatiques extrêmement favorables dans lesquelles il avait été réalisé. Il aura fallu attendre Lewis pour renverser cette idée (années 80). Il faudra également attendre que Powell, en 1991, pulvérise la nouvelle marque dans des conditions difficiles pour que ce record ne soit plus perçu comme imbattable mais réellement accessible quand l'athlète commence vraiment « à y croire », autrement dit quand il possède un sentiment d'efficacité personnelle élevé. Il apparaît à travers cet exemple qu'une performance paraissant irréalisable influencerait d'autant un sentiment d'efficacité personnelle faible par rapport à cette performance et générerait en conséquence une performance inférieure à ce qu'il serait possible de réaliser.

1. Barling & Abel, 1983 ; Feltz, 1988 ; Martin & Gill, 1991.
2. Bandura, 1997.

c. Développer le sentiment d'efficacité personnelle

Bandura (1997) propose différents moyens permettant de développer le sentiment d'efficacité : les expériences vicariantes auxquelles on a été exposé, la persuasion verbale ou sociale dont on a fait l'objet, l'éveil émotionnel, et les performances personnelles accomplies antérieurement. L'expérience vicariante est le point essentiel de la théorie de Bandura. Ainsi l'utilisation d'exemples ou de modèles peut permettre aux débutants de mieux réussir une nouvelle technique. Cette stratégie permet aux débutants de se rendre compte, d'une part, de la réalité de l'action, et d'une autre part, de considérer que celle-ci est réalisable. De même, la persuasion verbale englobe toutes les sources d'encouragements de l'environnement, mais également de la valorisation des tâches effectuées. Le débutant aura alors le sentiment qu'il est capable de réussir son action puisqu'il sent les autres le soutenir. Permettre au pratiquant de comprendre qu'il est responsable de ses réussites en l'aidant à établir un lien entre ses comportements et le résultat produit est également un bon moyen de développer son sentiment d'efficacité. D'autres techniques peuvent aussi être utiles au développement du sentiment d'efficacité personnelle comme l'imagerie mentale ou le dialogue interne.

Application sur le terrain

Dans les éléments qui viennent d'être exposés, il convient de différencier ce qui relève des traits de personnalité, par essence plutôt stables dans le temps (névrosisme), et les états, par essence instables et liés à une situation particulière (attributions causales, émotions, sentiment d'efficacité personnelle). Ces éléments sont importants à prendre en compte parce qu'on peut voir quels sont ceux sur lesquels il est possible d'avoir une influence, les états (grâce aux types de *feedback* par exemple), et ceux sur lesquels ce sera plus compliqué : les traits. De manière complémentaire, les notions d'anxiété et de stress ont été abordées, révélant leur complexité en fonction de différents cadres d'analyse, au regard des différentes activités physiques et sportives.

Traditionnellement, le stress est considéré comme un facteur limitant de la performance. Dès lors, très souvent les propos qui sont tenus ont pour objectif d'amener la personne à relativiser, à apprendre à « gérer son stress ». Or il conviendrait plutôt de considérer que : « sans stress, pas de performance ! » Par conséquent, la problématique est plutôt relative à la capacité de chacun à rester dans la zone qui va permettre de faire de ce stress du bon stress, plutôt que de se laisser envahir au point qu'il soit effectivement un frein à la performance. Ces aspects seront développés dans la partie dédiée à la préparation mentale.

3 Les déterminants de la performance collective

1. Groupe et cohésion

Lewin (1959) est le premier à avoir insisté sur la spécificité des groupes. Ce chercheur définissait le groupe restreint comme « une totalité dynamique qui détermine les comportements de ses membres ». Un groupe restreint possède diverses particularités repérées par Anzieu et Martin (1990). Ce type de groupe se caractérise par le nombre restreint de ses membres qui permet à chacun :

- d'échanger directement avec tout autre membre ;
- d'avoir une perception individualisée de tout participant au groupe et d'être perçu réciproquement ;
- la poursuite en commun des mêmes buts ;
- la différenciation des rôles en son sein ;
- la constitution de normes, de croyances ou de rites spécifiques ;
- les sentiments de solidarité ;
- la forte interdépendance des membres ;
- les relations affectives à l'intérieur du groupe, qui peuvent devenir intenses et générer des sous-groupes d'affinités.

Une équipe sportive peut être définie comme :

> « Un rassemblement de deux ou plusieurs individus qui possèdent une identité collective, disposent d'objectifs et de buts communs, partagent un même destin, présentent des modèles structurés d'interaction et des modes de communication, possèdent des perceptions communes de la structure du groupe, présentent une interdépendance sur les plans personnel et opérationnel, manifestent une attraction interpersonnelle réciproque et se considèrent "être un groupe"[1]. »

La figure 3.10 présente un cadre conceptuel de cette notion.

1. Carron, 1982.

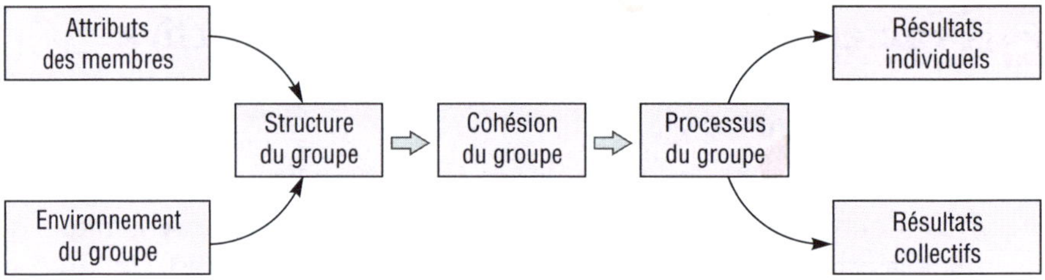

Figure 3.10 Cadre conceptuel
Carron & Hausenblas, 1998, p. 20.

a. Attributs des membres

La composition du groupe correspond aux différentes caractéristiques de ses membres[1]. Elle peut se définir comme « les relations entre les caractéristiques des individus qui composent le groupe[2] ». Celles-ci recouvrent des facteurs aussi divers que :

- la taille physique ;
- le type morphologique ;
- les capacités mentales et motrices ;
- les attitudes, les dispositions ;
- les motivations des individus et leurs besoins ;
- leurs traits de personnalité ;
- ainsi que plusieurs indicateurs sociaux : l'âge, l'éducation, la religion, la race, le sexe...

b. L'environnement

L'environnement rassemble les conditions situationnelles, physiques, climatiques et/ou géographiques qui entourent le groupe. Cela regroupe à la fois la taille du groupe, la proximité géographique des membres (identité géographique, regroupement avant compétition...) mais aussi l'avantage de jouer à domicile par rapport à l'extérieur.

c. La structure du groupe

La structure physique désigne la composition et l'organisation formelle d'un groupe. Elle comprend le nombre de membres, le réseau formel, l'organigramme... Dès que le groupe est formé, les membres commencent à interagir et communiquer. Ces interactions et ces communications génèrent

1. Widmeyer, Carron & Brawley, 1993.
2. Shaw, 1981, p. 454.

des différenciations entre les membres et une structure psychologique se forme. Selon Shaw (1981), quatre indicateurs signalent l'émergence d'une structure psychologique dans un groupe : la position des membres, les statuts et les rôles au sein du groupe, les normes collectives.

d. La cohésion

La cohésion est définie comme un processus dynamique reflété par la tendance du groupe à rester lié et à rester uni dans la poursuite de ses objectifs instrumentaux et/ou pour la satisfaction des besoins affectifs des membres[1]. Il y a quatre composantes de la cohésion :

- attraction individuelle pour le groupe social : reflète le sentiment individuel d'un membre de l'équipe sur la valeur attractive du groupe et sur les interactions sociales au sein de celui-ci ;
- attraction individuelle pour le groupe opérationnelle : reflète le sentiment individuel d'un membre de l'équipe sur la valeur attractive de la tâche, des buts et des objectifs du groupe ;
- intégration social du groupe : perception individuelle d'un membre de l'équipe sur le fonctionnement de celle-ci en tant que groupe social, sur les relations à l'intérieur de l'équipe comprise comme un tout ;
- intégration opérationnelle du groupe : perception individuelle d'un membre de l'équipe sur le fonctionnement de celle-ci par rapport à sa tâche, à ses objectifs.

◆ Structures et processus du groupe

Lorsque la cohésion d'une équipe est bonne, on peut observer :

- une satisfaction des membres de l'équipe autant d'un point de vue social qu'opératoire ;
- une motivation élevée ;
- une homogénéité de l'équipe (attention trop d'homogénéité peut engendrer une perte d'identité, réponses banales) ;
- une stabilité dans les groupes.

Il existe une corrélation positive entre le niveau de cohésion et le sentiment des joueurs sur la capacité de résistance de l'équipe (plus le niveau est élevé plus cette capacité est liée à la cohésion opérationnelle).

e. Cohésion et performance

Il existe surtout une relation importante entre cohésion opératoire et performance. Il n'y a pas de relation avec la cohésion sociale, cependant il ne faut pas

1. Carron *et al.*, 1998.

la négliger surtout dans des sports avec beaucoup de contacts. Widmeyer *et al.* (1985) notent que la cohésion d'un groupe peut comporter des aspects négatifs pour son propre fonctionnement. En effet, une forte cohésion s'accompagne d'un accroissement de la conformité des comportements, au détriment de leur individualité.

La relation entre cohésion et performance dépend également du type de tâches. Dans les tâches interactives (organisation d'action entre les joueurs), plus il y a besoin d'organiser les actions entre les individus, plus il y a une relation entre cohésion et performance. Dans les tâches co-actives (somme de performances individuelles), la relation entre cohésion et performance n'est pas aussi évidente. Cependant, des études récentes montrent tout de même une importance relative de la cohésion.

2. Le sentiment d'efficacité collective

a. Définition

Bandura (1997) élargit le concept de sentiment d'efficacité personnelle aux groupes et définit ce qu'il appelle le sentiment d'efficacité collective. Selon lui, l'efficacité collective ne correspond pas à la simple somme des niveaux de sentiment d'efficacité personnelle de chaque individu composant une équipe Ainsi, Zaccaro, Blair, Peterson et Zazanis (1995) définissent le sentiment d'efficacité collective comme « un sens de la compétence collective partagé entre des individus quand ils allouent, coordonnent et intègrent leurs ressources dans une réponse concertée et réussie à des demandes situationnelles spécifiques ». Selon Bandura (1997), le sentiment d'efficacité collective influencerait fortement l'effort produit par le groupe, la persistance et la performance collective surtout dans les tâches nécessitant des interactions. Le sentiment d'efficacité collective serait donc un élément déterminant de la performance d'équipes sportives.

b. Les sources du sentiment d'efficacité collective

Bandura et Zaccaro *et al.* (1995) identifient six sources possibles influençant le sentiment d'efficacité collective :

- la performance antérieure : de nombreuses études[1] ont montré une relation importante entre sentiment d'efficacité collective et performance. Même si bien souvent ces études font le lien entre efficacité collective et performances ultérieures, il apparaît tout de même que les performances antérieures seraient la source la plus puissante de construction de l'efficacité collective ;
- les expériences vicariantes : de même que pour le sentiment d'efficacité personnelle, l'apprentissage par observation de modèle est une source

1. Hodges & Carron, 1992 ; Feltz, Corcoran & Lirgg, 1989 ; Paskevitch, 1995.

importante de développement de l'efficacité collective. Cependant, les équipes observées doivent présenter certaines ressemblances avec le groupe notamment en termes de niveau de compétence et d'aptitudes ;

- la persuasion verbale (*cf.* sentiment d'efficacité personnelle) ;
- la cohésion du groupe : Spink (1990) ou encore Kozub et McDonnell (2000) montrent une relation très étroite entre le sentiment d'efficacité collective et la cohésion du groupe ;
- le leadership du groupe : Zaccaro *et al.* (1995) expliquent par exemple que si le style de leadership de l'entraîneur correspond à celui souhaité par les joueurs, cela développerait un sentiment d'efficacité collective élevé ;
- la taille du groupe : Zaccaro *et al.* (1995) font également l'hypothèse d'un lien entre la taille du groupe et le sentiment d'efficacité collective (ce lien pourrait être en forme de U inversé).

3. Le leadership

Le leader dans une équipe peut, comme l'explique Heuzé (2003), aussi bien être l'entraîneur qu'un joueur au statut particulier. Un leader correspond à un individu qui aide le groupe dans les processus de décision, de motivation, de confiance et de relations interpersonnelles. Doron et Parot, en 1991, définissent le leader comme « un individu qui, par un processus d'influence sociale, amène le groupe auquel il appartient à atteindre des objectifs collectifs ». Dans le domaine sportif, les études ont essentiellement porté sur les leaderships de l'entraîneur. Ainsi, différents modèles ont été établis. Les deux principaux sont le modèle médiationnel de leadership[1] et le modèle mulitidimensionnel de leadership de Chelladurai (1990).

a. Le modèle médiationnel du leadership

Le modèle médiationnel de leadership repose sur les comportements de l'entraîneur, les perceptions et les souvenirs du joueur et les évaluations du joueur. Il postule que les attitudes des joueurs envers leur entraîneur sont médiées par leurs souvenirs de comportements d'autres entraîneurs. Ce modèle dépendrait également des caractéristiques de l'entraîneur, des caractéristiques du joueur et des facteurs situationnels.

L'intérêt principal de ce modèle repose sur le fait qu'il est associé à un système d'évaluation du comportement du coaching fondé sur l'observation de comportements réels et d'une grille précise catégorisant les comportements de l'entraîneur. Ainsi parmi les différents résultats trouvés à partir de ce modèle, on peut citer par exemple, ceux de Smith et ses collaborateurs, en 1977. Ceux-ci montrent, entre autres, des relations positives entre les comportements

1. Smith *et al.*, 1977.

de soutien et d'instruction développés par l'entraîneur avec une perception positive de soi développée par les joueurs. Au demeurant, on peut reprocher à ce modèle de ne pas prendre en compte le style décisionnel de l'entraîneur.

b. Le modèle multidimensionnel de leadership

Le modèle multidimensionnel de leadership développé par Chelladurai (1990) repose sur la congruence entre trois types de comportements :

- les comportements requis qui dépendent des normes, des objectifs de l'équipe ;
- les comportements actuels qui dépendent de la personnalité de l'entraîneur, son expérience ;
- les comportements préférés par les membres de l'équipe qui varient selon les besoins d'accomplissement, d'appartenance des membres mais aussi en fonction de la situation.

Ces comportements du leader dépendent de différents antécédents : les caractéristiques situationnelles, les caractéristiques du leader et les caractéristiques des membres. De cette « plus ou moins bonne » congruence résulte des conséquences sur la performance et la satisfaction des membres du groupe (figure 3.11).

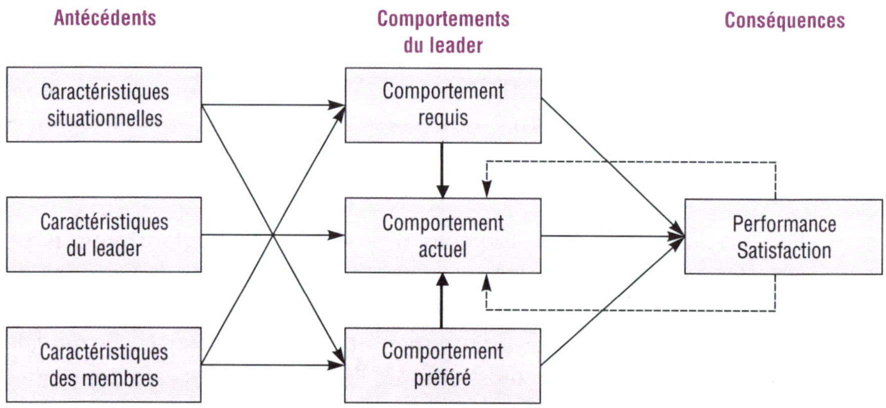

Figure 3.11 Modèle multidimensionnel de leadership
Chelladurai, 1990.

Conformément à ce modèle, Chelladurai identifie deux styles de décisions : démocratiques ou autocratiques, et trois styles d'interactions : les comportements d'entraînement ou d'enseignement, les comportements de soutien social et les comportements de gratification et de *feedback* positif.

- Le style de décision démocratique caractérise un entraîneur qui permet aux différents membres du groupe de participer aux différentes décisions relatives par exemple aux objectifs du l'équipe.
- Le style de décision autocratique caractérise un entraîneur qui laisse peu ou pas la possibilité aux joueurs de faire des suggestions dirigeant ainsi le groupe avec autorité.
- Les comportements d'entraînement ou d'enseignement désignent les directives de l'entraîneur dans le but d'améliorer les performances, la technique et la tactique du groupe.
- Les comportements de soutien social désignent tout ce que peut mettre en œuvre l'entraîneur pour le bien-être du groupe et les relations interpersonnelles.
- Les comportements de gratification et de *feedback* positif désignent les compliments et valorisations que peut adresser l'entraîneur à ses joueurs.

Plus qu'un style décisionnel ou style d'interaction favorable, Chelladurai insiste sur la congruence entre ce que fait l'entraîneur dans une situation précise par rapport aux attentes du joueur. Pour conclure, Martens (1987) détermine quatre éléments d'un leadership efficace :

- les qualités d'un leader (qui renvoie à la personnalité du leader) ;
- le style de leadership (qui renvoie au style décisionnel autocratique ou démocratique) ;
- les facteurs situationnels ;
- les caractéristiques des membres.

Cette idée renvoie bien à l'adéquation du leadership en fonction d'une situation, de joueurs et d'un leader.

Application sur le terrain

Certaines variables permettent d'avoir une influence sur la performance individuelle. La performance collective répond également à un certain nombre de règles, avec un niveau de complexité bien entendu bien supérieur. Les notions de cohésion de groupe, de sentiment d'efficacité collective ou de leadership ont révélé leur potentiel intérêt dès lors que l'intervention se situe au niveau d'un groupe ou d'une équipe.

4 Bibliographie

Vous trouverez ici les ouvrages essentiels sur le sujet. La bibliographie complète du chapitre est disponible en ligne, sur le site www.dunod.com : rendez-vous à la page de l'ouvrage.

Carron, A. V., Hausenblas, H., & Eys, M. A. (1998). *Group dynamics in sport Fitness Information Technology*. Morgantown, WV.

Chelladurai, P. (1990). *Leadership in sports: A review*. International journal of sport psychology.

Csikszentmihalyi, M. (1990). *Flow: The Psychology of Optimal Experience*. New York: Harper and Row.

Deci, E. L. (1975). *Intrinsic motivation*. New York: Plenum.

Deci, E. L., & Ryan, R. M. (1985). *Self-Determination*. John Wiley & Sons, Inc.

Heider, F. (1958). *The psychology of interpersonal relations*. New York: John Wiley & Sons.

Lewin, K. (1959). *Psychologie dynamique. Les relations humaines*. Paris: Presses Universitaires de France.

Nicholls J.G. (1984), "Achievement motivation Conceptions of ability, subjective experience, task choice, and performance". *Psychological Review*, 91, 328-346.

Norem, J. (2015). *Découvrez le pouvoir positif du pessimisme !* InterEditions : Paris.

Nuttin J. (1985), *Théorie de la motivation humaine*, Paris : PUF.

Paquet, Y., Legrain, P. & Rosnet, E. (2007). *150 petites expériences de psychologie du sport pour mieux comprendre les champions... et les autres*, Paris, Dunod,

Rony, J.-A. (1990). *Les passions (The passions)*. Paris: Presses universitaires de France.

Rotter, J. B. (1966). Generalized expectancies for internal versus external control of reinforcement. *Psychological monographs: General and applied*, 80(1), 1.

Shaw, M. E. (1981). *Group dynamics: The psychology of small group behavior* (3rd ed.). New York: McGraw-Hill.

Vallerand, R. J. (1997). Toward a hierarchical model of intrinsic and extrinsic motivation. In M. P. Zanna (Ed.), *Advances in experimental social psychology* (Vol. 29, pp. 271–360). San Diego, CA: Academic Press.

Vallerand, R. J. (2015). *The Psychology of Passion: A Dualistic Model*. Oxford University Press.

Weiner, B. (1985). An attributional theory of achievement motivation and emotion. *Psychological Review*, 92, 548-573

Widmeyer, W. N., Carron, A. V., & Brawley, L. R. (1993). *Group cohesion in sport and exercise.* Handbook of research on sport psychology, 5, 672-679.

Résumé de ce chapitre

Les pratiquants d'activité sportive peuvent l'être pour différentes raisons. L'analyse de leur motivation à commencer, et aussi à poursuivre une pratique, va être un support de choix pour moduler l'encadrement. Ile st donc important que l'entraîneur connaisse les différents types de motivation : extrinsèque/intrinsèque, global/contextuel/situationnel, les facteurs qui les sous-tendent et leurs conséquences sur les manières d'envisager sa pratique.

L'encadrant devra aussi maîtriser les facteurs qui favorisent la performance, individuelle ou groupale, et les leviers sur lesquels il peut s'appuyer : personnalité du sportif, niveau de stress, dynamiques de groupe...

POUR RÉVISER

Question 1

Quelles sont les différentes catégories d'habiletés que les jeunes pratiquants sont amenés à développer lorsqu'ils pratiquent des activités physiques et sportives ?

Réponse de niveau 1 : Au cours de leurs expériences sportives, les jeunes pratiquants développent différentes habiletés. Trois distinctions peuvent être utilisées. La première consiste à différencier les morphocinèses des topocinèses ou téléocinèses. Une seconde distinction permet de différencier trois types d'habiletés : discrètes, sérielles et continues. Enfin, une troisième distinction permet de comprendre que certaines habiletés (fermées) diffèrent d'habiletés (ouvertes).

Réponse de niveau 2 : Les jeunes pratiquants développent au cours de leurs expériences sportives des habiletés définies comme des « capacités acquises par apprentissage d'atteindre des résultats fixés à l'avance avec un maximum de réussite et souvent un minimum de temps, d'énergie ou des deux » (Guthrie, 1935).

Ces habiletés peuvent être catégorisées en fonction de trois types de problématique. La première problématique renvoie à une question de finalité (à quelle fin l'habileté est sollicitée ?). Certaines habiletés (morphocinèses) entrent dans la construction d'un modèle interne de mouvement après observation et représentation (réaliser un plongeon acrobatique). D'autres habiletés (topocinèses ou téléocinèses) renvoient davantage à l'atteinte d'un résultat mesurable portant sur l'atteinte d'un but (marquer un panier). La seconde problématique renvoie à une question d'organisation motrice. Alors que certaines habiletés (discrètes) entrent dans la réalisation d'un mouvement qui présente clairement un but et une fin, d'autres habiletés (sérielles) doivent s'imbriquer au profit de la réalisation d'un enchaînement (gymnastique par exemple) dans lequel elles entretiennent un lien d'interdépendance. En outre, d'autres habiletés (continues) sont impliquées dans des activités pour lesquelles le début et la fin du mouvement (de pédalage par exemple) ne sont pas clairement identifiables. La troisième problématique permet de considérer la nature de l'environnement dans lequel les habiletés prennent forme. Or, sur ce point, il est possible de distinguer les habiletés (fermées) qui entrent dans la pratique d'activités sportives aux contraintes spatiales et temporelles limitées de celles (ouvertes) qui entrent dans le cadre de l'adaptation du comportement à des changements permanents.

Question 2

Sur quels facteurs l'intervenant peut-il agir afin de stimuler la motivation de ses pratiquants ?

Réponse de niveau 1 : La problématique n'est pas la même selon que l'intervention se situe dans un contexte d'obligation ou dans un contexte fondé sur l'engagement volontaire. Dans le domaine scolaire, primaire ou secondaire, l'EPS est obligatoire. Proposer la pratique d'activités physiques sportives et artistiques peut nécessiter la mise en place de dispositifs adaptés. Ceux-ci pourraient consister à prendre en compte le plaisir de la pratique susceptible de favoriser l'engagement et la persistance dans la pratique. Dans le domaine du club, la réponse est *a priori* moins compliquée à mettre en œuvre sachant toutefois que la notion de plaisir est bien souvent centrale également, se pose néanmoins la question de la fidélisation du pratiquant qui appelle une réponse plus complexe.

Réponse de niveau 2 : Souvent, un individu est considéré comme étant motivé dès lors qu'il s'engage dans ce qui lui est proposé, et donc non motivé dès lors qu'il ne s'engage pas. Bien évidemment, la caractérisation de la motivation est plus complexe et la limiter au seul engagement serait très réducteur. D'autres indicateurs sont à prendre en compte comme les efforts consentis, la persistance, la direction du comportement, et effectivement l'engagement par exemple. Sur quels facteurs agir ? Compte tenu de la complexité du phénomène et du nombre de théories dédiées à cette problématique, le cadre de l'autodétermination se révèle être particulièrement adapté au praticien. Les leviers de la motivation pourraient consister à prendre en compte les besoins fondamentaux des individus. Autrement dit, s'assurer que les pratiquants apprennent et progressent, soient avec des personnes avec lesquelles ils s'entendent bien, bénéficient de l'empathie de l'intervenant qui les encadre et les soutient, et qu'ils aient le sentiment de pouvoir décider de leur niveau d'engagement, d'être libres.

CHAPITRE 4

Préparation mentale et psychologie du sport

Yvan Paquet, Roberta Antonini Philippe, Pascal Legrain, Élisabeth Rosnet, Nicolas Hauw et Charles Martin-Krumm

DANS CE CHAPITRE

Ce chapitre propose un éventail de stratégies d'intervention dans le domaine de la préparation mentale, et des clés pour comprendre les processus potentiellement impliqués lorsqu'un individu est en situation d'apprentissage.

Les autres chapitres de ce manuel consacrés à la psychologie sont fondés sur la psychologie en tant que science et sur les différents domaines qui se sont peu à peu individualisés (psychologie du développement, psychologie sociale, psychologie clinique, etc.), mettant parfois à mal l'unité de la psychologie[1]. Le public a parfois du mal à comprendre que la psychologie soit une discipline scientifique. Tout le monde pense être psychologue, comprendre la psychologie, puisque... nous sommes humains et vivons donc continuellement des situations dans lesquelles la psychologie intervient. Chacun pense donc être compétent et pouvoir intervenir avec des athlètes, ce qui est d'autant plus attractif que ceux-ci atteignent un haut-niveau de performance, avec l'idée « je suis un peu pour quelque chose dans le titre de champion du monde de X », plutôt flatteuse pour l'ego, sans parler des aspects financiers. L'une des définitions du Larousse est en effet :

> « Psychologie : [...] discipline qui vise la connaissance des activités mentales et des comportements en fonction des conditions de l'environnement. » (2015)

Comme d'autres sciences, la psychologie a oscillé entre la recherche de lois générales, valables pour l'ensemble des êtres humains, et entre l'identification de spécificités liées à des sous-groupes (différences hommes/femmes, psychologie interculturelle, etc.), voire à des individus (psychologie clinique). Les grandes théories ont d'abord considéré soit l'influence de l'environnement sur l'individu,

1. Lagache, 1949.

soit l'influence de l'individu sur l'environnement (social, humain, physique, etc.). Puis sont venues les théories interactionnistes, envisageant les deux types de relations causales avant l'émergence des théories transactionnistes qui considèrent que la causalité n'est ni d'un côté, ni de l'autre, mais que les éléments d'une unité s'influencent constamment dans un contexte dynamique (intégrant la dimension temporelle). L'écart entre la psychologie scientifique et une psychologie empirique « grand public » est donc de plus en plus important et il ne suffit plus de connaître la vie ou le sport de haut-niveau pour comprendre les aspects psychologiques et mentaux du comportement des sportifs.

La psychologie a donc comme objet des systèmes complexes dont elle tente d'expliquer le fonctionnement à l'aide de théories et de modèles capables de rendre compte de cette complexité.

Si l'on considère un match en compétition comme un système complexe, on comprend que celui-ci ne se limite pas aux aspects psychologiques, mais doit intégrer les autres composantes, techniques, tactiques, et physiques. Autrement dit, une intervention sur une dimension aura des conséquences sur les autres.

EXEMPLE 4.1 – EXEMPLE D'UNE INTERVENTION SUR LE PHYSIQUE AVEC DES CONSÉQUENCES SUR LES COMPOSANTES PSYCHOLOGIQUES, TECHNIQUES ET TACTIQUES

Un joueur de tennis de haut niveau est blessé à la cheville et immobilisé durant 6 semaines. Durant cette période, il s'entraîne en fonction de ce qu'il peut faire, et suit un programme de renforcement musculaire du haut du corps. Lorsqu'il reprend la compétition après la période de réhabilitation pour sa cheville, il obtient de très bons résultats durant les six mois suivants.

Il explique alors que cette période de travail du haut du corps lui a permis de mieux frapper la balle et que, se sentant mieux physiquement et techniquement, il a nettement augmenté sa confiance en lui. Ses meilleures sensations techniques ont aussi influencé ses choix tactiques. Une intervention sur le plan physique a donc eu des effets bénéfiques dans les trois autres domaines.

De la même manière, une intervention sur les aspects psychologiques aura des conséquences dans les autres domaines. C'est pour cela qu'il est important de bien connaître l'activité sportive en question et de travailler en collaboration avec les entraîneurs. La psychologie du sport, dans le domaine de l'intervention, concerne[1] :

- l'amélioration de la performance par le développement d'habiletés psychologiques ;
- l'optimisation du bien-être des athlètes ;
- la gestion des éléments organisationnels et contextuels émanant de la situation sportive ;

1. *American Psychological Association*, APA, 2003.

- la compréhension des questions sociales et développementales liées à la participation sportive.

Il ne s'agit donc pas de travailler uniquement avec un individu ayant sa propre histoire et ses propres caractéristiques, mais aussi d'intégrer ce travail dans son environnement sportif, professionnel, personnel et familial.

1 Le mental

1. Qu'est-ce que le mental ? Quelles sont les relations avec la psychologie ?

Nous venons de voir que la composante psychologique devait être intégrée aux composantes physique, technique et tactique. Il est donc important de ne pas négliger cet aspect qui peut faire la différence entre deux adversaires qui seraient d'un même niveau technico-tactique et physique. C'est dans ce contexte que la notion de préparation mentale a émergé, se plaçant parfois en opposition avec la psychologie du sport. En effet, beaucoup de préparateurs mentaux (ou de personnes souhaitant travailler avec des sportifs de haut niveau) ne sont pas psychologues ou n'ont pas bénéficié de formation en psychologie. Ils ont donc essayé de s'extraire de la sphère « psychologique », en affirmant ne s'occuper que de la performance à l'aide de techniques et en laissant les aspects plus individuels aux psychologues.

Le terme « mental » est défini dans le dictionnaire Larousse (2015) comme un adjectif, « relatif aux fonctions intellectuelles, au psychisme », comme dans l'expression « calcul mental ». Pourtant, le terme est souvent employé comme un nom, le fameux « mental » qui serait donc l'ensemble des aspects qualifiables de mentaux liés à la performance. Le terme est sans doute perçu comme plus neutre que celui de « psychologie », fortement connoté pour les non spécialistes, surtout en France où le terme est souvent réduit à la psychanalyse, c'est-à-dire à l'une des théories, parmi d'autres, qui sont la base du travail du psychologue.

Le « mental » est donc relié à tout ce qui concerne les aspects de la performance liés à la sphère psychologique, au sens large. La psychologie, en tant que discipline scientifique s'est développée dans différentes directions, soit thématiques (psychologie du développement, psychologie sociale, psychologie clinique, psychologie cognitive, etc.), soit liées à un objet (psychologie du travail, psychologie de l'éducation, psychologie du sport, etc.). L'activité humaine peut être décomposée en composantes perceptives, cognitives et motrices, elles-mêmes influencées par des phénomènes psychologiques comme les émotions ou la motivation. Une des spécificités humaines étant d'intégrer les expériences passées et donc d'être susceptibles d'apprentissage, il devient envisageable de développer des habiletés dans les domaines perceptif, cognitif, dans la gestion des émotions ou le renforcement de la motivation. La préparation mentale a donc pour but de préparer le sportif à être efficace dans le domaine mental lors de la réalisation de sa performance en développant des habiletés mentales adaptées au sport pratiqué.

Il est possible de faire un parallèle avec la préparation physique qui a pour but de développer et d'entretenir les qualités physiques nécessaires à la discipline sportive en question (tableau 4.1).

Tableau 4.1 Caractéristiques psychologiques en jeu dans la performance sportive

Demandes de la situation	Caractéristiques psychologiques
Réaliser des entraînements et des compétitions fréquent(e)s, généralement intenses et souvent monotones ou routiniers.	Ténacité, motivation
Développer et exécuter les habiletés motrices, perceptives et cognitives nécessaires	Activation, perception, attention, prise de décision
Tirer profit des entraînements	Analyse, décision, traitement de l'information, concentration
Adaptation à l'environnement et/ou à l'adversaire	Perception, traitement de l'information, prise de décision, prise de risque
Faire face à l'évolution du score, aux imprévus, aux échecs, et contrôler ses réactions émotionnelles	Régulation de l'activation, analyse, prise de décision, concentration

Le tableau 4.1 tente d'identifier les caractéristiques psychologiques et mentales en jeu dans le sport de compétition. On constate donc que le « mental » s'inscrit pleinement dans la psychologie et qu'il est difficilement envisageable de travailler sur un élément sans intégrer les connaissances issues de la psychologie. Tout le monde ne peut donc pas se déclarer préparateur mental sous prétexte d'avoir reçu une formation de quelques heures. Il est indispensable, pour un intervenant en psychologie du sport ou en préparation mentale, de maîtriser plusieurs techniques et d'en avoir assimilé les tenants et les aboutissants sur le plan scientifique afin de s'adapter à chaque demande et à chaque contexte. C'est pourquoi la Société française de psychologie du sport (SFPS) a mis en place une procédure d'accréditation des intervenants en psychologie du sport et met régulièrement à jour une liste d'intervenants accrédités[1]. Ces personnes présentent donc les compétences requises et s'engagent à respecter la charte éthique éditée par la SFPS. Elles sont soit psychologues avec une connaissance

1. Lien internet : http://www.psychodusport.com/, rubrique « accréditation ».

du milieu sportif, soit diplômées en préparation mentale (souvent issues de la filière STAPS) avec une formation universitaire complémentaire en psychologie.

2. La préparation mentale

Les techniques de préparation mentale permettent à l'athlète d'entraîner les variables psychologiques qui lui permettront d'être efficace et, donc, de développer des habiletés mentales.

a. L'évaluation des habiletés mentales

Différents questionnaires ont été développés en langue anglaise, mais deux ont donné lieu à une adaptation en français.

Le *Test of Performance Strategies* (TOPS, Hardy *et al.*, 2010), adapté en français par Debois *et al.*, 2004 (Test des stratégies de performance, TPS). Ce questionnaire composé de 64 items évalue les stratégies utilisées par les athlètes en situation d'entraînement et de compétition. Les facteurs mesurés par le TPS en situation de compétition (32 items) sont le dialogue intérieur, l'automaticité, le contrôle émotionnel, la fixation des buts, l'activation, l'imagerie, la relaxation et les pensées négatives. Les mêmes facteurs sont mesurés en situation d'entraînement (32 items), à l'exception des pensées négatives remplacées par le contrôle de l'attention.

L'OMSAT-4© est la version française de l'*Ottawa Mental Skills Assessment Tool* (ou OMSAT-3). L'OMSAT-3 a été créé par Durand-Bush *et al.* (2001) pour évaluer douze habiletés mentales des sportifs :

- trois habiletés de base : établissement de buts, confiance et engagement ;
- quatre habiletés psychosomatiques : réaction au stress, contrôle de la peur, relaxation et activation ;
- cinq habiletés cognitives : concentration, contrôle des distractions, imagerie, pratique mentale et planification de la compétition.

L'OMSAT-4© s'utilise toujours avec un entretien réalisé avec l'athlète à partir des résultats avant de définir le programme de préparation mentale. Il s'utilise de manière longitudinale : avant le début du programme, puis à différents moments de la réalisation de celui-ci afin d'en évaluer les effets. La comparaison du sportif avec lui-même permet d'évaluer sa perception de ses habiletés mentales. Elle est complémentaire d'une évaluation sur le terrain de la manière dont le sportif les utilise en situation.

b. Un programme d'entraînement mental

Les formes d'entraînement mental aident les sportifs dans leurs entraînements quotidiens et lors des compétitions. Elles leur permettent de parvenir à des performances personnelles en adéquation avec leurs capacités, notamment en situation de stress. Les programmes d'entraînement mental servent également à limiter les effets négatifs des facteurs qui augmentent le stress perçu (public, horaires, comportement de l'adversaire, conditions météorologiques, etc.).

Comme toute composante de la performance, les aspects mentaux doivent être entraînés. L'idéal est de les intégrer à l'entraînement, c'est-à-dire de travailler les dimensions psychologiques en même temps que les aspects technico-tactiques ou physiques. Bien entendu, certaines séances peuvent être exclusivement consacrées à la préparation mentale avec un expert. Mais ces séances seront inutiles si elles sont trop éloignées de la réalité sportive. Pour que l'application des techniques de préparation mentale soit efficace et optimise la performance, il est impératif que celles-ci soient adaptées au contexte de l'individu et de son sport. C'est pour cela que l'on parle de programme d'entraînement mental et non pas d'une action isolée de recours à une technique.

Plusieurs programmes d'entraînement ont été présentés notamment dans la littérature anglophone. Weinberg (2014) propose un programme d'entraînement composé de sept phases. Le contexte est celui d'une intervention avec une équipe de sportifs en collaboration avec l'entraîneur.

- Analyse de la demande : cette phase consiste à identifier précisément la demande, ce qui conduit parfois à une reformulation de celle-ci. Cette phase a une importance particulière car elle permet de bien identifier la situation qui pose problème et d'orienter vers les personnes adéquates (psychologue du sport ou préparateur mental). Cette phase peut être faite seulement avec l'entraîneur et sera alors précisée par la seconde.
- Premier contact avec le (ou les) sportif(s). Il s'agit de leur présenter l'intervention, d'expliquer son but (en général), de montrer que les techniques avec lesquelles va se faire le travail sont bien définies et que l'intervenant en maîtrise les avantages et les limites. Il s'agit aussi d'écouter les athlètes afin de connaître leur demande. Il est alors possible de comparer cette demande à celle de l'entraîneur (phase 1) et de noter les différences, s'il y en a.
- La troisième phase est une phase de familiarisation pour l'intervenant avec le sport pratiqué et les conditions de la compétition. Il est en effet important que le psychologue du sport connaisse parfaitement le sport dans lequel il doit intervenir, non seulement d'un point de vue psychologique mais également biomécanique, physiologique et technique lorsqu'il n'est pas un spécialiste de l'activité sportive. Il est impératif qu'il fréquente ce milieu pour en retirer les précieuses informations qui étayeront son diagnostic et son intervention.
- La quatrième phase consiste en une évaluation des caractéristiques de l'athlète ou de l'équipe afin d'identifier les points forts et les points faibles de chacun sur le plan mental et d'identifier ainsi des pistes de travail. Cette évaluation est réalisée sous forme d'entretiens, d'observations ainsi qu'au travers de l'utilisation de questionnaires (par exemple le TPS ou l'OMSAT-4©,

cf. ci-dessus) ou de tests psychologiques mesurant l'anxiété, l'estime de soi, la motivation, etc. (Rosnet *et al.*, 2003).

- Le psychologue du sport prépare son intervention en choisissant les techniques de préparation mentale qu'il juge les plus pertinentes pour cette équipe ou ce sportif dans ce contexte. Ensuite, il planifie l'intervention sur le plan temporel, là aussi en tenant compte des contraintes de l'équipe.
- La sixième phase est consacrée à l'apprentissage des différentes techniques mentales (relaxation, imagerie, dialogue intérieur, fixation d'objectifs, routines de concentration, etc.) permettant l'acquisition ou le renforcement des habiletés mentales des athlètes. Ces techniques doivent être apprises et répétées lors de situations d'entraînement, de compétition, c'est-à-dire dans les conditions les plus proches des différentes phases de la pratique compétitive.
- Enfin, l'intervenant évalue en cours et en fin de saison le programme d'entraînement mis en œuvre pendant celle-ci. Il effectue un bilan de l'intervention avec les athlètes et avec l'entraîneur afin de déterminer une poursuite éventuelle de celle-ci.

3. Les techniques de préparation mentale

Le tableau 4.2 présente les techniques qui vont être abordées dans ce chapitre en fonction de leurs indications.

Tableau 4.2 Techniques de préparation mentale

Domaines psychologiques à travailler	Techniques de préparation mentale
Ténacité	Fixation d'objectifs
Motivation	Fixation d'objectifs
Régulation de l'activation	Techniques de relaxation, imagerie
Perception, attention, traitement de l'information, prise de décision, concentration	Routines de concentration, imagerie

a. Les techniques de relaxation

Les techniques de relaxation permettent de réguler l'activation, généralement pour la faire diminuer. Elles permettent en effet de diminuer la fréquence respiratoire, la fréquence cardiaque et la tonicité musculaire. Mais, il est aussi possible d'augmenter l'activation en cas de besoin. L'objectif de ces techniques est d'aider le sportif à se situer à son optimum d'activation au moment voulu et donc à diminuer son activation lorsque celle-ci est trop élevée par rapport à l'action demandée. Les effets de la relaxation sont ainsi un facteur d'optimisation de la performance (*cf.* chapitre 3). Un corps relâché sera disponible, efficace et rapide.

◆ La respiration abdominale

Elle est idéale pour favoriser le relâchement et améliorer l'oxygénation.

Technique

Inspiration : l'air pénètre par le nez, le diaphragme se contracte, le ventre se gonfle, l'air arrive dans la partie basse des poumons. L'inspiration continue en gonflant la poitrine, puis en soulevant les clavicules (sans monter les épaules).

Expiration : Les clavicules redescendent, la cage thoracique se dégonfle, le diaphragme se relâche, le ventre se dégonfle, l'air s'évacue par la bouche.

Afin de bien réaliser cette technique, il est conseillé, au début, de placer une main sur le ventre et une sur la cage thoracique afin de sentir le ventre, puis la cage thoracique se gonfler à l'inspiration et ensuite se vider à l'expiration.

Il est possible d'utiliser le comptage suivant :

Inspiration : compter lentement de 1 à 4.

Bloquer l'inspiration sur 2 temps.

Expiration : compter lentement de 1 à 4.

Bloquer l'expiration sur 2 temps.

C'est le temps de l'expiration qui permet de ressentir et de favoriser le relâchement musculaire.

Il est possible d'utiliser la respiration abdominale en cycle complet dans les instants qui précèdent le début de l'épreuve, afin d'aider au relâchement si l'on se sent tendu ou contracté. En cours d'épreuve, selon les possibilités de pause, essayer de faire au moins un cycle complet, ou si ce n'est pas possible, respirer en insistant sur l'expiration (« souffler »).

◆ La relaxation progressive de Jacobson

C'est une méthode analytique de relaxation neuromusculaire à point de départ physiologique, mise au point par Edmund Jacobson (1929). Elle a pour but de réduire le tonus musculaire jusqu'à une absence totale de signal sur un tracé électromyographique.

Technique

Le sujet doit être dans une position confortable, allongé sur le dos ou en position dite du « cocher de fiacre » (assis sur une chaise, les pieds posés par terre et les avant-bras reposant sur les cuisses), dans un lieu calme. La séance débute par trois cycles de respiration abdominale (*cf.* ci-dessus).

Cette forme de relaxation se base sur la contraction du muscle avant son relâchement afin que le sujet puisse faire la différence entre ces deux états.

L'individu contracte un groupe musculaire (d'abord avec un mouvement pour identifier le groupe musculaire, puis sans bouger) et maintient la contraction quelques secondes en repérant la sensation. Puis, il relâche le groupe musculaire et, là aussi, repère et mémorise la sensation. On passe ensuite au groupe musculaire suivant. Généralement, l'ordre est le suivant :

- groupes musculaires des bras (avant-bras, bras) ;
- groupes musculaires des jambes (mollet, cuisse) ;
- groupes musculaires du tronc (ventre, dos, épaules, cou) ;
- groupes musculaires du visage (front, yeux, bouche).

En début d'apprentissage, on peut passer toute une séance sur les bras par exemple, et aller un peu plus dans le déroulé à chaque séance pour finalement parvenir à relâcher tout le corps. Au fur et à mesure de l'apprentissage, les contractions seront de plus en plus faibles. Une séance dure entre 20 et 25 minutes et est dirigée à la voix par l'intervenant. Lorsque la séance arrive à sa fin, les individus s'étirent, puis ouvrent les yeux, s'assoient et enfin se relèvent doucement. Durant l'apprentissage, il est important que les séances soient régulières (au moins une fois par semaine). Pour un apprentissage solide (qui permette ensuite d'atteindre rapidement un état de relaxation), il faut compter une quarantaine de séances.

Le fait de faire une séance de relaxation de 20 à 25 minutes aide à se détendre et diminue le stress perçu et peut faciliter la récupération si elle est faite en fin d'entraînement. Une séance peut aussi faciliter l'endormissement. Effectuer régulièrement des séances et continuer une fois l'apprentissage terminé a, à long terme, un effet de diminution de l'anxiété. Enfin, une fois l'apprentissage terminé, le sportif identifie bien la sensation de relâchement de chaque groupe musculaire. Il est donc possible, en compétition ou à l'entraînement, d'utiliser cette sensation. Par exemple, si un joueur de tennis a tendance à trop contracter son bras sur un point important et à perdre ainsi en relâchement et donc en vitesse de balle, il peut, entre deux points, faire appel aux sensations de relâchement des groupes musculaires en jeu et, ainsi, parvenir à se relâcher. L'action sera encore plus efficace si un (ou plusieurs) cycles de respiration abdominale y sont associés. Toutes les pauses dans l'activité peuvent être utilisées dans cette optique quand le sportif a tendance à se crisper à cause du stress ou quand il s'énerve, suite, par exemple, à une erreur d'arbitrage. En revanche, l'état d'activation obtenu juste après une séance est généralement bien inférieur à l'état optimal d'activation nécessaire en compétition. Il n'est donc pas envisageable d'effectuer une séance complète de relaxation durant une journée de compétition, par exemple entre deux matches, car la réactivation indispensable après la séance pour obtenir une activation optimale nécessiterait alors beaucoup de temps et d'efforts.

◆ Le training autogène de Schutz

C'est une méthode globale de relaxation, basée sur l'image mentale du relâchement et ayant pour but de parvenir à une déconnection générale de l'organisme au cours de laquelle l'activation est abaissée, sans toutefois atteindre l'hypnose. Cette déconnection s'effectue à l'aide d'un isolement sensori-moteur relatif[1]. Le training autogène se compose de deux cycles, le cycle inférieur et le cycle supérieur. Le cycle supérieur relève de la psychothérapie et ne peut être conduit que par un psychothérapeute. Toutefois, la maîtrise des exercices du cycle inférieur est suffisante pour obtenir les effets recherchés en préparation mentale.

Technique

Comme pour la relaxation progressive de Jacobson, le sujet doit être dans une position confortable, allongé sur le dos ou en position dite du « cocher de fiacre » (assis sur une chaise, les pieds posés par terre et les avant-bras reposant sur les cuisses), dans un lieu calme. Les participants sont invités à fermer les yeux, puis à être calmes (« je suis tout à fait calme »). Le sujet se familiarise avec chacun des six stades du cycle inférieur, chaque stade étant appris après le suivant et chaque séance repassant par les stades déjà appris. Lors de chaque stade, l'intervenant suggère la sensation recherchée dans un membre, par exemple le bras. Par exemple, pour le premier stade « votre bras gauche est lourd ». Au fur et à mesure, la sensation de lourdeur va se diffuser à l'ensemble du corps. On peut alors passer au stade suivant. À la fin de chaque séance, le sujet fléchit le bras, respire profondément, ouvre les yeux et se lève doucement. Le tableau 4.3 présente les six stades leurs objectifs et le type de suggestion.

Il faut consacrer environ une semaine pour chaque stade, à raison de 2 à 3 séances quotidiennes. Durant le premier stade, les séances durent très peu de temps (moins d'une minute). Lorsque l'on atteint le sixième stade, les séances durent entre 5 et 15 minutes. Après trois mois, les séances peuvent être étendues à une trentaine de minutes. Une fois la technique acquise, les personnes sont capables d'atteindre un état de relaxation très rapidement (quelques secondes). Une fois l'apprentissage terminé, les séances de training autogène et les sensations de relâchement peuvent être utilisées de la même manière que dans la relaxation progressive de Jacobson (*cf.* ci-dessus).

b. L'imagerie

L'imagerie est une « activité psychologique » interne à l'individu et qui consiste à évoquer en image les caractéristiques d'un objet ou d'un geste (Hall, 2001).

1. Schultz & Luthe, 1959.

Tableau 4.3 Les six stades du cycle inférieur du training autogène de Schultz

Stades	Moyens, type de suggestion	Objectifs
1	Pesanteur	Décontraction musculaire
2	Chaleur	Vasodilatation, vascularisation, système circulatoire
3	Sentir les battements du cœur	Régulation cardiaque
4	Respiration calme	Contrôle respiratoire
5	Chaleur du plexus solaire	Organes abdominaux
6	Fraicheur du front	Régulation céphalique

L'individu imagine « dans sa tête » cet objet ou ce geste. Il peut par exemple, se voir mentalement en train de réaliser un service au tennis, soit comme s'il se voyait à la télévision (imagerie dite « externe »), soit en voyant ce qu'il voit réellement sur le court au moment de servir (imagerie dite « interne »). Bien que l'on emploie le terme d'imagerie, cette technique peut concerner d'autres modalités perceptives comme l'audition ou la kinesthésie (en général, le goût et l'odorat sont moins utilisés en situation sportive). Il est possible, par exemple, d'« entendre mentalement » un rythme de déplacement ou d'éprouver les sensations que l'on ressent normalement en réalisant un geste. Lorsqu'on veut spécifiquement parler d'images, on utilise le terme de visualisation.

L'imagerie est efficace dans deux cas : pour faciliter l'apprentissage d'un geste précis ou pour favoriser l'expression d'une habileté. Mais, elle ne remplace en aucun cas l'apprentissage par la réalisation de mouvements.

EXEMPLE 4.2 – En ski

Suinn (1976) a travaillé avec l'équipe nationale de ski américaine après leur échec aux JO de 1972. Il a réparti les skieurs en deux groupes : le premier groupe s'entraînait en employant l'imagerie tandis que l'autre groupe n'avait pas accès à cette technique (groupe témoin). L'entraîneur s'aperçut que les skieurs qui s'entraînaient en imagerie progressaient plus que les autres. L'activité électrique des muscles des jambes des skieurs qui s'imaginaient en train d'effectuer leur descente a aussi été enregistrée. L'activité musculaire était à son maximum lorsque les skieurs s'imaginaient en train de skier les parties du parcours qui exigeaient l'activité musculaire la plus intense.

De nombreuses théories expliquent les processus en jeu dans l'imagerie et donc pourquoi cette technique est efficace, en particulier pour les sportifs[1]. Le premier groupe d'arguments renvoie aux aspects neuromusculaires de la performance. L'imagerie activerait, dans le cerveau, des patterns similaires, mais d'amplitude plus faible, à ceux générés lors de l'exécution réelle du geste. Ces impulsions, d'un niveau insuffisant pour produire un mouvement, aideraient néanmoins à créer une « mémoire musculaire » du mouvement correct. Cette théorie a été supportée par de nombreuses recherches rapportant une augmentation de l'activité neuromusculaire durant l'imagerie. D'autres théoriciens sont allés plus loin et ont considéré qu'il y avait une équivalence fonctionnelle entre l'imagerie et le mouvement car tous deux font appel à des structures et des processus communs[2]. La pratique de l'imagerie serait en fait comme la pratique physique, mais ne comprendrait pas l'exécution finale de la commande motrice. Un deuxième groupe d'arguments a été présenté pour expliquer sous un angle plus psychologique les bénéfices liés aux techniques d'imagerie. Par ce biais, le sportif pourrait mieux réguler son niveau optimal d'activation (*cf.* ci-dessus). Le fait de s'être entraîné en imagerie et donc d'avoir imagé des situations de réussite serait aussi susceptible d'augmenter le sentiment d'autoefficacité et de renforcer la motivation.

L'imagerie est donc une technique très efficace, ce qui exige que des précautions soient prises lors de son emploi. Lorsqu'il s'agit de renforcer l'apprentissage d'un nouveau geste ou d'une nouvelle coordination, il s'agit donc de reproduire un modèle. Il est donc essentiel que l'image soit la plus précise et la plus exacte possible afin que le geste reproduise une image juste. Certains sportifs sont plus efficaces que d'autres dans leur capacité à imager : leurs images sont plus vives, plus colorées, plus détaillées, etc. Ils auront plus de facilité à ajuster l'image à la réalité. Le recours à la vidéo et/ou à une imagerie externe peut améliorer la qualité de l'image.

On comprend donc que l'imagerie est particulièrement utile pour les sports avec très peu d'incertitude, dans lesquels il s'agit de reproduire un geste ou un enchaînement (gymnastique rythmique, sportive, patinage artistique, lancer-franc au basket, service au tennis, etc.). Il est plus délicat d'employer l'imagerie dans les sports à incertitude (sports d'opposition, sports collectifs) afin d'éviter de rigidifier certaines habiletés ou de favoriser à tort une réponse plus qu'une autre. Dans ce cas, il est possible de travailler sur des situations réelles passées : le sportif revit en imagerie le match ou la période du match en question, la première fois en ressentant (voyant, entendant) exactement la même chose qu'en réalité. Puis, si, durant cet extrait, il a eu une réaction jugée inopportune (par exemple, il s'est énervé et a manqué de précision), il refait une nouvelle fois cet extrait en tentant, mentalement, de faire ce qu'il aurait

1. Paquet *et al.*, 2007.
2. Grouios, 1992.

dû faire sur le terrain (profiter d'une pause pour souffler, se relâcher, etc.) et toujours mentalement et dans le contexte, il modifie l'action qui a suivi, en essayant de la rendre positive. L'idée est ici que l'effort mental réalisé durant la séquence en imagerie sera un peu moins difficile à faire lorsqu'une situation similaire se reproduira en compétition. Enfin, si l'on souhaite se rassurer avant une compétition et que l'on ne connaît pas l'adversaire, il est possible, par exemple la veille au soir, de se « passer » mentalement en imagerie ce qu'on pourrait appeler son *best-of*, c'est-à-dire des actions réussies, variées, réalisées contre des adversaires différents afin de se remettre en mémoire des situations dans lesquelles le sportif a particulièrement bien réagi. Il est alors important de bien varier les situations et de bien intégrer leur contexte.

c. La fixation des buts

Dans sa théorie de la motivation humaine, Nuttin (2000) donne cette définition :

> « L'activité du sujet est dirigée vers, et régulée par, un résultat ou un état à atteindre, c'est-à-dire par un but cognitivement représenté qui concrétise le besoin du sujet. »

Ceci signifie que tout individu, sportif ou non, se fixe un but lorsqu'il souhaite obtenir quelque chose. En psychologie du sport, définir des buts influe de manière importante sur la motivation, mais aussi sur la confiance en soi et le stress perçu. De nombreux auteurs ont travaillé sur cette question. La notion d'objectif a été définie comme le fait d'atteindre, dans un temps donné, un critère spécifique de compétence dans une tâche définie (Burton, 1984). Locke et Latham (1985) identifient quatre raisons de l'efficacité de la fixation d'objectifs :

- les objectifs fixent l'attention sur les aspects importants de la tâche à accomplir. L'athlète sait donc précisément sur quoi se concentrer ;
- ils incitent à l'effort ;
- ils amènent à persévérer plus longtemps, jusqu'à ce qu'ils soient atteints ;
- la fixation de nouveaux buts facilite la découverte de nouvelles stratégies d'apprentissage pour réussir.

Weinberg (1992) distingue les objectifs de résultat, de performance et de processus.

Les objectifs de résultat impliquent généralement une comparaison avec autrui, comme par exemple gagner un match ou arriver premier au classement. Les entraîneurs et les sportifs ont souvent tendance à fixer ce type d'objectifs. Ces objectifs ont l'inconvénient de ne pas être entièrement sous le contrôle du sportif, puisque leur atteinte dépend aussi des autres compétiteurs.

Les objectifs de performance sont des objectifs dans lesquels les sportifs se comparent à eux-mêmes pour progresser. Ces objectifs, parfois appelés en français objectifs de maîtrise, témoignent des progrès réalisés et permettent de développer la confiance en soi. Ces types d'objectifs sont à privilégier car, si ces derniers sont atteints, il y a de grandes chances que les objectifs de résultat le soient aussi. Ils sont généralement sous le contrôle du sportif, leur atteinte ne dépend généralement que des efforts du sportif.

Les objectifs de processus imposent à l'athlète de se concentrer sur les aspects techniques de l'action sportive et plus particulièrement sur les comportements spécifiques nécessaires à la production de résultats (par exemple, en natation maintenir le coude haut en crawl ou en tennis suivre la balle avec le regard).

Plusieurs études[1] ont comparé ces trois types d'objectifs. Ils montrent que les stratégies les plus efficaces et les plus motivantes pour les sportifs sont celles qui permettent de poursuivre des objectifs multiples, c'est-à-dire des stratégies qui favorisent la compatibilité des trois objectifs. Les objectifs de résultat sont les moins efficaces lorsqu'ils sont utilisés seuls.

◆ Principes de la fixation d'objectifs

Pour être efficace la fixation d'objectifs doit être bien planifiée, avec des objectifs à court, moyen et long terme. Weinberg et Gould (2003) proposent les recommandations suivantes.

1. Les objectifs doivent être spécifiques à l'activité, mesurables et observables.
2. Les objectifs fixés doivent être associés à des contraintes temporelles raisonnables et planifiées.
3. Privilégier des objectifs difficiles, mais réalistes.
4. Consigner les objectifs choisis par écrit et contrôler régulièrement leur réalisation.
5. Associer des objectifs de résultats, de performance et de processus.
6. Se fixer des objectifs à court terme afin d'atteindre les objectifs à long terme.
7. Se fixer des objectifs de performance collectifs et individuels.
8. Se fixer des objectifs pour l'entraînement et pour la compétition.
9. Veiller à ce que les athlètes s'approprient les objectifs.
10. Prendre en compte la dimension individuelle et la personnalité.

Lorsque l'on travaille avec les athlètes on peut utiliser l'acronyme en langue anglaise SMART[2] :

- S pour Spécifique
- M pour Mesurable
- A pour orienté vers l'Action (*action-oriented*)
- R pour Réaliste

1. Weinberg & Gould, 2005.
2. Bull *et al.*, 2002.

- T pour dans les temps (*Timely*)

L'athlète, après avoir défini ses objectifs, prend conscience du type d'engagement à avoir. En cela, la fixation des objectifs aide à développer l'autonomie et le sentiment de contrôle de l'athlète. Il est important que l'athlète participe au processus de fixation d'objectifs, afin qu'il puisse se les approprier.

d. Les routines de concentration

Une routine de concentration permet d'élever son niveau de concentration à un moment donné d'un match. Elle est apprise et comprend des stratégies comportementales et cognitives utilisées intentionnellement par les sportif(ve)s pour faciliter leur performance[1]. Elle doit être personnalisée. Elle sert à :

- retrouver sa concentration après un incident (erreur d'arbitrage, énervement, douleur consécutive à un coup, etc.) ;
- renforcer sa concentration à différents moments du match : début de match, reprise après une pause, après plusieurs points marqués ou concédés consécutivement, pour les « points importants », en fin de match (*money time*)...

La routine est faite pour être réalisée entre deux points ou durant un arrêt de combat (sports d'opposition), avant un moment particulier (tir de pénalité, coup franc, etc.), un départ (athlétisme, natation, cyclisme, canoë, enchaînement de gymnastique, programme de patinage, etc.), etc. Elle comprend plusieurs phases dont l'importance varie selon les sports et les situations. Certaines phases peuvent être supprimées si elles n'ont pas de sens dans une situation.

Récupération (surtout après un point disputé, inutile avant un départ).

Relâchement : en soufflant, ou si le temps est suffisant, en utilisant une technique de respiration abdominale ; éventuellement en bougeant un bras ou une jambe ou à l'aide d'un étirement si le temps est suffisant.

Analyse : « quelle est la situation ? », « je mène », « je suis mené(e) », « pourquoi ? » ou analyse technico-tactique en sports d'opposition, du terrain en golf, de l'endroit du terrain (coup franc, coup de pied de pénalité en rugby...), etc. L'analyse peut avoir été effectuée très en amont (reconnaissance du parcours en canoë, ski, VTT, saut d'obstacles, etc.) du temps de la compétition.

Décision : c'est la conséquence de la phase « analyse ». Il s'agit d'avoir un plan, une idée. Cette « décision » est unique, il ne peut y avoir qu'un élément sur lequel le sportif va se concentrer. Toutefois, elle peut concerner différents éléments. Par exemple, en escrime, ce peut être une action précise (« engagé dégagé »), un schéma tactique (attaque sur la préparation), une cible (l'épaule), un repère lié à l'exécution (rythme, mobilité, patience, « devant »), un état d'esprit (serein, combatif...), etc. Mais il ne doit y avoir qu'une idée en tête au

1. Cohn, 1990.

moment de la reprise de l'action. Pour les sports avec un parcours complet, il faut voir l'exercice comme l'enchaînement de différents focus attentionnels et bien avoir prévu comment passer de l'un à l'autre, pour ne pas être en avance ou en retard. L'important est d'être strictement « dans le présent » au moment de l'action et non dans le passé ou dans le futur, même proches.

Ré-activation (facultatif, en fonction de la situation et des habitudes du (de la) sportif(ve)) : si besoin pour aider l'athlète à se « remettre dedans », sautiller sur place, effectuer quelques flexions, quitter la chaise en courant talons-fesses (tennis), etc.

Imagerie (si besoin et possibilité) : une fois la décision prise, il est possible d'effectuer une ou deux visualisations, selon la technique choisie par le sportif. À condition, bien évidemment, que l'athlète soit familier de cette technique.

Discours interne (facultatif, en fonction de la situation et des habitudes du sportif). Le sportif se parle à lui-même de ce qui est important pour lui à ce moment-là. Cette phase peut aussi avoir lieu avant la phase imagerie.

Mot-clé : il s'agit là de résumer en un seul mot (ou une expression) la « décision » et de l'avoir en tête juste au moment où le match reprend. Ce mot-clé doit être concret et correspondre à quelque chose de familier pour le sportif. Par exemple, « gagner » n'est pas un bon mot-clé, car il est trop abstrait, il ne dit pas comment faire. Des mots-clés comme « mobile », « petits pas », « devant », etc. sont plus appropriés. Le mot-clé a une signification claire et univoque pour l'athlète, c'est « son » mot. Il est quasi indispensable que ce soit l'athlète qui le propose lors de la mise en place de la routine.

Chaque élément de la routine est choisi pour une raison précise et a un objectif qui va favoriser la performance. Il est important que le sportif se soit approprié chaque composant. C'est aussi pourquoi il est possible d'adapter la routine à différents cas et différents sports en supprimant certaines phases inutiles dans le cas précis et en ajustant la durée de chaque phase à la situation et au sportif. La routine se différencie du rituel. Ce dernier est une habitude que prend l'athlète et qu'il associe à la réussite. Les deux principales différences entre les rituels et les routines sont :

- les sportifs construisent et contrôlent les routines, alors qu'ils subissent plutôt les rituels ;
- les routines participent efficacement à la performance alors que les rituels n'ont pas de relation rationnelle avec la réalisation de la prestation sportive.

La routine ne peut être effectuée qu'en dehors de l'engagement compétitif. On ne peut pas penser à se concentrer en même temps que l'on est « dans l'action ». La routine doit s'effectuer avant la reprise du jeu ou avant le départ. La routine n'est efficace que si les maîtrises motrice, technique et tactique sont acquises préalablement. Plus la routine est personnalisée, plus elle est efficace. Il est important que l'athlète contribue à sa construction et intègre bien le rôle de chaque composant choisi. La routine doit être adaptable par le sportif selon les conditions.

4. Le développement de l'expertise et de la performance

a. De la détection au développement des talents

En sport comme dans de nombreux autres domaines, la question du développement de l'expertise se pose depuis longtemps. Initialement, s'est posée la question des parts respectives des aspects liés à la génétique et de ceux liés à l'environnement ou à l'expérience. Galton, en 1874, pose la question sous la forme du débat « nature vs *nurture* » (nature vs éducation). Sans remettre en cause la contribution des facteurs génétiques dans la performance, de nombreux chercheurs estiment que les expériences vécues par les individus au cours de leur développement influencent la manière dont le potentiel va se réaliser et dont l'expertise sera atteinte[1].

Les 5 caractéristiques définissant un « talent » (Howe, 1998)

1. Il trouve son origine dans des structures transmises génétiquement et est donc, au moins partiellement, inné.
2. Son expression totale peut ne pas être évidente à un stade précoce, mais il va y avoir des indices, permettant à des experts d'identifier la présence du talent avant que celui-ci, arrivé à maturité, ne manifeste un niveau exceptionnel de performance.
3. Ces indications précoces du talent constituent une base de prédiction pour repérer ceux qui peuvent exceller.
4. Les talents sont une minorité. Si tous les enfants étaient talentueux, il ne serait pas possible de prédire ou d'expliquer le succès de certains plutôt que d'autres.
5. Le talent est relativement spécifique selon les domaines.

Ce potentiel est habituellement appelé « talent ». De nombreuses définitions du « talent » ont été données, parmi lesquelles on peut retenir celle de Howe (1998) (*cf.* encart ci-dessus).

Les recherches se sont donc attachées à repérer les jeunes les plus talentueux. C'est la période de la « détection des talents », définie comme :

> La « prédiction de performances dans le temps, par l'utilisation de mesures d'aptitudes psychologiques, seules ou combinées avec d'autres aptitudes physiques, psychologiques ou techniques[2]. »

1. Côté *et al.*, 2007.
2. Régnier, Salmela, & Russel, 1993, p. 290.

De nombreuses publications tentent alors d'identifier les aptitudes, y compris psychologiques, susceptibles de permettre la détection des talents en fonction des disciplines sportives. Globalement, la communauté scientifique aboutit à un échec, d'une part, car, à moins d'analyses génétiques, il n'y a pas d'accès direct à l'aptitude génétique (mais à une aptitude déjà transformée en capacité par le développement de l'individu jusqu'au jour de la mesure), et, car des phénomènes de compensation ont lieu entre les différentes aptitudes, permettant l'accès à la performance, même si certaines aptitudes nécessaires ne sont pas assez présentes. Sous l'impulsion de Bloom (1985) commence alors à émerger un courant qui s'intéresse au développement des talents plutôt qu'à leur identification. Ceci permet d'intégrer la part des expériences vécues par l'individu, issues de ses interactions avec les environnements dans lesquels il se développe. Celles-ci sont perçues comme déterminantes, en complément des facteurs génétiques, du niveau d'expertise atteint par le talent[1]. Ces auteurs utilisent la métaphore du « bambou chinois » pour illustrer la complexité de cette question. Ce bambou a une particularité : il a besoin de 10 ans pour atteindre la taille de 15 cm. Puis, en seulement 6 mois, il pousse sur une hauteur de 3 m. Que faut-il considérer pour son développement ? Qu'il prend 3 m en 6 mois ou qu'il met 10 ans et 6 mois pour atteindre 3,15 m de haut ? Il est donc judicieux de prendre en compte l'ensemble de la période de développement du talent pour comprendre comment l'individu parvient aux plus hauts niveaux de performance sportive.

b. Le jeu et la pratique délibérés

Côté *et al.* (2007) distingue deux formes d'expérience : le jeu et la pratique. Le jeu (*play*) décrit des activités mises en place dans un but d'amusement et de plaisir, mais toutefois susceptibles de contribuer à l'acquisition de l'expertise. La pratique (*practice*) correspond à des activités organisées dans le but de développer des habiletés et de progresser. Puis, Côté (1999) définit la notion de « jeu délibéré » comme une activité physique réalisée pour elle-même, apportant une gratification immédiate et organisée de manière à favoriser le plaisir ressenti par le pratiquant[2]. Certaines des pratiques choisies pour le « jeu délibéré » sont des pratiques comme le basket de rue ou le football pratiqué sur un terrain vague, dans lesquelles les règles sont adaptées des règles standardisées du sport en question et fixées, généralement, par les participants eux-mêmes.

Le jeu délibéré est différent :

- des activités physiques des jeunes enfants ;
- des jeux pédagogiques construits pour améliorer la performance ;
- de la pratique structurée typique du sport organisé ;

1. Durand-Bush & Salmela, 2001.
2. Côté *et al.*, 2007.

- de la pratique délibérée.

Par exemple un enfant a repéré un panier de basket fixé sur un mur : il vient avec un ballon et essaye de mettre un panier. Après plusieurs essais, il y parvient. Plus tard, il essaye de tirer avec une course de quelques pas, puis il invite des copains pour essayer de marquer à plusieurs ou en un contre un, etc. Le jeu est orienté (marquer des paniers, c'est ce qui fait la différence avec les jeux des jeunes enfants), mais l'enfant fait ce qu'il veut en fonction du plaisir et de sa motivation. C'est une activité informelle, les enfants « inventent » les exercices, peuvent pratiquer avec un équipement minimal, dans un endroit quelconque, avec un nombre variable de camarades de taille et d'âges différents.

Les apports du jeu délibéré :

- améliorer le contrôle de patterns moteurs spécifiques ;
- contribuer au développement de l'endurance, à l'entraînement de la force et à l'économie de mouvement ;
- contribuer à la régulation des émotions et à la performance cognitive de l'enfant.

En 1993, Ericsson et ses collaborateurs définissent la pratique délibérée comme sous-tendue par un but spécifique d'amélioration de la performance, demandant un effort cognitif et physique, et pertinente pour un développement positif des habiletés. La pratique délibérée consiste en un engagement dans des activités particulières qui :

- sont précisément définies ;
- sont imaginées spécifiquement pour progresser dans un domaine ;
- permettent des feedbacks informatifs ;
- ont un niveau de difficulté approprié ;
- requièrent un haut-niveau de concentration ;
- ne sont pas plaisantes en elles-mêmes ;
- permettent la répétition et la correction des erreurs.

La pratique délibérée est dirigée uniquement vers le but d'amélioration de la performance et se situe au-delà de la zone de confort. Elle exige des efforts et un investissement constant. Elle consiste enfin à créer des opportunités pour que les athlètes deviennent plus autonomes et tournés vers eux-mêmes.

Des études rétrospectives réalisées avec des performers de haut-niveau par le biais d'entretiens ont montré que la pratique délibérée est considérée comme indispensable pour atteindre un très haut niveau de performance. Toutefois, d'autres variables, comme l'âge de début de la pratique sportive, peuvent aussi intervenir. Il est aussi important d'intégrer les conséquences de la pratique délibérée.

- La pratique délibérée exige des efforts mentaux et physiques et se situe en dehors de la zone de confort des individus. Il est donc important d'équilibrer les phases d'entraînement et celles de récupération afin de prévenir le surentraînement. Pour cela, il est conseillé d'observer le sportif et de communiquer avec lui pour maintenir cet équilibre efforts/récupération.
- Sur le plan motivationnel, la pratique délibérée n'est pas nécessairement plaisante, ni immédiatement gratifiante et l'individu peut passer de longues périodes sans voir de progrès (*cf.* la métaphore du bambou chinois ci-dessus). Il est donc important de fournir des feedbacks positifs et négatifs, de ne pas négliger les objectifs de maîtrise à côté de ceux de résultats et de donner à l'individu les moyens de contrôler et d'identifier ses progrès (*cf.* la partie fixation d'objectifs).
- La pratique délibérée demande un investissement et nécessite donc des ressources en termes de temps, d'énergie, d'accès aux entraîneurs, aux équipements sportifs, à du matériel, etc. Elle entraîne donc des contraintes organisationnelles, parfois chronophages.

Pour conclure, le tableau 4.4 présente les différentes caractéristiques du jeu et de la pratique délibérée.

Tableau 4.4 Différences entre les caractéristiques du jeu et celles de la pratique délibéré

Jeu délibéré	Pratique délibérée
Réalisé pour l'intérêt même de l'activité	Réaliser pour atteindre un objectif futur
Plaisant	Pas le plus plaisant
Qualité "imaginée" (pas de norme)	Réalisé avec sérieux, selon des critères
Intérêt pour le comportement	Intérêt pour le résultat du comportement
Flexibilité	Présence de règles explicites
La participation de l'adulte n'est pas indispensable	La participation de l'adulte est souvent requise
Apparaît dans des environnements variés	Nécessite des équipements spécifiques

Traduit du tableau 8.1 : *Differences between Deliberate Play and Deliberate Practice*, p. 186 de Côté, Baker & Abernethy, 2007.

c. Les différentes phases du développement des talents

Côté (1999, 2002) a identifié plusieurs étapes durant le développement des talents. Leur contenu est similaire pour l'ensemble des sports mais, bien évidemment, les âges donnés ici sont approximatifs. Ces derniers peuvent varier en fonction des sports, mais aussi en fonction des individus qui peuvent rester plus ou moins longtemps dans chaque phase, selon leur parcours personnel. La figure 4.1 permet d'identifier les différents parcours possibles et leurs conséquences.

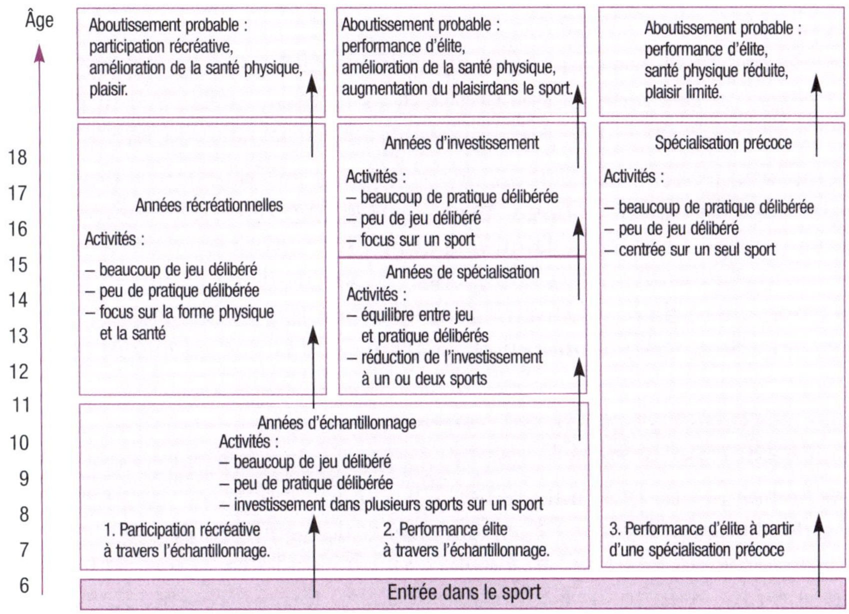

Figure 4.1 Les différents parcours et leurs conséquences (Côté, Baker, & Abernethy, 2007, p. 197)

◆ Les années de participation (ou « d'échantillonnage »)

C'est une période au cours de laquelle le jeu délibéré est privilégié. L'enfant participe à plusieurs activités physiques différentes, plaisantes et amusantes, sans but à atteindre. Les personnes encadrant l'activité fournissent des opportunités de jeux variés et valorisent l'effort plutôt que le résultat. Durant cette phase, se développent les habiletés motrices de base, ainsi qu'une identité et des valeurs positives. Cette période peut être située entre 6 et 13 ans.

◆ Les années de spécialisation

Aux environs de 13 ans, l'enfant peut se spécialiser dans un ou deux sports, en fonction du plaisir ressenti et de ses éventuels succès. Cette période se caractérise par un équilibre entre le jeu délibéré et la pratique délibérée. La pratique est plus structurée que dans la phase précédente, mais le plaisir reste central.

◆ Les années d'investissement

Aux environs de 15 ans, le jeune sportif peut décider de s'investir fortement dans un seul sport pour tenter d'atteindre un niveau élite. Il va alors accroître le temps dévolu à l'entraînement et les efforts à fournir. La pratique délibérée va être privilégiée, l'objectif est de développer les habiletés et les stratégies en vue de la compétition.

◆ Les années récréatives

Lors de chaque transition, il est possible de faire le choix d'une pratique récréative, au cours de laquelle plusieurs sports ou activités sont pratiqués, pour le plaisir, le développement personnel et/ou le maintien en bonne santé.

En conclusion, il est important de mettre en place les conditions d'une pratique délibérée au moment adéquat et d'augmenter progressivement la part de ce type de pratique dans l'entraînement pour favoriser le développement de l'expertise, tout en ayant soin de ne pas négliger la récupération. Le développement de l'expertise dépend elle-même d'un certain nombre. Elles font l'objet de grandes théories dont certaines vont être développées ci-dessous.

Application sur le terrain

Les techniques de préparation mentale sont nombreuses et dépendent à la fois de chaque individu, de l'objectif visé, et de l'activité sportive concernée, voire même de la situation. En effet, que ce soit avant une compétition ou une évaluation dans le domaine scolaire, toutes présentent un intérêt potentiel pour le sportif ou pour l'élève. Globalement, elles permettent une amélioration de la performance ou un ancrage des ressources en amont de la compétition, de l'évaluation, ou plus généralement de la confrontation à la tâche. Toutefois, certaines techniques permettent aussi de conserver le niveau de concentration optimal durant la performance. Mais ce serait une erreur de ne pas prendre le debriefing en compte dans cette temporalité de la préparation mentale, ne serait-ce que par le biais des attributions formulées par l'individu dont les effets sur la performance ultérieure ont été identifiés.

Un joueur qui attribuerait à la chance le fait d'avoir marqué un but n'en tirerait aucune fierté, et cela n'aurait qu'un effet limité sur sa confiance. Dès lors, travailler avec lui afin de mettre en évidence les ressources mises en œuvre ayant permis la réussite aura potentiellement un effet sur le sentiment d'efficacité personnelle, ce qui en retour est susceptible d'avoir un effet sur les performances à venir. L'importance des critères d'évaluation permettant d'apporter des *feedback* à l'individu révèle combien il est capital pour le pratiquant que le professionnel les ait identifiés précisément. Ces points viennent compléter ce qui a été évoqué p. 106, en pointant toutefois ici l'importance des critères d'évaluation afin de passer de critères subjectifs, à des critères les plus objectifs possibles, déterminants, notamment quand est envisagée une procédure de sélection.

2 Exercice physique, sport, éducation physique et sportive : une question d'apprentissage

1. L'enfant et l'activité physique et sportive

Certes, sans un investissement important d'heures de pratique physique, point de salut. Plusieurs études ont montré que la performance est liée à l'engagement dès le plus jeune âge dans la pratique physique. Cependant, une controverse subsiste à propos de la question de la spécialisation de l'enfant dans l'activité sportive. Alors que certains travaux tendent à montrer que la spécialisation précoce pourrait être le seul moyen de faire accéder les jeunes à la haute performance[1], d'autres perspectives[2] montrent que les athlètes talentueux ont surtout vécu au cours de leur enfance une pratique sportive variée (voir p. 123).

L'important semble bien être de donner très tôt aux enfants le goût pour la pratique physique en les incitant à être physiquement actifs dans des jeux variés et motivants. Ces saines habitudes sont d'autant plus importantes qu'elles ont toutes les chances d'influencer la façon dont les adultes de demain seront physiquement engagés dans des pratiques physiques[3].

2. Performance et diversité des expériences motrices

a. Comment penser la diversification de la motricité des plus jeunes pratiquants ?

Participer au développement d'une expérience motrice diversifiée et riche consiste à confronter les jeunes enfants à des situations ludiques (jeux pré-sportifs) qui leur donnent la possibilité d'exercer leurs habiletés[4] fondamentales. Celles-ci contribueront ultérieurement à la réalisation de performances sportives dans des contextes plus codifiés. Les expériences motrices peuvent confronter les enfants à la nécessité de :

- poursuivre des buts différents ;
- s'adapter à différents environnements ;
- organiser leur motricité de façon plus complexe.

1. Helsen, Hodges, Van Winckel, & Starkes, 2000 ; Helsen, Starkes, & Hodges, 1998.
2. Côté, 1999.
3. Robertson-Wilson, Baker, Derbyshire, & Côté, 2003.
4. On entend par habileté « la capacité acquise par apprentissage d'atteindre des résultats fixés à l'avance avec un maximum de réussite et souvent un minimum de temps, d'énergie ou des deux » (Guthrie, E.R., 1935. *The psychology of learning*. NY, Harper).

b. Morphocinèses

Certaines situations invitent les enfants à reproduire un mouvement qu'on leur présente à partir d'une démonstration. Celles-ci génèrent une activité d'observation-reproduction motrice qui sollicite la capacité des jeunes pratiquants à se représenter un mouvement pour construire un modèle interne à partir de leurs caractéristiques personnelles. Cette activité d'interprétation sera sollicitée plus tard dans la pratique de nombreuses activités sportives requérant des morphocinèses[1] (gymnastique par exemple).

c. Télécinèses

Mais cette expérience motrice peut également inviter les enfants à trouver une réponse en fonction d'un but à atteindre sans que leur soit prescrite la forme de mouvement la plus indiquée pour le réaliser. Dans de nombreuses activités sportives, telles que les sports collectifs par exemple, la performance dépend de la capacité à trouver des réponses efficaces sans forcément s'attacher dans un premier temps à la forme de mouvement. Ces activités ayant recours à des télécinèses[2] présentent l'intérêt de focaliser l'attention des enfants sur le but et sur les moyens les plus judicieux pour l'atteindre. Nombreux sont les jeux présportifs qui conduisent ainsi les jeunes enfants à s'intéresser aux stratégies qui permettent de gagner dans une situation d'opposition qu'ils retrouveront plus tard sous une forme plus codifiée mobilisant des connaissances technico-tactiques dans des pratiques sportives.

d. Habiletés ouvertes

La diversité peut également dépendre du milieu dans lequel les expériences motrices de l'enfant prennent forme.

EXEMPLE 4.3 – EN NATATION

Ainsi, dès l'âge de 5-6 ans, des enfants peuvent être exposés au milieu aquatique d'une piscine pour apprendre à se déplacer en quittant leurs repères de terriens. Pour atteindre ce but, ils vont devoir construire un répertoire d'habiletés fermées dont la principale caractéristique est de se dérouler dans un espace aux contraintes relativement prévisibles. Au fur et à mesure de l'apprentissage, les enfants vont se familiariser à cet environnement et parvenir à utiliser des actions efficaces de déplacement. Savent-ils nager ? C'est une question qui trouvera sa réponse dans un autre environnement moins prédictible qui sollicite des habiletés ouvertes[3] (Poulton, 1957) encore appelées habiletés perceptives (Knapp, 1963) en référence à des environnements aux contraintes imprévisibles.

1. Habiletés visant la reproduction de forme d'un mouvement à modèle interne.
2. Habiletés visant la production d'un mouvement orienté vers un but.
3. Habiletés réalisées dans un environnement aux contraintes imprévisibles.

En effet, ce n'est que lorsqu'ils se rendront sur les plages de l'océan pour réinvestir leur apprentissage dans un milieu marin présentant des fluctuations (courants, vagues) qu'ils découvriront que leurs habiletés développées dans le milieu standardisé d'une piscine sont nécessaires, mais sans doute insuffisantes, aux déplacements efficaces en eau profonde de l'espace marin.

Cet exemple montre que les habiletés dépendent du milieu dans lequel elles ont été développées et qu'elles peuvent s'avérer parfois incomplètes pour appréhender des milieux plus contraignants.

e. Habiletés discrètes

Enfin, la diversité motrice tient également à la forme des mouvements qui requiert des types de coordination différents. Ainsi, lorsque l'enfant s'exerce dans des activités de lancer, il développe des habiletés discrètes[1] (Schmidt, 1988) renvoyant à des mouvements pour lesquels on peut clairement identifier un début et une fin. Cette expérience motrice est riche dans la mesure où elle permet à l'enfant d'apprendre à se préparer et à se concentrer en amont d'un mouvement qu'il ne pourra pas corriger en cours d'exécution compte tenu de la rapidité de réalisation que requiert son exécution.

f. Habiletés sérielles

En revanche, dans d'autres situations, l'enfant devra combiner plusieurs habiletés discrètes pour construire un enchaînement d'actions. Or, cette motricité faisant appel à des habiletés sérielles[2] présente une différence par apport à la précédente. En effet, la performance globale dépend de la capacité du pratiquant à associer différentes habiletés qui sont interdépendantes. En cela, l'exécution de l'enchaînement nécessite la mise en cohérence d'ensemble et donc un travail portant sur les phases de transitions entre les différentes parties de cet ensemble. Les exercices de gymnastiques travaillés isolément au début de l'apprentissage posent plus tard d'autres problèmes de coordination aussitôt qu'il s'agit de lier les mouvements au service de la construction d'un enchaînement répondant à la logique de pratique de l'activité sportive.

g. Habiletés continues

Enfin, d'autres expériences motrices confrontent le pratiquant au développement d'habiletés continues[3] renvoyant à des mouvements qui n'ont ni début

1. Habiletés impliquées dans la réalisation de mouvements de courte durée qui ont généralement un début et une fin bien identifiables.
2. Correspondent à un groupe d'habiletés discrètes enchaînées les unes après les autres, pour former une action nouvelle, plus compliquée.
3. Habiletés impliquées dans la réalisation de mouvement dont on ne peut pas identifier de façon précise et objective le début et la fin du mouvement.

ni fin clairement identifiables. Ces habiletés qui assurent le plus souvent le déplacement (marche, course, natation, cyclisme) sont pratiquées très tôt au cours de l'enfance mais demandent un entraînement spécifique dans leur forme sportive pour permettre à l'adolescent et à l'adulte pratiquant de se montrer efficace et efficient sur des distances longues et à des allures de déplacement élevées.

3. Apprentissage et contrôle moteur

a. Comment les jeunes sportifs parviennent-ils à mieux contrôler leur motricité ?

Bien que la question de l'apprentissage moteur (renvoyant à une problématique d'acquisition de conduites) et la question du contrôle moteur (renvoyant à une problématique de production de mouvements) relèvent de sphères différentes, il paraît difficile d'expliquer les progrès moteurs qu'on réalise en s'entraînant en dehors des fondements théoriques qui expliquent la façon dont le contrôle moteur s'effectue. Au demeurant, les données théoriques servant à expliquer la façon dont le système moteur évolue progressivement au fil de l'entraînement nous invitent à nous tourner vers différents modèles.

b. Le modèle cognitiviste

Si l'on se réfère au modèle cognitiviste, on est amené à penser :

> « Le comportement du système moteur est déterminé de manière exhaustive par des représentations symboliques, soit explicites comme des règles d'action, soit implicites comme des programmes moteurs généralisés[1]. »

Ces représentations servent au système nerveux à construire et à mémoriser des modèles d'action envoyés au compartiment effecteur pour que celui-ci effectue l'action. Cette perspective théorique accepte l'idée selon laquelle des distorsions peuvent se produire entre la représentation que l'individu s'est construite de ce qu'il fallait faire et ce qu'il réalise effectivement. Cette conception prescriptive du contrôle moteur, encore appelée *top-down* reposent sur le concept de programmation motrice dans lequel le programme moteur est une notion clé. Le programme moteur correspond à un ensemble de commandes organisé avant le déclenchement d'une séquence motrice permettant son exécution sans aucune influence des réafférences périphériques[2]. En d'autres termes, il s'agit une série d'instructions destinées à sélectionner les muscles, à régler

1. Delignières, 1998.
2. Keele, 1968.

leur contraction ou leur relâchement à un moment approprié[1]. Le programme moteur constitue donc un module permettant au fil des répétitions de :

- spécifier l'identité des unités motrices entrant dans la réalisation de l'action ;
- recruter des blocs fonctionnels moteurs en relation avec leur fonction spécifique (agonistes, antagonistes, phasiques, toniques) ;
- déterminer l'intensité et la durée de l'activation des blocs fonctionnels ;
- ajuster temporellement les unités neuro-motrices sollicitées pour assurer un timing de coordination optimal.

La complexité du système permet de mieux concevoir qu'un apprentissage, non seulement nécessite du temps et de nombreuses répétitions, mais encore soit une tâche qui ne trouve pas réellement de fin. C'est d'ailleurs la raison pour laquelle, des athlètes de haut niveau continuent à consacrer de nombreuses heures à l'entraînement d'habiletés pourtant arrivées à un très haut niveau de maîtrise technique. Selon cette perspective théorique, il suffirait à l'entraîneur de savoir comment le système nerveux construit des modèles internes de mouvement pour comprendre comment le pratiquant parvient à mettre en œuvre des coordinations motrices et génère des plans d'action de plus en plus efficaces. En même temps, cette perspective théorique met insuffisamment en relation l'individu et ses caractéristiques spécifiques avec les spécificités de l'environnement dans lequel il cherche à réaliser une performance. Pourtant on sait que des athlètes de haut niveau ont souvent construit une technique qui leur est personnelle et qu'ils utilisent efficacement suggérant que leur entraînement leur a permis de prendre en compte les qualités originales qu'ils avaient pour les optimiser.

c. Les théories dynamiques

C'est plutôt vers ce second versant qualitatif que la seconde perspective théorique s'oriente pour expliquer comment des habiletés motrices s'affinent au cours de l'entraînement. En effet, les théories dynamiques du contrôle moteur adoptent un point de vue différent en expliquant que le comportement moteur est avant tout conçu comme un phénomène émergeant d'un réseau de contraintes, liées :

- à la tâche à réaliser et au but à atteindre ;
- à l'organisme et ses particularités ;
- à l'environnement et aux caractéristiques spécifiques liées aux forces qui s'exercent sur l'organisme[2].

Cette conception théorique, dite *bottom-up* considère que toute coordination est conçue comme l'assemblage de composants (plus de 100 articulations et

1. Beaubaton, 1985.
2. Newell, 1986.

de 800 muscles) en une unité fonctionnelle. Or, toute action motrice implique différents segments corporels correspondant à différents leviers articulaires maintenus par des groupes musculaires. Plus le nombre d'articulations à contrôler est important et plus le processus de régulation de coordination du mouvement devient complexe. Mais, en même temps, chaque sportif dispose de ses propres caractéristiques morphologiques et physiques qui entrent de façon non négligeable dans la production de toute action. À partir de cette remarque, l'apprentissage est défini comme une solution personnelle correspondant à « un changement dans la dynamique des coordinations pour acquérir des solutions stables du pattern de mouvement à apprendre[1] ».

Il appartient donc à chaque pratiquant de trouver au fil des répétitions, un nouvel état d'organisation contraint par la relation organisme-environnement-tâche. Mais il appartient surtout à l'entraîneur de mettre en place les conditions les plus propices pour déstabiliser l'état naturel de coordination du pratiquant inexpérimenté. Pour ce faire, il peut chercher à solliciter les processus d'auto-organisation du système effecteur pour favoriser la mise en place de coordinations techniques visées, certes moins naturelles mais plus efficaces. Pour mieux comprendre comment le pratiquant réorganise progressivement sa motricité, cette perspective théorique invite à porter une attention toute particulière sur des variables collectives appelés paramètres d'ordre comportant leur propre pertinence et leurs lois. Ces paramètres d'ordre sont des indices permettant de rendre compte de manière globale des caractéristiques qualitatives de la coordination.

d. Attracteurs et repellants

L'un des paramètres les plus connus dans les déplacements de la vie quotidienne et la motricité sportive est certainement celui qui est utilisé entre les bras et les jambes[2]. En effet, on le retrouve dans nombre de déplacement sous forme de marches, de courses ou de techniques de nage. La prise en compte de ces descripteurs qualitatifs permet de considérer que toute coordination correspond naturellement à un type de comportement préférentiel, appelé « attracteur », et renvoie à une valeur particulière du paramètre d'ordre. En prenant en compte le versant qualitatif de la motricité, on en arrive à considérer que, sous l'influence de diverses contraintes (difficulté à gérer sa respiration en natation par exemple), le système de coordination tend à adopter un certain type de comportement qualifié de naturel, spontané ou préférentiel[3]. C'est à ces coordinations préférentielles qu'on donne le nom d'attracteurs dans la mesure où, au cours de l'apprentissage, le comportement tend à se réfugier vers ces coordinations naturelles même lorsque la situation construite par l'entraîneur

1. Schöner, Zanone, & Kelso, 1992.
2. Jeka, Kelso, & Kiemel, 1993.
3. Seifert, Leblanc, Chollet, & Delignières, 2010.

vise à favoriser la transformation de la motricité du pratiquant. À l'opposé des attracteurs, on conçoit qu'il existe des coordinations antinaturelles et plus instables appelées « repellants » correspondant à des conduites techniques à construire pour être plus efficace. L'entreprise visant à favoriser le changement de mode de coordination n'est pas simple dans la mesure où plus la force de l'attracteur est importante et plus les nouvelles conduites auront du mal à se stabiliser dans un nouvel état.

Cette approche qualitative invite donc les entraîneurs à s'intéresser différemment à leur activité sportive en considérant dans quelle mesure les coordinations techniques visées dans la pratique de l'activité sont proches ou éloignées de la motricité spontanée de celui qu'ils entraînent. Dans certains cas, l'entraînement vise à recourir à des situations de convergence. Celles-ci présentent l'avantage de demander au pratiquant de mettre en place une coordination technique qui converge avec la coordination spontanée du pratiquant. Cependant, à d'autres occasions et sans doute le plus souvent dans le domaine du sport, l'entraînement renvoie à l'acquisition d'une coordination non naturelle. La situation d'apprentissage entre alors en conflit avec la motricité spontanée du débutant, c'est-à-dire qu'elle contrarie les coordinations préférentielles du pratiquant. Dans ce cas, la situation, dite de compétition, se révélera plus exigeante pour que le nouveau comportement se mette en place de façon stable[1].

La transformation d'une conduite motrice n'est donc pas simple. Elle requiert souvent la mise en jeu d'un ensemble de coordinations assurant la mise en place et le maintien d'une posture et d'un déplacement qui dépassent la simple mise en jeu des unités motrices responsables de l'action visible.

EXEMPLE 4.4 – EN BOXE FRANÇAISE

Ainsi, lorsqu'on demande à un débutant de maîtriser son équilibre sur un pied pour réaliser une technique de fouetté en savate boxe-française, on peut rapidement observer la difficulté qu'il rencontre à gérer cette situation. En effet, la difficulté tient au fait que : (a) cet équilibre unipodal n'est pas naturel, (b) la tâche requiert précision et contrôle de la puissance, et (c) la cible est mouvante et accessible que dans un temps de présentation court.

L'adaptation du comportement génère de nombreux problèmes qui demandent au boxeur inexpérimenté de s'équilibrer de façon optimale pour atteindre précisément la cible au moment propice. On s'aperçoit alors qu'il résout souvent cette contrainte en écartant les bras de telle façon de disposer d'un temps suffisamment important pour réaliser l'action en équilibre sur un pied. Or, un tel comportement paraît peu compatible avec la nécessité de se protéger en boxe (Legrain, 1998). Pourtant, c'est bien en comprenant les différentes contraintes

1. Zanone & Kelso, 1992.

qui pèsent chronologiquement sur le pratiquant que l'entraîneur pourra, dans un premier temps, se dispenser d'être trop exigeant vis-à-vis des postures de protection pour permettre au débutant de mettre en place un premier patron de coordination motrice. Ainsi, l'entraîneur pourra préférer exiger que la posture du boxeur soit profilée au moment de toucher la cible, comme le veut le règlement, sans ajouter à la complexité une consigne de protection. Or, là encore, il n'est pas évident que cette posture profilée soit complètement compatible avec la tendance du débutant à conserver une vision binoculaire sur la cible qu'il veut atteindre ni que l'action de réarmer appartienne au répertoire des coordinations du boxeur novice alors que cette action constitue l'un des facteurs du contrôle de la touche. En cela, alors que cette technique de fouetté est bien souvent choisie par les entraîneurs pour entrer dans l'apprentissage des techniques de pied, il n'est pas si évident qu'elle débouche sur une situation de convergence.

Toute l'habileté de l'entraîneur ne tient pas seulement dans le fait de savoir ce qu'il faut faire. Son expertise tient peut-être surtout à sa capacité d'identifier à quel moment opportun il peut introduire une nouvelle contrainte dans les exigences de contrôle de l'action qu'il sait efficace en fonction du niveau du pratiquant. Son expertise tient enfin à sa capacité à rendre la tâche plus accessible. En cela, rien ne lui interdit de manipuler un certain nombre de variables permettant au pratiquant de mieux s'organiser en ayant, par exemple, davantage de temps pour atteindre la cible que l'on a rendue moins mobile en ayant circonscrit, dans un premier temps, une zone de déplacement restreinte.

4. Étapes d'apprentissage

La modification d'un comportement sportif prend du temps. Elle passe par des étapes que les théories cognitives et dynamiques du contrôle moteur décrivent de façon différente au niveau des processus qu'elle engage et des courbes d'apprentissage qu'elle génère.

Dans la perspective cognitive, l'apprentissage résulte d'une sophistication des processus de programmation de l'action. Comparativement, pour les théories dynamiques, l'apprentissage apparaît comme l'acquisition d'une coordination nouvelle résultant d'une déstabilisation de coordinations précédemment apprises et favorisant l'installation d'une coordination jamais mise en place jusqu'à présent. Par ailleurs, alors que les courbes d'apprentissage des théories cognitives présentent traditionnellement une forme plutôt linéaire, celles auxquelles aboutissent les théories dynamiques présentent une forme plus discontinue expliquant les conflits que rencontre le pratiquant lorsqu'il cherche à changer de mode de coordination pour améliorer sa performance. Cette dernière perspective attire l'attention de nombreux entraîneurs pour qui la transformation des conduites sportives ne saurait être une simple affaire de régularité ni d'un temps identique pour tous les athlètes. Le quotidien des entraîneurs leur montre trop souvent que l'organisation technique du comportement en sport révèle des crises que chaque athlète négocie au travers de réorganisations qualitatives et au cours d'un apprentissage qu'il gère à son rythme.

a. La perspective cognitive

Dans une perspective théorique cognitive, l'apprentissage passe par trois grandes étapes.

◆ Saisir l'idée du mouvement

La première étape vise à répondre à la question « Comment vais-je m'y prendre[1] ? ». Cette étape verbal-motrice correspond à l'entrée dans l'activité.

> « Le principal problème de l'élève est verbal et cognitif, les questions principales étant celles de l'identification de l'objectif, de l'évaluation de la performance, des choses à faire (et à ne pas faire), du moment où il faut les faire. Par voie de conséquence, les capacités verbales et cognitives sont dominantes tout au long de cette étape. Essayer de comprendre ce qu'il faut faire et produire un commencement d'essais, sont essentiels[2]. »

En d'autres termes, cette étape est censée permettre au pratiquant de comprendre le but recherché et de détecter les informations utiles au déclenchement d'un premier modèle de réponse qui donne partiellement satisfaction. Pour Gentile (1972), il s'agit pour le pratiquant novice de « saisir l'idée du mouvement » pour parvenir à la mise en place d'une première habileté se traduisant pourtant par la mise en place de mouvements saccadés et fragmentés. Les hésitations et approximations repérables dans l'exécution du mouvement sont liées au caractère totalement inhabituel de la séquence motrice qui exige « la programmation sur le jeu du clavier spinal, d'une mélodie cinétique non prévue dans le plan de câblage initial[3] » et nécessite la réorganisation de certaines unités fonctionnelles préexistantes.

◆ Maîtriser

La deuxième étape débute lorsque le pratiquant a défini la meilleure stratégie pour réaliser sa réponse et s'intéresse à des ajustements plus fins dans la réalisation de l'habileté. Dans le cadre de la construction d'habiletés fermées, on considère qu'au cours de cette phase de fixation, le pratiquant cherche à stabiliser un *pattern* moteur fondamental efficace et à l'ajuster aux conditions environnementales réduisant ainsi la variabilité inter-essais. Dans la construction

1. Adams, 1971.
2. Schmidt, 1982.
3. Paillard, 1976.

d'habiletés ouvertes, on considère qu'au cours de cette phase de diversification, le pratiquant cherche à adapter le schéma moteur le plus approprié à la situation pour faire face plus efficacement aux contraintes spatio-temporelles en présence[1]. Cette étape est marquée par les premières disparitions de mouvements parasites qui résultent de la prise en charge partielle du rôle de régulation interne de l'exécution par des réafférences proprioceptives d'abord, puis par une structure de programmation du mouvement. Le contrôle proactif supplante alors le contrôle assuré antérieurement par des informations extéroceptives.

◆ Automatiser

La troisième étape d'apprentissage est marquée par le transfert de fonction de contrôle de l'action. En d'autres termes, le mode de contrôle de l'action change progressivement et le pratiquant n'est plus centré sur les seuls résultats visibles de son action. Il cherche à intérioriser les propriétés des habiletés auxquelles il a recours. Cette étape autonome[2] marque l'indépendance qu'acquiert l'exécution vis-à-vis des demandes attentionnelles antérieures. Le mouvement accède à un niveau d'automatisation qui libère le canal de traitement de l'information et autorise le pratiquant à s'engager dans de nouvelles opérations cognitives et perceptives requises par exemple par le traitement des aspects stratégiques de l'activité. Alors que le traitement des informations relatives à l'exécution du mouvement reste conscient, celui-ci ne requiert plus l'attention qu'il demandait antérieurement. Des fonctions d'anticipation perceptive permettent l'accès à cette phase autonome de l'apprentissage qui donne au pratiquant la possibilité de réaliser plusieurs tâches en même temps. L'accès à ce stade de l'apprentissage est donc indispensable à la performance dans de nombreuses activités qui imposent de réaliser des choix tactiques donnant toute leur pertinence à l'action finale réalisée. Cette étape est donc bien celle à laquelle il faut accéder dans les pratiques sportives qui imposent de faire face simultanément à plusieurs demandes attentionnelles provenant de différentes zones de l'environnement (la balle, les partenaires, adversaires, le but, par exemple).

Bien qu'elle ait été majoritairement employée pour décrire les différentes phases qui permettent au pratiquant de passer d'un stade de débutant à celui d'expert, cette perspective théorique reste peu explicite pour rendre compte des mécanismes qui favorisent la transition entre les différentes étapes d'apprentissage. Certaines études menées dans une perspective dynamique[3] soulignent cette insuffisance en proposant une approche plus qualitative rendue nécessaire par trois constats importants. D'une part, le comportement débutant présente une certaine résistance au changement qu'il paraît nécessaire

---

1. Gentile, 1972.
2. Fitts, 1964.
3. Nourrit, Delignières, Deschamps, Caillou, & Lauriot, 2003.

d'expliquer. D'autre part, la modification de la conduite impose souvent un nombre important d'essais qui dépend à la fois du pratiquant et de la distance existant entre ses coordinations spontanées et celles requises dans la tâche experte visée. On ne peut donc pas attendre que le comportement de tous les athlètes transite vers le même comportement « habile » au même moment. Enfin, le passage d'un mode d'organisation de la conduite à un autre n'est pas abrupt. Il nécessite le passage par une phase de transition, au cours de laquelle les sujets exploitent de manière alternée des modes d'organisation motrice très différents.

b. La perspective dynamique

Dans une perspective théorique dynamique, l'apprentissage passe par trois grandes étapes.

Face à la difficulté de concevoir que le système nerveux puisse contrôler chaque muscle ou chaque unité motrice impliquée dans la réalisation d'une action motrice, la perspective dynamique apporte un éclairage intéressant. Elle permet d'envisager l'existence de stratégies de simplification du contrôle moteur ayant recours à une organisation synergique (groupement de plusieurs paramètres contrôlés) qui réduirait le nombre de degrés de liberté et résoudrait ainsi la question de la complexité de l'action. Ainsi par définition, tout mouvement met en jeu plusieurs articulations pour chacune desquelles le nombre de degrés de liberté correspond au nombre de rotations indépendantes concevables entre les segments qu'elle met en relation. Compte tenu du nombre élevé de degrés de liberté repérables sur un organisme complexe tel que le corps humain, la réorganisation du comportement peut recourir à la mise en place de couplages entre plusieurs degrés de liberté[1] au fil de plusieurs étapes.

◆ Le contrôle

La première étape, dite « de contrôle » consiste à découvrir les aspects essentiels de la coordination à adopter à partir de buts que le pratiquant se fixe de façon à contraindre le système à évoluer. Exposé à la réalisation d'habiletés complexes, spécifiques aux tâches sportives, le pratiquant débutant n'a souvent pas d'autre alternative que de geler une partie des degrés de liberté entrant dans la réalisation de l'action. Au demeurant, ce gel des degrés de liberté est responsable de la rigidité du mouvement qui emploie bien plus de segments que ceux nécessaires à l'action sur le plan articulaire. Ce gel peut passer soit par une fixation articulaire d'une partie du corps, soit par le couplage temporaire entre deux ou plusieurs degrés de liberté (par exemple en mobilisant en phase deux articulations). Cette stratégie permet au débutant de résoudre, dans un premier temps, la question de la production d'une réponse qu'il peut contrôler.

1. Turvey, Fitch, & Tuller, 1982.

Une telle adaptation initiale leur permet d'apporter une première réponse même si celle-ci n'est pas la plus efficace ni la plus efficiente.

◆ L'exploration

Ce n'est que dans une deuxième étape, dite d'exploration, que le couplage inter-segmentaire diminue et que les mouvements articulaires gagnent en amplitude. Cette seconde étape d'apprentissage est marquée par une libération progressive du contrôle rigide des degrés de liberté, c'est-à-dire un dégel sélectif des éléments intégrables à un assemblage temporaire de synergies musculaires. Cette libération graduelle des degrés de liberté et leur incorporation à un système dynamique contrôlable ne se fait pas de manière anarchique[1]. Pour certains auteurs[2], elle semble suivre une logique céphalo-caudale (du haut vers le bas), et proximo-distale (concernant le centre du corps avant de concerner les extrémités). Pour d'autres auteurs[3], elle serait plutôt une réponse à une hypothèse biomécanique selon laquelle les muscles proximaux plus puissants et prioritairement concernés par le contrôle économique de l'action seraient les premiers concernés. Au cours de cette étape, le pratiquant lutte contre la prégnance des comportements spontanés et naturels. Au fil des essais, on assiste à une diminution de la force des attracteurs que l'on met au compte d'une action sur des paramètres de contrôle[4] tels que la fréquence d'oscillation des membres ou la vitesse d'exécution d'une action par exemple[5]. Certes, cette phase d'apprentissage passe par des conflits moteurs qui sont d'autant plus difficiles à résoudre que la coordination à apprendre est qualitativement différente et donc éloignée des attracteurs du système de production.

◆ L'exploitation

Dans la troisième étape, dite d'exploitation, l'organisation motrice devient plus économique. On attribue cette qualité à la capacité du pratiquant à mieux utiliser des forces passives de l'environnement. Dans de nombreux sports de glisse (par exemple aviron), la performance ne dépend pas seulement des qualités musculaires favorisant la réalisation de l'action mais de la capacité de l'athlète à mettre en jeu ces actions au moment opportun, c'est-à-dire en tenant compte des forces de l'environnement (vent, courants...). Ainsi, les athlètes qui s'exercent dans des activités sportives de pleine nature (canoë-kayak, voile...) savent à quel point il est important de tenir compte des informations liées à l'environnement pour choisir de placer une action décisive. L'expert est donc l'athlète qui sait attendre le moment propice pour mettre en place une action opportuniste en évitant de s'épuiser à contrarier les forces du milieu qui

1. Whiting, Vogt, & Vereijken, 1992.
2. Newell, Kugler, Van Emmerik, & McDonald, 1989.
3. Newell & McDonald, 1995.
4. « Tout facteur non spécifique susceptible lorsqu'il évolue au-delà d'une valeur critique de modifier le paysage des attracteurs » (Delignières, 1998).
5. Walter & Swinnen, 1990.

s'exercent sur les actions qu'il produit. Si dans l'étape précédente, le pratiquant cherchait le type de fréquence le plus opérant à la réalisation de l'habileté, dans cette dernière période, il concentre ses efforts afin d'ajuster sa fréquence d'action à la fréquence de résonance du système et à utiliser d'autres phases du mouvement pour rendre la coordination motrice moins difficile à contrôler.

Application sur le terrain

Comme nous venons de le voir, l'acquisition de techniques sportives passe par des étapes d'apprentissage marquées par des bouleversements qualitatifs de la motricité. Si chaque athlète doit franchir ces étapes pour améliorer son comportement et ses performances, il ne faut pas s'attendre à ce que chaque pratiquant d'un groupe qu'on entraîne accède au même moment à des modes de coordination relevant de l'expertise. Enfin, il est préférable de ne pas prédire que ceux qui parviendront à installer le plus tôt les nouvelles coordinations souhaitées seront ceux qui accèderont au plus haut niveau de performance final.

5. Les conditions d'apprentissage

a. *Qu'est-ce qu'un environnement favorable à l'apprentissage ?*

Les habiletés motrices ont d'autant plus de chance d'évoluer que les jeunes pratiquants sont placés très tôt dans un environnement rendu favorable par l'entraîneur. Or, pour participer à la construction d'une motricité sportive chez les plus jeunes, il convient de considérer qu'une habileté motrice nouvelle résulte de la combinaison d'unités comportementales de base[1], appelées « sous routines[2] » ou « opérations[3] ». Celles-ci correspondent à des sous-programmes permettant d'atteindre des objectifs intermédiaires appelés sous-buts. Comme l'indique Bruner :

> « L'action maîtrisée, tournée vers un but, peut être interprétée en termes de construction d'actes constitutifs ordonnés en série dont la réalisation tend, par modification, à une plus grande régularité, à un plus fort coefficient d'anticipation et à une plus grande autonomie. Les composants de l'acte moteur maîtrisé sont produits intentionnellement en réponse à des impératifs définis et susceptibles – dans les limites imposées par l'anatomie – de variation continue concernant divers attributs. »

1. Paillard, 1976.
2. Bruner, 1970.
3. Léontiev, 1976.

L'initiation sportive ne part donc pas de rien et nécessite de considérer le pratiquant comme un être disposant de coordinations déjà installées. Elle ne peut donc pas se passer d'une connaissance du développement des habiletés motrices fondamentales. Or, ces connaissances suggèrent que les habiletés motrices répondent initialement à des sous-buts distincts qui participent à la réalisation d'actions sportives de plus haut rang à condition qu'elles fusionnent. Or, cette « fusion » relève selon Bruner d'un processus de modularisation qui ne saurait être simplement assimilé à une juxtaposition d'habiletés fondamentales.

Ainsi, pour exécuter un tir en suspension au handball, il ne suffit pas à l'enfant de savoir courir, savoir sauter et savoir tirer. Ces différentes actions fondamentales doivent acquérir une spécificité dans le contexte de l'action sportive pour trouver l'ajustement nécessaire à leur intégration dans un timing d'organisation motrice optimal contribuant à l'exécution de cette technique. Pour aider l'enfant à organiser progressivement une unité dotée d'autonomie et autocontrôlée, l'aménagement matériel des situations d'apprentissage est souvent nécessaire. Il vise à permettre aux habiletés élémentaires de s'affranchir de leur contexte original pour être ensuite intégrées à des séquences nouvelles en adaptant par segmentation ces actes bruts à la structure spatio-temporelle de la tâche nouvelle. Si plusieurs exercices de coordination motrice intégrés à un aménagement du milieu ont nourri une pédagogie des modèles auto-adaptatifs[1], la pratique sportive en contexte naturel reste un support irremplaçable.

b. L'importance de la relation avec l'entraîneur

Sur un plan plus général, les conditions d'apprentissage renvoient aux types d'interactions que l'entraîneur partage avec les athlètes. Or, il paraît important de rappeler que c'est dans l'exigence associée à la bienveillance que se construisent certainement les habiletés les plus réinvestissables. L'exigence s'impose pour conforter l'athlète dans l'idée qu'il est en mesure d'affronter des contraintes élevées et que ses progrès passent par l'émergence de solutions nouvelles qu'un environnement complexe est seul en mesure de procurer. La bienveillance est liée à la compréhension des difficultés que rencontre le pratiquant dans les changements d'organisation motrice imposés par l'accroissement du niveau de difficulté des tâches qui lui sont proposées et qui requièrent persévérance de sa part et patience de celui qui l'accompagne dans ces transformations.

Lorsqu'ils sont engagés dans une activité d'apprentissage, les élèves ont souvent besoin de retours d'information. Comme l'indiquent les travaux de Horn (1985), les *feedbacks* positifs et les encouragements ont tendance à accroître la motivation des pratiquants (*cf.* chapitre 3). Inversement, les *feedbacks* négatifs et les critiques l'amoindrissent notamment lorsque peu de justifications sont apportées pour légitimer la demande de changement. Plus récemment, Sarrazin Tessier, et Trouilloud (2006) ont catégorisé les formes de feedback en six classes :

1. Grehaigne *et al.*, 1999.

- *évaluatifs positifs* (« tu joues mieux qu'avant ») ;
- *évaluatifs négatifs* (« tu es moins bon que Pierre ») ;
- *technique* (« allonge le bras ») ;
- *organisationnel* (« Fred, passe dans l'équipe des bleus ») ;
- *affectif positif* (« c'est bien, continue ») ;
- *affectif négatif* (« tais-toi, Antoine ! »).

Ces travaux ont permis de souligner que les *feedbacks* affectifs positifs et techniques prédisent la motivation autodéterminée des élèves.

L'influence de l'entraîneur est également observable au travers des modes de communication qu'il met en place pour servir un climat soutenant l'autonomie à partir des variables TARGET[1] (*cf.* p. 68). Au-delà des communications verbales, l'entraîneur s'exprime aussi par des communications non verbales (expressions faciales, gestes démonstratifs) qui font l'objet d'un codage de la part des pratiquants. Certaines recherches permettent d'avancer que des sources inconscientes de la motivation sont sollicitées dans certaines situations engendrant une contagion sociale de la motivation (CSM).

Des travaux en neurosciences[2] ont récemment permis d'identifier qu'un système de neurones miroirs s'active de la même façon lorsqu'une personne exécute un geste que lorsqu'elle perçoit ce geste chez une personne qu'elle observe. De récents travaux[3] ont également montré que la motivation intrinsèque pouvait se propager par l'interaction sociale. Les auteurs ont mis en évidence que le simple fait de recevoir des informations sur l'orientation motivationnelle d'un instructeur dans une activité sportive engendrait un changement de la motivation intrinsèque des pratiquants. Ces travaux montrent que l'engagement des pratiquants ne dépend pas forcément des récompenses, ou des *feedbacks* qu'on peut leur adresser. Leur motivation pourrait aussi être affectée par la perception qu'ils développent à propos du niveau de motivation qui anime le comportement de celui qui les entraîne. Ainsi, les entraîneurs peuvent s'attendre à ce que leur humeur du jour et leur motivation du moment soient clairement perçues par les pratiquants qu'ils encadrent et que ces dispositions personnelles aient un effet sur le niveau d'engagement de ceux qu'ils cherchent à faire progresser.

1. Epstein, 1988.
2. Rizzolatti & Sinigaglia, 2008.
3. Radel, 2009 ; Radel, Sarrazin, Legrain, & Wild 2010.

6. Apprentissage et répétition

a. Pour apprendre, dans quelles conditions est-il préférable de répéter ?

Le champ de la motricité sportive est exigeant et l'on ne peut espérer une modification durable du comportement moteur sans qu'un nombre important d'essais sur une tâche ait été effectué. En cela, les progrès moteurs sont acquis à l'issue d'un apprentissage que l'on peut définir comme un processus neurologique interne participant à la modification qualitative du comportement et à l'amélioration des performances en garantissant une stabilité de la conduite[1]. Ce n'est bien souvent qu'à l'issue de nombreuses répétitions que les habiletés parviennent à un stade de contrôle automatique qui permet à l'athlète de se montrer non seulement efficace, mais aussi efficient[2].

L'entraînement vise donc à mettre en œuvre les conditions les plus favorables au développement des qualités physiques et des habiletés qui participent prioritairement à la mise en place des actions. En effet, il ne suffit pas d'une quantité importante de pratique pour qu'une habileté atteigne ce stade de maîtrise. Encore faut-il que ces répétitions se déroulent dans une situation consistante, c'est-à-dire une situation présentant une certaine stabilité entre l'apparition des stimuli et la production de la réponse. Notamment dans le champ de l'apprentissage d'habiletés fermées, la pratique en bloc privilégiant une pratique de plusieurs essais d'une tâche donnée avant de passer à une autre tâche constitue une condition d'entraînement visant la consistance de la pratique. Cette précaution est prise en considérant que lorsque le pratiquant retrouve des informations de même nature, il est amené à produire des réponses d'une grande ressemblance et d'une plus grande stabilité. On notera qu'il n'est pas nécessaire que les pratiquants soient informés de cette régularité ni qu'ils en aient conscience pour accéder à l'automatisation[3].

b. Une motricité opportuniste

Néanmoins, la consistance de la pratique pose un problème dans le cadre de l'acquisition d'habiletés motrices qui participent aux performances dans un environnement imprévisible et changeant. De nombreuses activités sportives (sports collectifs, sports de combat, sports de raquette, par exemple) reposent sur des habiletés ouvertes. Ces activités sportives demandent ainsi au pratiquant de disposer d'un panel d'habiletés élargi dans lequel il peut puiser pour choisir au dernier moment l'action à réaliser en fonction des conditions de jeu qui s'imposent. La performance dépend alors de la capacité de l'athlète à choisir la réponse la plus opportune et de la réaliser. Dans ce cas, la stabilisation d'une

1. Fleishman, 1967 ; Durand, 1987.
2. Famose, 1987.
3. Schiffrin & Schneider, 1977.

réponse motrice standardisée paraît insuffisante au développement d'une motricité opportuniste impliquée dans des situations changeantes auxquelles il convient de s'adapter en permanence. L'entraîneur peut alors judicieusement envisager une pratique distribuée au cours de laquelle des classes de plusieurs mouvements sont vécues en ordre aléatoire lors de plusieurs essais successifs. On considère généralement que cette variabilité oblige le pratiquant à re-paramétrer à chaque essai un programme moteur adapté à la mise en place de chaque réponse motrice pouvant constituer une possible solution. La pratique alternée vise donc à rendre ces réponses plus disponibles dans son répertoire comportemental. Ainsi, ces réponses ont plus de chance d'être maintenues en parallèle pour faire face à l'incertitude lors des situations de compétitions auxquelles il se prépare.

En résumé, on peut noter que dans les tous premiers essais la pratique en bloc peut s'avérer intéressante pour le pratiquant novice dans la mesure où il lui faut réaliser plusieurs fois le mouvement avant de parvenir à l'exécuter correctement une seule fois. Il s'agit tout d'abord pour le débutant de maximiser une première approximation du mouvement. Par la suite, la pratique aléatoire serait préférable notamment dans le cadre des pratiques sportives demandant à faire face aux incertitudes (spatiale, temporelle et événementielle) de l'environnement naturel ou humain. Tout l'enjeu est de participer à l'évolution de la motricité technique du pratiquant sans standardiser ses réponses tant on sait que dans certaines circonstances compétitives, la performance émerge d'une réponse tout à fait unique face à un problème tout aussi inédit. La préservation de la disponibilité de l'athlète semble bien ici reposer sur des conditions d'entraînement qui exploitent la « répétition sans répétition[1] ».

7. Apprentissages perceptifs et décisionnels

a. Comment aider les pratiquants à mieux anticiper ?

La réalisation de performances dans de nombreuses activités sportives de pleine nature (ski, kayak, escalade) ou sports d'opposition (judo, tennis, badminton, rugby, handball), par exemple, fait appel au développement d'habiletés perceptivo-motrices[2]. Pour tout entraîneur, comprendre la façon dont les pratiquants construisent de telles habiletés permet de :

- choisir les équipements qui conviennent le mieux à l'ergonomie du sportif ;
- organiser et structurer les tâches d'apprentissage ;
- planifier la pratique et gérer les programmes d'entraînement ;
- prévenir les blessures et instaurer des conditions d'entraînement en adéquation avec les exigences sécuritaires de pratique ;

1. Bernstein, 1996.
2. Brymer & Renshaw, 2010.

- comprendre la nature des différences interindividuelles à différents niveaux de pratique[1].

Dans une perspective cognitive, certains travaux ont permis de considérer que les performances sportives dépendent fortement des capacités de l'individu à répondre rapidement à une situation. Il paraît donc important de mettre en place des situations qui favorisent la mise en place d'un plan de réponse le plus rapide possible à partir des informations extraites de l'environnement. Le but de certaines situations est ainsi de répondre à un signal sans décalage temporel (départ de sprint par exemple). Ces situations centrées sur le temps de réaction (TR) simple (il n'existe qu'un seul stimulus) favorisent la mise en place d'une seule réponse face à une incertitude temporelle relative au moment d'apparition du signal (dans tous les départs en course). Dans des situations sportives plus complexes qui imposent de tenir compte de plusieurs informations apparaissant simultanément ou alternativement, le pratiquant est confronté à des temps de réaction complexes. Ces situations sont typiques des activités sportives impliquant la présence de partenaires et d'adversaires. L'objectif de l'entraînement consiste alors à :

- permettre au pratiquant de rejeter un grand nombre de stimuli non pertinents ;
- influencer l'état de préparation du pratiquant ;
- développer les stratégies de feintes.

La décomposition des tâches sportives complexes en sous-tâches impliquant la poursuite de sous-buts est parfois utilisée pour favoriser l'identification des informations utiles à une prise de décision efficace. D'autres situations visent à permettre au pratiquant de se préparer à l'incertitude[2] en privilégiant le traitement prédictif de l'information plutôt que le traitement réactif utilisé en situation d'urgence. Ainsi, des situations d'entraînement permettent de travailler sur des cas concrets de situations susceptibles d'apparaître en compétition.

b. Le risque

Ces phases d'entraînement conduisent les pratiquants à répéter un scénario en se familiarisant aux indices prédictifs de la situation afin d'y répondre efficacement dans le laps de temps le plus court. Au cours des répétitions, le sportif fait le pari qu'il sera d'autant plus efficace en compétition qu'il préparera son action à l'avance pour ne plus avoir à se concentrer que sur certains paramètres fins de son mouvement dans l'étape d'exécution. Cette préparation totale peut avoir certes les meilleurs effets. Cependant, ce pari peut avoir un prix que l'athlète devra lourdement payer quand l'adversaire aura choisi de produire une action différente de celle attendue et pour laquelle on s'est

1. Renshaw, Davids, Chow, & Hammond, 2010.
2. Temprado, 1988 ; Temprado & Alain, 1993.

complètement préparé. Certes, l'athlète peut recourir au dernier moment à une déprogrammation de la réponse au profit d'une nouvelle plus adaptée à la situation réelle. Cependant, cette déprogrammation/re-programmation de mouvement prend du temps, et souvent trop de temps pour produire une action efficace. C'est la raison pour laquelle, d'autres situations d'entraînement visent plutôt à confronter le pratiquant à plusieurs scenarii l'obligeant à mettre en place une préparation partielle.

Celle-ci consiste à retenir préférentiellement certains aspects de la situation pour n'envisager que certaines réponses plus probables que d'autres pour se préparer à leur apparition dans un temps opportun. De telles situations demandent à l'athlète de maintenir en parallèle plusieurs réponses maîtrisées à un niveau automatique en choisissant de n'exploiter au dernier moment que celle qui s'avère le plus en adéquation avec la situation. Néanmoins, cette forme de préparation comporte un coût cognitif qui n'est pas toujours compatible avec le temps très court de présentation des signaux et le niveau de disponibilité attentionnel et moteur requis par l'activité.

Enfin, certaines situations d'entraînement visent à développer la disponibilité de l'athlète en lui demandant de se placer dans un état de préparation neutre. Ces situations sont tout à fait appropriées à la préparation d'une compétition dans laquelle on sait que l'adversaire est d'un niveau suffisamment élevé pour que les actions qu'il produit ne soient détectables qu'au dernier moment. Au demeurant, ce choix de préparation dépend en grande partie du niveau d'automatisation des habiletés qui seront responsables de la réponse qu'on apportera. En effet, le coût cognitif d'une telle « mise en attente » suppose que l'action efficace soit mise en œuvre au dernier moment, c'est-à-dire sur la base d'une réponse déjà automatisée. Ce choix fait également abstraction des informations qui sont susceptibles d'être masquées par l'adversaire, voire des feintes qu'il peut utiliser dans le but d'induire des réponses qui s'avéreront d'autant plus inopportunes qu'il les attend. Ceci explique certainement que dans les activités sportives de confrontation directe (sports de combat par exemple), la victoire revient souvent à celui qui a su optimiser les stratégies incitant l'adversaire à prédire avec trop d'assurance ce qui allait se produire.

c. Anticiper

Sur ce point, sachant que le traitement prédictif a généralement plus de chance de favoriser l'émergence d'une réponse opérante qu'un traitement réactif, on en conclut légitimement que ce n'est pas par hasard que le sportif expert cherche à provoquer plus d'événements qu'à en subir l'imprévisibilité. Il utilise pour cela des stratégies en cherchant à provoquer chez l'adversaire des conduites qu'il pourra d'autant mieux exploiter qu'elles sont prévisibles. Les stratégies d'entraînement des sportifs intègrent une éducation à la préparation motrice et à la feinte à différents niveaux de pratique dans nombre d'activités sportives. Notamment, dans le champ de l'apprentissage d'habiletés ouvertes spécifiques des activités sportives d'opposition interindividuelles ou collectives, des propositions ont été apportées par la pédagogie des modèles de décisions tactiques centrée sur la présentation des informations essentielles à l'orientation des actions en jeu[1].

Dans une perspective plus écologique, d'autres auteurs[2] envisagent une approche centrée sur les contraintes pour mieux rendre compte des relations complexes qui s'instaurent entre le pratiquant, le milieu naturel et la tâche qu'il veut accomplir. Cette approche invite à considérer que chaque athlète perçoit l'environnement et les événements qui s'y produisent en fonction de ce qu'il est. Elle invite également l'entraîneur à concevoir chaque athlète comme un pratiquant qui cherche à développer sa propre perfection à son propre rythme.

En fonction de ses caractéristiques anthropomorphiques, de ses qualités physiques, de son niveau d'habileté, de son état d'anxiété et de sa motivation à franchir les obstacles, chaque pratiquant est un être unique en exercice. Il organise sa motricité de façon individuelle en fonction de ces perceptions personnelles. La notion d'affordance qui renvoie aux perceptions d'invariance qu'un individu peut élaborer dans ses relations multiples à l'environnement en fonction de ses dispositions corporelles personnelles donne tout son sens à cette approche théorique de la motricité. Les affordances sont spécifiques et intègrent les propriétés morphologiques[3] du pratiquant qui perçoit l'environnement en termes d'actions possibles et d'adaptations personnelles. Cette vision théorique a des implications sur le choix des procédures de guidage auxquelles l'entraîneur peut recourir lorsqu'il cherche à faire progresser l'athlète sur le registre des choix perceptivo-moteurs que celui-ci peut mettre en place sur le terrain.

8. Guider en démontrant

a. Faut-il recourir à la démonstration ?

La démonstration constitue pour l'entraîneur un précieux gain de temps. Elle lui permet d'éviter de recourir à une description technique du mouvement dont la représentation paraît souvent difficile, notamment pour les pratiquants débutants. Cependant, la perfection avec laquelle l'entraîneur peut démontrer un mouvement à acquérir ne saurait véhiculer une image rigide du mouvement à reproduire sans générer des grandes difficultés chez des pratiquants qui non seulement ne disposent pas du même niveau d'habileté, mais ne disposent pas non plus des mêmes qualités physiques ni de l'expérience dans le milieu naturel où se produit l'action. En cela, aussitôt qu'il utilise la démonstration, l'entraîneur peut concevoir qu'il constitue un modèle guidant les représentations symboliques qui servent à la planification et au contrôle de l'action des athlètes

1. Bouthier, 1984.
2. Davids *et al.*, 2010 ; Chow *et al.*, 2009 ; Renshaw *et al.*, 2010.
3. Warren, 1984.

qu'il entraîne. Cette considération a amplement guidé les propositions de la pédagogie des modèles d'exécution.

Les approches de l'apprentissage moteur ont régulièrement rappelé la place centrale qu'occupaient les modèles dans l'acquisition d'habiletés motrices, tout en suggérant de bien peser les avantages et les inconvénients de la démonstration. En effet, l'expert est souvent amené à constater le décalage important, entre ses propres capacités de représentation et d'exécution et celles dont disposent pratiquants jeunes ou inexpérimentés. En cela, plus que pour orienter l'attention du pratiquant sur la réalisation du « mouvement parfait », il utilise avant tout la démonstration pour inciter le pratiquant à se fixer le but clair à atteindre. Néanmoins, la démonstration réalisée par un expert est susceptible de brider la créativité du jeune en phase d'apprentissage. Au final, la question est peut-être uniquement de savoir s'il faut démontrer ou pas, mais plutôt qui démontre et pourquoi. En effet, une démonstration assurée par un pair permet potentiellement à celui qui apprend de se dire que « s'il y arrive, alors je vais y arriver aussi » ce qui en retour aura un effet sur le sentiment d'efficacité personnelle (*cf.* p. 86).

b. Les théories cognitives

En références aux théories cognitives de l'apprentissage moteur, il est possible de penser qu'une démonstration pourrait avantageusement aider les sportifs en cours d'apprentissage à mieux se construire une représentation servant de référence externe. Partant du principe selon lequel toute rétroaction obtenue au cours ou à l'issue de l'action permettait d'établir une comparaison avec une référence interne favorisant ainsi grandement l'apprentissage. Initialement, le modèle d'Adams (1971) permet d'envisager que le système moteur soit constamment alimenté en réafférences proprioceptives et extéroceptives servant à corriger le mouvement. Ainsi, les réafférences internes générées par le mouvement, et les renseignements fournis par le modèle portant le nom générique de connaissance des résultats (CR) apparaissent comme des facteurs déterminants dans l'amélioration des performances motrices faisant appel à deux états de mémoire (trace mnésique et trace perceptive).

Selon la théorie de la boucle fermée, la répétition permet d'affiner le geste, d'en augmenter la précision, et la possibilité de le reproduire de façon de plus en plus efficiente. Les stimuli produisent une trace perceptive conservée dans le système nerveux central qui constitue une valeur de référence à laquelle seront comparés les futurs essais. L'observation d'un modèle pourrait ainsi constituer un référentiel externe précieux sur la base duquel le modèle interne de mouvement pourrait se construire par réduction d'écart entre ce que le pratiquant observe et ce qu'il reproduit. De telles données seraient notamment particulièrement utiles aux débutants qui peuvent rencontrer des difficultés à mettre en place un premier programme moteur sans qu'aucune indication préalable ne leur ait été fournie.

Parallèlement, la théorie du schéma de Schmidt (1997) propose de considérer deux états de mémoire (de rappel et de reconnaissance). La mémoire de rappel est responsable du lancement de l'action. La mémoire de reconnaissance correspond davantage à un système sensoriel qui prend en compte les effets de l'action une fois le mouvement effectué. Là encore, la démonstration engageant une activité d'observation chez les pratiquants semble être précieuse. Comme l'indiquent McCullagh et Weiss (2001), lorsqu'un pratiquant émet une réponse, il enregistre un certain nombre d'informations. Celles-ci sont relatives :

- aux conditions initiales de l'action,
- aux caractéristiques du programme moteur généralisé,
- aux résultats du mouvement,
- aux conséquences sensorielles de la réponse.

Ces informations sont rassemblées dans deux schémas :

- le schéma de rappel relatif à la production de la réponse ;
- le schéma de reconnaissance relatif à l'évaluation des caractéristiques de la réponse.

Schmidt va plus loin qu'Adams en considérant qu'à la fois les réponses correctes et incorrectes sont stockées dans ces espaces de mémoires et pourraient contribuer à l'affinement du schéma en donnant une image réaliste de l'activité d'apprentissage dans le champ de la motricité sportive.

c. Les théories écologiques

Comparativement, les théories écologiques de la motricité postulent que l'action est directement issue de la rencontre perceptive entre l'individu, son environnement et la tâche qu'il veut accomplir. En cela, tout objet n'est perçu qu'au travers des possibilités d'action que l'individu peut avoir sur lui. C'est dans l'interaction qu'entretiennent l'organisme et l'environnement que le concept d'affordance traduit l'adaptation motrice du sujet au milieu qu'il appréhende avec ses propres caractéristiques. Notamment, la théorie de la perception directe[1] part des postulats suivants :

- l'environnement offre une collection de possibilités pour l'action. L'individu explore et s'adapte à l'environnement en fonction de ses caractéristiques morpho-énergétiques ;
- l'information que le sujet perçoit et qui dirige son action est directement disponible dans l'environnement, le système sensoriel étant conçu pour recevoir cette information et ne nécessitant pas le recours à des représentations ;
- l'action crée l'information et l'information spécifie l'action ;

1. Gibson, 1979.

- les affordances sont spécifiques à chaque sujet et intègrent ses propriétés morphologiques[1].

Cette position théorique permet de considérer que l'activité d'observation des pratiquants n'a pas besoin de la médiation de processus cognitifs pour passer de l'observation à l'action. Les observateurs perçoivent uniquement les invariants du pattern de mouvement, c'est-à-dire les informations qui se rapportent aux relations existant entre les composantes de la réponse, et non les caractéristiques spécifiques des mouvements démontrés[2]. Des recherches se référant à ce courant écologique ont montré que le modelage conduisait à de meilleures performances que l'instruction verbale dans le cadre de l'acquisition d'habiletés motrices[3]. Cependant, davantage de recherches demandent à être menées pour confirmer ce point de vue théorique.

Résumé

Les travaux menés dans une perspective cognitive de l'apprentissage moteur ont indiqué que l'observation d'un modèle permettait d'élaborer une représentation cognitive de la tâche à apprendre. De plus, Bandura (1977, 1986) a envisagé que cette représentation servait utilement de standard de référence à des mécanismes de détection et de correction d'erreurs. Ces études ont favorisé l'examen de l'hypothèse, déjà avancée par Adams (1971), selon laquelle l'apprentissage par observation et l'apprentissage par la pratique physique relèveraient de processus cognitifs similaires. Par ailleurs, elles ont contribué à suggérer l'intérêt de recourir à des procédures d'éducation de l'observation compte tenu des processus cognitifs impliqués dans cette activité. Contradictoirement, les recherches d'inspiration écologique ont plaidé en faveur d'un allégement des procédures de guidage accompagnant l'observation et la pratique physique. Ce courant théorique préfère souligner l'intérêt de spécifier l'endroit où il est nécessaire d'observer plutôt que de préciser ce qu'il faut observer. Ainsi, les deux courants théoriques s'opposent fortement relativement à la nature des connaissances impliquées dans l'apprentissage par observation considérées comme utiles à l'action.

d. À quelle condition la démonstration est-elle efficace ?

Plusieurs travaux[4] ont régulièrement rappelé que pour expliquer les effets différenciés de l'apprentissage par observation, il paraît important de considérer les caractéristiques du modèle, les caractéristiques de la tâche et les caractéristiques de l'observateur (niveau d'expertise, âge).

1. Warren, 1988.
2. Scully, 1986, 1987 ; Williams, 1989.
3. Schoenfelder-Zohdi, 1992.
4. Druckman & Bjork, 1991 ; Ferrari, 1996.

◆ Caractéristiques du modèle

Dans le contexte sportif, les entraîneurs utilisent la démonstration des habiletés qu'ils désirent voir reproduire par les athlètes. Dans ces circonstances, ils s'appliquent généralement pour fournir un modèle fiable dans le but d'aider les pratiquants novices à engager les répétitions nécessaires et à se montrer persévérant. Cette démonstration véhicule deux informations importantes. D'une part, elle informe le pratiquant sur le but à atteindre et sur les déterminants de la réalisation de l'action. D'autre part, elle fournit une comparaison entre ce qui est exigé au niveau d'expertise avancé et ce qu'il maîtrise actuellement. Plus la démonstration relève d'un niveau d'expertise avancé et plus elle peut présenter une distance importante avec le niveau de celui qui apprend. Au-delà de la perfection qui la caractérise, encore faut-il que la démonstration de l'expert ne dissuade pas le pratiquant de s'engager dans l'activité d'imitation. Or, si l'entraîneur expert représente le modèle le plus compétent, il constitue également le modèle le plus distant comparativement aux modèles apprenants plus concrets, fidèles et accessibles à l'observateur. Notamment, lorsque le modèle est extrêmement productif et que les observateurs ne possèdent que des savoir-faire limités, les efforts créatifs de ces derniers peuvent conduire à une évaluation négative de leur prestation comparée à celle du modèle : « le modelage créatif prolifique peut ainsi décourager les moins doués[1] ». Les travaux de Lewis (1974) ont permis de souligner dans des tâches motrices l'intérêt de recourir à des modèles apprenants, encore appelés *coping*-modèles.

Ces modèles qui sont loin de maîtriser les habiletés requises, mais qui dominent leurs difficultés en « faisant face » à celles-ci sont apparus intéressants. Notamment dans des conditions de pratique sollicitant des ressources affectives, une étude[2] montre l'intérêt d'exposer à des modèles débutants des enfants craignant l'eau au cours des premiers apprentissages. D'autres travaux[3] ont suggéré de porter une attention particulière à l'ajustement du modèle aux compétences de l'observateur suivant l'idée de challenge optimal de modélisation[4]. Ainsi, le fait d'observer le modèle émettre des essais lors d'une phase d'acquisition, loin de constituer une source de confusion apparaît favorable à l'apprentissage. Les bénéfices pourraient être notamment motivationnels. En effet, le fait d'observer un modèle apprenant persévérer dans une tâche et parvenir à surmonter les difficultés peut avoir un effet favorable sur les attentes d'auto-efficacité de celui qui observe. Comme le rappelle Bandura (2003) :

---

1. Bandura, 1977.
2. Weiss, McCullagh, Smith, & Berlant, 1998.
3. Lafont, 2002 ; Lafont *et al.*, 2005.
4. Écart optimal entre le niveau actuel de l'observateur et le niveau de compétence démontré par le modèle.

> « Les personnes identiques ou ayant des aptitudes légèrement supérieures fournissent l'information comparative la plus utile pour évaluer ses propres capacités. »

Cette remarque invite à considérer qu'au-delà des informations qu'elle véhicule sur le mouvement, la démonstration peut constituer un puissant levier motivationnel vis-à-vis de l'apprentissage moteur.

◆ Caractéristiques de la tâche

Plusieurs recherches[1] ont contribué à souligner que les informations sur lesquelles se fonde le modelage sont fortement dépendantes du type de tâche impliqué dans l'observation. De plus, ces travaux ont parfois montré que des tâches d'apprentissage moteur contenaient des éléments qui n'étaient pas toujours directement observables. Par exemple, Adams a indiqué qu'un observateur qui avait accès à une connaissance du résultat (CR) du modèle réussissait mieux qu'un observateur privé de cette information. Cette information supplémentaire offre à l'observateur la possibilité d'associer l'activité de résolution de problème du modèle à des motifs de réussite ou d'échec ponctuant les tentatives qu'il conduit. Il ne suffit donc pas toujours d'exposer des pratiquants à une démonstration pour en faire des observateurs.

En substance, il est possible d'envisager que de nombreuses situations motrices restent difficilement observables compte tenu des caractéristiques environnementales et des habiletés parfois complexes qu'elles mobilisent. Ceci explique l'intérêt de favoriser le prélèvement d'informations dans les situations sportives aux caractéristiques instables. Notamment, compte tenu de la complexité des habiletés impliquées dans les pratiques sportives, la détermination précise de la qualité des résultats n'est pas toujours facile à mener. Dans ce cas, l'apport extérieur d'une information sur le résultat (CR) du modèle ou des *feedbacks* de correction apportés aux modèles débutants peuvent consolider l'observation, principalement lorsque celle-ci est menée par des pratiquants peu expérimentés. D'autres facteurs se rapportant plus spécifiquement au niveau d'expertise ou à l'âge de l'observateur ont également été invoqués pour suggérer d'aider les plus jeunes et les moins expérimentés à observer.

◆ Caractéristiques de l'observateur

Cette question nécessite de considérer deux éléments : le niveau d'expertise et l'âge des pratiquants qui observent.

Caractéristiques liées au niveau de compétence de l'observateur. Les bénéfices spécifiques de l'observation sont généralement attendus dans les premières étapes d'acquisition à l'occasion desquelles le codage symbolique fournit un

1. Cadopi, Chatillon, & Baldy, 1995 ; Herbert & Landin, 1994 ; Shea, Wright, Wulf, & Whitacre, 2000.

cadre de référence de correction cédant sa place au fil de la pratique, à un schéma de l'action élaboré par abstraction, au sens où l'entend Schmidt (1988). Ainsi, la pertinence de l'apprentissage par observation est principalement invoquée aux premiers stades de l'apprentissage pour faciliter la stabilité et la régularité de pattern de mouvements, voire augmenter l'anticipation et le timing d'action[1]. Comparativement, il est peu fait état de cette procédure au stade de l'efficience des habiletés où l'importance de la pratique répétée semble devoir être considérée comme un élément déterminant de la réalisation de performances.

Au demeurant, les faibles compétences à réaliser une habileté ou à imiter un modèle sont souvent associées à de faibles capacités à discriminer les indices pertinents d'exécution d'une tâche. En cela, Adams (1986) a rappelé la nécessité de mettre en évidence les caractéristiques des tâches pour des pratiquants débutant et lorsque ceux-ci étaient exposés à la démonstration d'un pair. Complémentairement, Schmidt (1997), indiquant que certaines situations peuvent concourir à un apport trop important d'informations, a suggéré que des techniques de repérage soient employées pour mettre en évidence les indices sur lesquels concentrer son attention. Le manque d'expertise d'observateurs novices pourrait donc constituer un facteur limitant de l'apprentissage par observation. Parallèlement, plusieurs études soulignent l'importance de prendre en considération l'âge des observateurs.

Caractéristiques liées à l'âge de l'observateur. La théorie de l'apprentissage socio-cognitif par observation (ASCO) a très tôt suggéré le caractère développemental des processus d'attention, de rétention, de production et de motivation[2]. En cela, les enfants les plus jeunes sont généralement moins capables que leurs aînés de rappeler en mémoire des informations et de reproduire des séquences de mouvements. Ils ont également plus de chances de reproduire autant d'indices non pertinents que d'indices pertinents se rapportant à la tâche qu'ils ont observée. Ces constats sont liés à la maturation des capacités de stockage en mémoire, du système de rappel, de l'habileté à discriminer les indices pertinents de la tâche, et aux capacités physiques entrant dans la production des actions modelées chez les pratiquants les plus âgés[3].

L'apprentissage par observation peut certes se révéler efficace pour engager de jeunes pratiquants à s'investir dans une activité sportive. Néanmoins, un tel apprentissage passe par la mobilisation de processus cognitifs dont le niveau de développement ne coïncide pas toujours avec la complexité des tâches sportives à observer et à reproduire. Notamment, la maturité de ces processus (attention sélective, vitesse de discrimination, contrôle) permettant aux enfants

1. Carroll & Bandura, 1982 ; Gould & Roberts, 1982 ; Lee & White, 1990 ; Pollock & Lee, 1992 ; Schmidt, 1988 ; Weeks, 1992.
2. Bandura & Jeffery, 1973.
3. Yando *et al.*, 1978 ; Cadopi, Chatillon & Baldy, 1995.

de dénommer, répéter, organiser efficacement des informations est atteinte vers 12 ans[1]. De tels constats invitent les entraîneurs à prendre des précautions lorsque la démonstration s'adresse à de jeunes sportifs débutants.

e. Quelles autres alternatives pour guider les apprentissages ?

Parmi les autres procédures de guidage exploitables par l'entraîneur, l'approche centrée sur les contraintes laisse une place notable aux dispositifs qui permettent d'aménager le milieu ou d'aménager la tâche. Ces aménagements peuvent passer par une adaptation du matériel aux caractéristiques des pratiquants. Ainsi, le matériel (longueur des skis ou de la pagaie) est aujourd'hui choisi en fonction de l'âge et du niveau de pratique. Cette adaptation matérielle préside souvent à la mise en place de tâches pédagogiquement construites de façon à aider le pratiquant à trouver le mode de coordination le plus efficace. C'est ainsi qu'en tennis, on pourra demander à des débutants de frapper des balles en mousse à l'aide d'une raquette adaptée (manche court et large tamis). Plutôt que de proposer une décomposition de la tâche complexe en unités spécifiques à maîtriser, puis à associer, l'approche par contraintes préconise de solliciter les capacités d'auto-organisation du pratiquant dans des tâches présentant un défi optimal et suscitant son attention sur des aspects significatifs.

Ainsi, il s'avère souvent inutile de focaliser l'attention des débutants sur les aspects techniques de son ascension en escalade qu'il ne pourra prendre en compte que lorsqu'il se sera familiarisé avec l'environnement. Il est souvent préférable de favoriser dans un premier temps une focalisation sur le but à atteindre[2]. Il s'agit de favoriser un meilleur couplage information-mouvement à partir de la détection des informations primordiales qui organisent les coordinations actuelles du pratiquant. Entraîner ne consiste pas seulement à savoir que les experts manifestent une flexibilité attentionnelle que des novices ne parviennent pas à mettre en œuvre dans des sports nécessitant l'implication d'habiletés ouvertes tels que la boxe[3], le hockey[4], le football[5], le volley-ball[6]. Toute l'expertise de l'entraîneur tient à sa capacité à mettre en place les situations aménagées qui permettent de jouer sur certaines caractéristiques de la tâche que le pratiquant ne peut pas prendre immédiatement en charge compte tenu de la complexité de l'action, sans pour autant dénaturer l'activité dans laquelle il est engagé. Quand il s'agit d'aider le pratiquant à faire des choix, l'exposition à différents scenarii peut le conduire à expérimenter différentes réponses plus ou moins opportunes en fonction des événements. C'est notamment au cours

1. Gallagher *et al.*, 1996.
2. Wulf *et al.*, 2001, 2002.
3. Nougier, Ripoll, & Stein, 1989.
4. Enns & Richards, 1997.
5. Lum, Enns, & Pratt, 2002.
6. Castiello & Umilta, 1992.

de cette exposition que se construisent les couplages perception-action qui participent à l'éducation sportive et président à la capacité de faire les meilleurs choix au meilleur moment.

9. Apprentissage et nouvelles technologies

a. Les nouvelles technologies constituent-elles une aide aux apprentissages ?

Dans le champ des pratiques physique et sportive, les nouvelles technologies font leur entrée pour assister les athlètes de haut niveau dans la gestion de leur entraînement et de leurs performances, mais également des pratiquants amateurs qui supervisent un programme d'entraînement qu'ils élaborent personnellement pour entretenir leur condition physique. Les nouvelles technologies sont également de plus en plus présentes aux côtés des arbitres qui trouvent dans leur utilisation des moyens d'exercer leurs fonctions avec une plus grande efficacité. Chez les adolescents présentant des pathologies chroniques, les nouvelles technologies sont employées pour favoriser la pratique d'exercices physiques et de développement de saines habitudes de santé. Cependant, peu de travaux se sont encore intéressés à l'influence des technologies de l'information et de la communication pour l'éducation dans le champ de l'initiation sportive et de l'éducation physique et sportive[1]. Par ailleurs, aucune étude n'a examiné l'influence des TICE sur la motivation des jeunes pratiquants à s'investir dans des activités physiques et sur l'acquisition de compétences à développer une expertise dans la lecture et la correction de comportements moteurs. En cela, il est possible de se demander dans quelle mesure les TICE peuvent constituer une aide à l'investissement des élèves dans les cours d'EPS ?

Si rares sont les travaux ayant examiné l'effet des TICE sur les apprentissages moteurs, des études montrent que les animations visuelles (qui intègrent les TICE) peuvent aider les élèves à mieux coordonner leurs perceptions et leurs actions[2]. Notamment pour des élèves débutants, la représentation du mouvement à acquérir pourrait fortement dépendre des artefacts utilisés[3]. Certains outils pourraient ainsi constituer des aides à l'apprentissage dans la mesure où leur utilisation permet de dépasser la présentation statique du mouvement au profit de ses caractéristiques dynamiques[4]. En cela, la trajectoire du mouvement, les changements de vitesse et les coordinations inter-segmentaires pourraient être mieux saisis par l'utilisation de ces outils[5]. Par ailleurs, la pratique d'activités physiques où les conduites des élèves ne sont

1. Thomas & Stratton, 2006.
2. Plumert, Kearney, Cremer, Recker, & Strutt, 2010.
3. Legrain, *et al.*, 2011.
4. Elbourn & Cale, 2001 ; Hennessy, Ruthven, & Brindley, 2005.
5. Bétrancourt & Tversky, 2000 ; Michas & Berry, 2000.

pas animées par une motivation intrinsèque, les procédures de guidage utilisées par l'enseignant peuvent se révéler inégalement efficaces. Principalement, les outils utilisés par l'enseignant pourraient exercer une influence sur le niveau d'engagement des élèves dans une pratique physique non immédiatement gouvernées par une recherche de plaisir. Des études[1] montrent ainsi que lorsque le climat d'une classe favorise la satisfaction des besoins psychologiques fondamentaux (autonomie, affiliation, compétence[2]), et lorsque les outils pédagogiques sont adaptés à la complexité des tâches à réaliser, les élèves témoignent d'une plus grande motivation autodéterminée à s'impliquer dans les situations d'apprentissage. La question est de savoir si l'intégration de nouvelles technologies à l'enseignement de l'éducation physique et sportive peut être de nature à constituer une aide motivante à l'apprentissage comparativement à des situations éducatives employant des médias plus traditionnels (fiches papier présentant schémas et consignes) pour guider les élèves dans leurs acquisitions.

b. La motivation et les TICE

Une étude récente[3] s'est attachée à répondre à cette question à partir d'un modèle visant à examiner dans quelle mesure l'intégration des TICE associée à la perception par les élèves du soutien à l'autonomie était de nature à influencer directement et indirectement (via la satisfaction des besoins psychologiques et la motivation autodéterminée) l'acquisition de compétences cognitives et motrices en gymnastique. La condition d'apprentissage TICE – impliquant l'utilisation de pocket-PC, de caméras, d'un ordinateur relié à un tableau blanc interactif – a été comparée à une condition d'apprentissage traditionnelle de la gymnastique par atelier à l'aide de fiches.

D'une part, les résultats issus du modèle en piste causale confirment que la perception de soutien à l'autonomie de la part des professeurs est positivement reliée à la satisfaction des besoins psychologiques qui, elle-même est associée à des niveaux élevés de motivation autodéterminée. En d'autres termes, plus les élèves se sont perçus autonomes, compétents et reliés entre eux dans les situations d'apprentissage et plus ils ont manifesté une motivation autodéterminée dans la pratique de la gymnastique. Ces résultats sont cohérents avec la littérature portant sur l'influence du style d'intervention du professeur sur la motivation des élèves[4]. D'autre part, les résultats montrent que l'intégration des TICE dans les séquences d'EPS est positivement reliée à la satisfaction des besoins psychologiques des élèves. Ce résultat s'inscrit dans la continuité des travaux ayant montré que, lorsqu'ils sont formés, les élèves confrontés à des conditions d'apprentissage à l'aide des TICE manifestent plus

1. Ryan & La Guardia, 2000.
2. Ryan, 1995.
3. Legrain, Gillet, Gernigon, & Lafrenière, 2015.
4. Amorose & Anderson-Butcher, 2007 ; Lavigne, Vallerand, & Miquelon, 2007.

d'attention à l'égard des tâches d'apprentissage et considèrent les séquences d'enseignement comme plus attractives[1]. Enfin, les résultats indiquent que la motivation autodéterminée est positivement reliée aux bénéfices cognitifs et comportementaux retirés par les élèves. Ce résultat confirme l'influence de la motivation autodéterminée sur les performances scolaires[2] et sportives[3].

Face aux réticences que génère encore parfois l'utilisation des nouvelles technologies dans certains domaines de l'éducation, cette étude met en évidence que, dans le champ des pratiques motrices, l'intégration des TICE répond aux attentes de satisfaction des besoins psychologiques des élèves. L'étude de Legrain *et al.* (2015) montre que dans la condition TICE, les élèves se perçoivent plus autonomes et compétents dans les tâches qui leur sont proposées que des élèves placés dans une condition non TICE. Enfin, les résultats de cette étude mettent en évidence des bénéfices moteurs (performance) et des bénéfices cognitifs (expertise à détecter des erreurs sur un modèle et à suggérer des régulations). En cela, ces résultats révèlent que la formation des élèves à l'utilisation des TICE constitue une alternative pédagogique aidant les débutants à se construire de façon juste un modèle mental du mouvement à réaliser.

Un tel bénéfice est cohérent avec les travaux menés dans une perspective cognitive du développement moteur, montrant que les débutants peuvent significativement bénéficier de conditions favorisant la mobilisation des processus cognitifs principalement sollicités dans les premières phases d'acquisition. Cependant, il est important de noter que les bénéfices moteurs ne sont pas directement reliés à la condition d'apprentissage mais indirectement influencés par la motivation autodéterminée des élèves. En effet, la condition TICE n'a pas directement généré de bénéfices immédiats dans le champ des réalisations motrices. Ce résultat peut être attribué à l'immaturité des processus d'acquisition (attention, rétention et reproduction) et au niveau d'expertise des participants insuffisamment avancé pour permettre que les bénéfices cognitifs soient associés à une amélioration de la performance motrice[4]. Plus généralement, les résultats de cette étude confortent les attentes des nouveaux programmes éducatifs. En effet, ceux-ci invitent les enseignants à se familiariser aux TICE afin de les intégrer progressivement à leur enseignement. Ils les incitent également à prendre le temps de former les élèves à l'utilisation des TICE dans un contexte d'apprentissage. Loin de la « magie des TICE », il convient de concevoir que leur exploitation à des fins éducatives passe par une formation des pratiquants

1. Höffler & Leutner, 2007 ; Stratton & Finch, 2001.
2. Boiché, Sarrazin, Grouzet, Pelletier, & Chanal, 2008 ; Ratelle, Guay, Vallerand, Larose, & Senécal, 2007.
3. Gillet, Vallerand, Amoura, & Baldes, 2010.
4. Plumert *et al.*, 2010.

notamment au profit des interactions sociales qu'ils peuvent partager au sein de groupes coopératifs dans le cadre de leurs pratiques physiques et sportives.

10. Apprentissage et compétences sociales

a. *Suffit-il de mettre les sportifs en groupe pour leur apprendre à coopérer ?*

Lorsque la tâche de l'entraîneur dépasse l'interaction coach-athlète et qu'il s'agit de s'adresser à une équipe, la question devient alors : Comment faire en sorte que chaque individualité apporte une valeur-ajoutée à l'équipe tout en participant au destin collectif de l'équipe ? Pour répondre à cette question, il convient de concevoir l'action d'entraînement comme une activité tournée vers le groupe et comme une stratégie de construction d'action fondée sur la coopération.

Le groupe se définit comme une « totalité dynamique qui détermine les comportements de ses membres[1] ». Il ne suffit donc pas de rassembler les meilleurs athlètes pour qu'une équipe se constitue. Encore convient-il de préserver cet « ensemble du champ de forces qui agit sur les membres du groupe pour qu'ils restent dans le groupe[2] ». Cet « état dans lequel les membres du groupe travaillent ensemble à la poursuite d'un but commun, pensent en termes collectifs de nous, adoptent une attitude amicale, font en sorte de maintenir le groupe en tant que tel et agissent en tant qu'unité[3] » nécessite de placer l'intérêt collectif au-dessus des préoccupations individuelles. Les récents travaux portant sur cette thématique indiquent que la cohésion renvoie à un « processus dynamique reflétant la tendance d'un groupe à être ensemble et à rester unis dans la poursuite d'objectifs communs et/ou pour satisfaire les besoins affectifs des membres[4] ».

L'harmonie du groupe et l'efficacité de son action dépend en partie des accords explicites à propos des responsabilités de chacun des membres de l'équipe. Elle dépend également des dispositifs mis en place par l'entraîneur visant à lutter contre l'ambigüité de rôle[5]. Celle-ci est susceptible d'apparaître lorsque la compréhension des attentes et des responsabilités dévolues à chacun des partenaires est insuffisante[6]. Certains entraîneurs n'hésitent pas à demander aux joueurs de l'équipe de passer dans un poste différent de celui qu'ils occupent habituellement afin que chacun prenne conscience des attributions dévolues à chacune des fonctions qui participent à la réussite de l'action collective.

1. Lewin, 1948.
2. Lewin, 1959.
3. Muldoon, 1955.
4. Carron *et al.*, 1998.
5. Bosselut *et al.*, 2012.
6. Kahn *et al.*, 1964.

Une telle disposition est de nature à favoriser l'ajustement et la coordination des rôles au sein de l'équipe lorsque chacun revient à son poste d'origine. D'autres situations d'entraînement sont mises en place dans le but de renforcer les liens qui se nouent entre les membres d'un groupe conçu comme une totalité dynamique, c'est-à-dire l'interdépendance[1] des joueurs de l'équipe. Ces dispositions sont prises en concevant que tout changement affectant l'état d'un membre de l'équipe est de nature à produire un changement au niveau de l'état de chacun des autres joueurs, voire de l'intégralité du groupe.

b. L'interdépendance négative

L'environnement sportif est propre à la construction de l'interdépendance négative[2] dans laquelle les pratiquants apprennent à se percevoir en compétition et où l'objectif consiste à gagner individuellement ce qu'il convient de faire perdre aux autres. Si cette forme d'interdépendance est nécessaire à l'engagement dans l'opposition, elle existe également parfois au sein d'une équipe de partenaires. À ce titre, la construction de l'esprit collectif est plus complexe qu'il n'y paraît et l'on ne saurait préjuger qu'il existe au sein d'une même équipe préalablement à toute rencontre. En effet, cet esprit de groupe doit être conciliable avec des temps de sélection où les joueurs sont mis en concurrence. Ces phases de test président souvent à la composition de l'équipe qui représentera les couleurs du club le jour de la compétition et sont jugées stimulantes pour ne retenir que les joueurs les plus opérationnels sur le moment. La tâche de l'entraîneur consistant à faire en sorte que les joueurs se perçoivent positivement interdépendants dans ce climat où règne régulièrement la compétition interindividuelle n'est pas simple. C'est donc souvent la période de sélection passée que le travail de cohésion de groupe se met en place de telle sorte que chaque joueur se sente investi d'une mission qui dépasse ses propres intérêts.

c. L'appartenance

Si certains artefacts participent efficacement au développement d'un sentiment collectif d'appartenance (slogan avant match), il convient de concevoir que c'est sur le terrain et au travers d'actions opératoires que l'entraîneur vérifie l'homogénéité de son équipe au service des victoires qui jalonnent la saison. Au-delà de préserver une ambiance positive d'entente au sein du groupe, il paraît donc crucial de renforcer les combinaisons technico-tactiques dont l'efficacité nécessite d'être éprouvée à l'occasion de séquences d'entraînement pour rendre fluide des dispositifs stratégiques d'une grande complexité. Apprendre à coopérer efficacement au sein d'une équipe ne relève pas seulement de bonnes intentions chez les joueurs. Cet apprentissage mobilise des connaissances

1. Deutsch, 1949, 1962.
2. Deutsch, 1949.

relatives aux dispositifs d'action et aux responsabilités qu'il incombe à chaque joueur d'assumer. Il appartient à l'entraîneur de réserver un temps utile à cet apprentissage au cours des entraînements, c'est-à-dire sur le terrain et à l'extérieur de celui-ci lorsqu'il donne aux joueurs la possibilité de visionner les performances et contre-performances qu'ils ont réalisées.

De récents travaux[1] permettent de répertorier les compétences de l'entraîneur au sein de cinq grandes fonctions. Ils permettent de considérer qu'un entraîneur expert dispose :

- d'une compétence à motiver (influençant l'humeur et les habiletés de ses athlètes) ;
- d'une compétence à forger le caractère (influençant le développement des traits de caractères des athlètes au travers du sport) ;
- d'une compétence dans les stratégies de jeu (conduisant l'équipe lors des compétitions) ;
- d'une compétence technique (permettant d'instruire et d'établir des diagnostics au cours des rencontres) ;
- d'une compétence dans le champ de la préparation physique (permettant de développer de façon optimale les qualités physiques des athlètes).

Faire en sorte que l'équipe se comporte comme un groupe sans amoindrir l'intérêt de voir chacun apporter sa part d'originalité à l'ensemble, telle est la délicate tâche dont les entraîneurs d'équipes amateurs et professionnelles peuvent s'acquitter en s'intéressant à la fois aux perceptions individuelles des joueurs et aux perceptions collectives de l'équipe. Seul le croisement de ces perceptions est susceptible de rendre compte de la vision globale de l'équipe en réponse à la question : « Chacun est-il bien à sa place pour que l'équipe gagne ? ». Ceci ne le dispense par de bien connaître chacun des athlètes composant l'équipe. Notamment de récents travaux portant sur le désir de contrôle[2] montrent que des traits de personnalité peuvent influencer les interactions sociales au sein d'une équipe. Notamment, dans des situations où un athlète expérimenté est invité par l'entraîneur à démontrer un comportement ou à expliquer une stratégie à un partenaire, un conflit de contrôle peut surgir. Il n'est pas évident que l'appariement des deux athlètes soit opérant, notamment si l'athlète expérimenté s'engage dans la tâche de tutelle en contraignant son partenaire à suivre des directives qui le privent de l'autonomie dont il a régulièrement besoin pour se sentir motivé. Les jeunes entraîneurs qui peuvent être perçus par les sportifs qu'ils entraînent comme des pairs[3] peuvent également être exposés à un tel conflit. Il paraît donc souhaitable

1. Myers, Chase, Beauchamp, & Jackson, 2010.
2. Trait de personnalité se rapportant au degré de motivation à contrôler les événements, Legrain *et al.*, 2011.
3. Personne présentant des caractéristiques similaires à celles qui nous qualifient.

que leur formation intègre des connaissances en psychologie pour qu'ils soient préparés à adapter leur conduite d'entraînement aux spécificités des contextes socioculturels qu'ils rencontreront.

En résumé

Les différents éléments qui ont été développés permettent de constater la complexité des processus en œuvre lorsqu'un individu est engagé dans des apprentissages. Ils pointent également la nécessité pour l'intervenant d'être capable d'être patient, et d'accepter que le temps est un facteur déterminant dans l'acquisition de nouvelles habiletés. Cela implique à la fois la capacité à être patient mais aussi à faire des choix. Quels sont les éléments déterminants ? Qu'est-ce qui est premier ? Dès lors, quels sont les critères vraiment importants ? Apporter les éléments de réponse à ces questions doit permettre au professionnel de hiérarchiser les contenus d'apprentissage pour celui qui apprend afin de l'engager dans des tâches simples, et non pas des doubles ou des triples tâches comme cela a pu être évoqué dans l'exemple de la tâche en savate boxe française. Finalement, il est possible de résumer cela en disant qu'il est impossible de tout enseigner en même temps ! Ce n'est qu'au fur et à mesure que les éléments de complexifications seront intégrés dès aussi que les apprentissages auront du sens pour celui qui apprend. Finalement, c'est vraiment cette complexité qu'il convient de prendre en compte afin aussi de se montrer performant dans les choix opérés.

3 Bibliographie

Vous trouverez ici les ouvrages essentiels sur le sujet. La bibliographie complète du chapitre est disponible en ligne, sur le site www.dunod.com : rendez-vous à la page de l'ouvrage.

Bandura, A. (1977). *Social learning theory*. Englewood Cliffs, NJ: Prentice Hall.

Lazarus, R. S., & Folkman, S. (1984). *Stress. Appraisal, and coping*, New York : Springer.

Paquet, Y., Legrain, P. & Rosnet, E. (2007). *150 petites expériences de psychologie du sport pour mieux comprendre les champions... et les autres*, Paris, Dunod,

Peterson, C. & Seligman, M.E.P. (1984), "Causal explanations as risk factor for depression:Theory and evidence" *Psychological Review*, 91(3), 347-374.

Rogers, C. (1951). *Client centered therapy*. Boston: Houghton-Mifflin

Seligman, M. E. P. (1975). *Helplessness: On depression, development, and death*. San Francisco: Freeman.

Spielberger, C. D. (1966). Theory and research on anxiety. In C. D. Spielberger (Ed.), *Anxiety and behavior* (pp. 3-20). New York: Academic Press.

Weinberg, R. (2014). *Mental training for elite athletes: Theory, research and implications fort practice. In:* A.R. Gomes, R. Resende & A. Albuquerque (Eds), Positive human functioning from a multidimensional perspective, Vol. 3: Promoting high performance. Nova Science Publishers; 59-79.

Yerkes, R.M., & Dodson, J.D. (1908). The relation of strength of stimulus to rapidity of habit-formation. *Journal of Comparative Neurology and Psychology*, 18, 459-482.

Résumé des chapitres 3 et 4

Comment motiver un pratiquant ? Quels sont les leviers de la motivation ? Quel cadre d'analyse adopter ? Quels sont les facteurs individuels de la performance ? Y a-t-il des traits de personnalité qui permettraient de mettre en place des procédures de détection ? Quelle est la part des facteurs collectifs ? Quelles sont les modalités de préparation mentale qu'il est possible de mettre en œuvre ? Les choses sont-elles aussi simples qu'il y paraît quand il est question de permettre à une personne d'apprendre quelque chose de nouveau en matière d'habileté motrice ?

Ce chapitre apporte les éléments de réponse les plus précis possible à ces questions, tout en pointant le fait que souvent c'est la complexité qui domine. Dès lors, intervenir dans les métiers du sport, de l'exercice physique, ou de l'éducation physique ne peut que nécessiter la capacité du professionnel à faire des choix, à accepter de tâtonner, à relativiser, ou à planifier les apprentissages.

Cela va passer à la fois par l'analyse des ressources requises chez l'individu en situation d'apprentissage, et l'analyse la plus fine possible des difficultés que pose l'activité. Ces deux niveaux d'analyse vont permettre l'anticipation des effets des dispositifs mis en œuvre, et l'impact potentiel sur la qualité des apprentissages, que ce soit dans le cadre d'une activité plutôt individuelle, ou plutôt collective. Au final, les éléments développés vont permettre d'identifier des alternatives dans les dispositifs d'apprentissage qu'il est possible de mettre en œuvre, sans privilégier l'un ou l'autre mais plutôt en en envisageant la complémentarité. Ce sont les caractéristiques des personnes qui seront confrontées à la tâche qui feront que le professionnel choisira telle ou telle option. Autrement dit, le professionnel aura à se montrer capable de mettre en œuvre de grandes capacités d'adaptation à son public.

POUR RÉVISER

Question 1

Quelles dispositions l'entraîneur peut-il prendre lorsqu'il cherche à rendre son équipe de jeunes joueurs collectivement plus efficace ?

Réponse de niveau 1 : Lorsque l'entraîneur déploie des ressources pour amener les jeunes joueurs d'une équipe à être plus efficaces, il met l'accent sur l'interdépendance positive qui doit régner dans l'équipe et sur la responsabilité individuelle que chaque joueur doit assumer au sein de l'équipe. Le but consiste à ce que les joueurs disposent d'un langage commun qui leur permettent d'être « chacun à sa place » en connaissant et en respectant les rôles assurés par les autres joueurs de l'équipe.

Réponse de niveau 2 : Sachant que le sport est porteur d'interdépendance négative amenant les joueurs à se percevoir en compétition, l'un des rôles de l'entraîneur est de faire en sorte que dans une équipe, cette forme d'interdépendance ne gagne pas les partenaires d'une équipe. En effet, la réussite collective d'une équipe dépend avant tout de la capacité de ses joueurs à se percevoir positivement interdépendants. Pour ce faire, il appartient à l'entraîneur de placer chaque joueur face à la responsabilité individuelle qui incombe à la tenue de son poste et aux relations fonctionnelles que ce poste implique avec celui de ses co-équipiers. La planification de la saison peut ainsi comprendre des moments particuliers au cours desquels l'entraîneur peut chercher à renforcer la cohésion opératoire et la cohésion sociale de l'équipe. Les dispositions prises au sein de cette planification de la saison consiste alors à concevoir qu'il ne suffit pas que chaque joueur ait une perception d'efficacité personnelle élevée pour que l'équipe se comporte comme un groupe, mais qu'il lui appartient de travailler avec ses joueurs sur l'efficacité collective.

Question 2

À quelles procédures de guidage l'entraîneur peut-il recourir pour faire progresser les jeunes pratiquants qu'il encadre dans les pratiques physiques et sportives ?

Réponse de niveau 1 : Pour contribuer au progrès des élèves, l'entraîneur peut utiliser différents procédés pédagogiques. Il peut recourir à une démonstration. Il peut décrire verbalement et schématiquement le mouvement en donnant des consignes et participer à la régulation de celui-ci en donnant des *feedbacks*. Il peut aménager le milieu pour inciter les élèves à s'adapter progressivement à un environnement plus contraignant.

Réponse de niveau 2 : Dans le but de favoriser l'acquisition de nouvelles habiletés motrices, l'entraîneur peut recourir à différentes aides à l'apprentissage et les intégrer à son acte d'intervention éducative. Au demeurant, il ne doit pas concevoir ces procédures de guidage en opposition mais davantage dans une logique de complémentarité. La démonstration peut avantageusement aider les débutants à se construire une première représentation du mouvement à acquérir. Cette démonstration peut être associée ou non à des consignes verbales portant sur le but à atteindre ou sur les modalités techniques à mettre en œuvre pour reproduire le mouvement ou l'action. Elle peut également être complétée par des *feedbacks* portant sur le modèle et/ou sur l'action modelée. Dans ce cas, l'entraîneur doit veiller à ce que le *feedback* ajouté soit suffisamment proche de l'action réalisée mais également suffisamment distant pour permettre à l'élève de ne pas se sentir dispenser de réaliser par lui-même un traitement des informations provenant directement de son action (*feedback* interne). Dans d'autres situations destinées à laisser les élèves produire de façon autonome des réponses adaptatives, l'entraîneur peut recourir à un aménagement matériel du milieu. Cette procédure invite les élèves à apporter des solutions personnelles en fonction de leurs caractéristiques morphologiques à un problème technico-tactique posé par exemple. Enfin, l'entraîneur peut accentuer les rétroactions proprioceptives des élèves en offrant une résistance physique à la réalisation d'une action par exemple.

Question 3

Quelles questions doit se poser un professeur lorsqu'il cherche à optimiser une démonstration ?

Réponse de niveau 1 : L'utilisation de la démonstration soulève trois grandes questions : la première concerne l'utilisation de cette procédure de guidage au regard des caractéristiques spécifiques de l'activité sportive que l'entraîneur encadre. La seconde concerne l'identité du modèle chargé de démontrer la tâche compte tenu des caractéristiques de ceux qui l'observent. Enfin, la troisième question concerne les caractéristiques des observateurs et notamment leur âge et leur niveau d'expertise.

Réponse de niveau 2 : Utiliser la démonstration est un acte d'intervention stratégique en amont duquel, l'entraîneur peut se poser trois grandes questions.

La première question concerne les caractéristiques de l'activité sportive et notamment les contraintes qu'un observateur peut rencontrer lorsqu'il cherche à extraire des informations d'une démonstration. Non seulement, de nombreuses actions sportives se déroulent sur un temps très court, mais certaines d'entre elles sont organisées sur la base d'intentions tactiques qui ne sont pas toujours décelées par l'observateur. Enfin, les résultats observés sur le modèle sont souvent liés à la mise en place d'un plan d'action complexe dont la coordination temporelle des éléments n'est pas facilement identifiable. En cela, l'entraîneur peut être amené à prendre des dispositions pédagogiques (indiquer sur quelle partie du corps ou à quel moment de l'action focaliser son attention) ou faciliter les processus d'attention et de rétention en utilisant un matériel vidéo permettant de réitérer une observation.

La deuxième question concerne les caractéristiques du modèle. En effet, en fonction du niveau de pratique des observateurs, il n'est pas évident que le modèle le plus efficace soit celui qui dispose de la plus haute expertise. Parfois, il serait préférable de recourir à des modèles dont le niveau est plus modeste et plus proche de celui des observateurs, notamment lorsque ceux-ci doutent de leurs capacités à reproduire des actions qui leur paraissent complexes.

La troisième question concerne les caractéristiques des observateurs, dont l'âge et/ou le niveau d'expertise sont parfois insuffisamment développés pour que l'observation sans aide soit opérante. En effet, compte tenu des caractéristiques des actions sportives relevées plus haut, il est possible que de jeunes pratiquants débutants : (a) ne placent pas leur attention de manière efficace, (b) expriment des difficultés à retenir les éléments enchaînés d'une action complexe, et (c) soient plus préoccupés par des buts de comparaison sociale plutôt que par des buts d'apprentissage. De telles caractéristiques peuvent être prises en considération par l'entraîneur pour faire en sorte que les élèves bénéficient de la démonstration qui leur a été proposée.

PARTIE 2

La santé du sportif

CHAPITRE 5

L'activité physique et sportive et la santé

Laurence Kern, Hélène Petot et Charles Martin-Krumm

DANS CE CHAPITRE

Dans ce chapitre, les notions d'activité physique, d'inactivité, et de sédentarité seront discutées. Les recommandations pour une pratique bénéfique pour la santé exposée mais aussi une mise en garde sur des pratiques excessives.

Tout le monde s'accorde à dire que l'activité physique et sportive, c'est bon pour la santé ! Or, selon l'INSERM (2008, p. 730) :

> « La majorité des adultes, des adolescents et des enfants, en France comme en Europe, ne pratiquent pas le niveau d'activité physique recommandé pour avoir un effet sur la santé et la qualité de vie. Moins de la moitié des Français âgés de 15 à 74 ans (45,7 %) ont pratiqué, au cours des sept derniers jours précédant l'enquête du Baromètre santé (Beck, Guilbert, & Gautier, 2007), une activité physique à un niveau entraînant des bénéfices pour la santé. D'après l'enquête internationale HBSC93 en 2001-2002, seulement 11 % des filles et 25 % des garçons âgés de 11 ans pratiquent en France une activité conforme aux recommandations de santé publique. »

Comment se fait-il que nous arrivons à ce constat alarmant ? Quels sont les processus engagés, et de quelle pratique s'agit-il ? Et si le sport pouvait aussi nuire à la santé du sportif ? Il vaut sans doute mieux parler d'exercice ou d'activité physique, moins porteur d'excès. L'objet de ce chapitre est de définir le concept de santé et de faire le point sur les bénéfices et les risques de ces pratiques.

1 De quelle santé s'agit-il?

1. La définition de l'OMS

> « La santé est un état de complet bien-être physique, mental et social, et ne consiste pas seulement en une absence de maladie ou d'infirmité[1]. »

Cette définition n'a pas été modifiée depuis 1946. Il est relativement aisé de voir les problèmes qu'elle pose. D'abord de par son ancienneté. En effet, cette définition est-elle adaptée à une population qui a évolué ? Qui est vieillissante ? Est-elle adaptée à une société qui a vécu de profondes avancées, qu'elles soient médicales, technologiques, environnementales ou culturelles. Ensuite, est-il vraiment envisageable de parvenir à un complet état de bien-être total, physique, mental et social ? En effet, n'est-ce pas là un objectif utopique, un idéal à atteindre et non un état ?

Un état est quelque chose de passager, nous évoluons avec l'âge, notre corps change, nos perceptions, nos priorités changent, donc la notion « être en bonne santé » est variable et subjective. Nous pourrions nous poser également la question de l'opérationnalisation d'une telle définition. Comment fait-on pour proposer aux personnes d'atteindre cet état ? Cependant la prise en compte des dimensions psychologiques et sociales est vraiment intéressante puisqu'elle ouvre le concept de santé à des personnes ressentant une souffrance psychologique et mentale, à des personnes isolées. Par ailleurs, cela implique-t-il qu'une personne atteinte d'une maladie, qu'elle soit chronique ou passagère, qu'elle soit en situation de handicap plus ou moins invalidant ne puisse pas malgré tout ressentir un état de bien-être mental ? Ainsi, les athlètes en situation de handicap sur des terrains de « sport », nous devinons bien qu'ils sont « en bonne santé » et que leur handicap n'a pas de retentissement sur leur ressenti subjectif de la santé générale, psychologique ou physique selon le handicap. Dans le même ordre d'idée, des personnes souffrant d'allergies présentent des symptômes pénibles, mais sont-elles pour autant en mauvaise santé ou se considèrent-elles en mauvaise santé ?

Dans ce cas, l'absence de maladie est-il le seul critère pour dire que nous sommes en bonne santé ? Vraisemblablement non, aussi convient-il de relativiser la portée de cette définition, et de ne la considérer que partielle. Tout en prenant en compte qu'effectivement, être en bonne santé ne veut pas dire ne pas être malade ou ne pas avoir de handicap, dans ce contexte le bien-être prend alors une dimension importante. Nous noterons par ailleurs qu'il est possible d'être

1. Préambule à la Constitution de l'Organisation mondiale de la santé, tel qu'adopté par la Conférence internationale sur la santé, New York, 19-22 juin 1946 ; signé le 22 juillet 1946 par les représentants de 61 États. (Actes officiels de l'Organisation mondiale de la santé, n° 2, p. 100) et entré en vigueur le 7 avril 1948.

tout à fait en « bonne santé » sans pour autant ressentir un état de bien-être ou éprouver une qualité de vie satisfaisante. L'inverse est tout aussi vrai, nous pouvons être « bien dans notre peau » et cependant souffrir de maux physiques, c'est ainsi le cas chez certains pratiquants d'activité physique et sportive qui se sentiront en « bonne santé » malgré une entorse à la cheville ou une tendinite de l'épaule dû à leur pratique. Ou au contraire, chez d'autres sportif(ve)s qui n'ayant aucun maux en apparence se sentiront en mauvaise santé faute de bons résultats ou de stress trop élevé. On comprend donc que la perception de bonne santé chez le pratiquant d'activité physique et/ou sportive semble biaisée par sa propre activité, ses motivations, son niveau d'activité physique, sa culture, son environnement, sa vision de son propre corps ou de ses performances[1].

2. Les déterminants de santé

Selon l'INPES, « à chaque étape de la vie, l'état de santé se caractérise par des interactions complexes entre plusieurs facteurs d'ordre socio-économique, en interdépendance avec l'environnement physique et le comportement individuel. Ces facteurs sont désignés comme les *déterminants de la santé*. Ils n'agissent pas isolément : c'est la combinaison de leurs effets qui influe sur l'état de santé. » À titre d'illustration, l'INPES cite douze déterminants retenus par les Canadiens :

- le niveau de revenu et le statut social ;
- les réseaux de soutien social ;
- l'éducation et l'alphabétisme ;
- l'emploi et les conditions de travail ;
- les environnements sociaux ;
- les environnements physiques ;
- les habitudes de santé et la capacité d'adaptation personnelles ;
- le développement de la petite enfance ;
- le patrimoine biologique et génétique ;
- les services de santé ;
- le sexe ;
- la culture.

De façon plus globale, le modèle de Whitehead et Dahlgren (1991) met en évidence quatre niveaux en ce qui concerne les déterminants de santé :

1. « facteurs liés au style de vie personnel » : comportements et styles de vie personnels ;
2. « réseaux sociaux et communautaires » : influences sociales et collectives ;
3. « facteurs liés aux conditions de vie et de travail » ;

1. Maugendre & Spitz, 2011.

4. « conditions socio-économiques, culturelles et environnementales ».

Les individus pouvant essentiellement agir sur le premier niveau, les trois autres dépendant de la société, il faut alors s'interroger sur les comportements influençant leur santé.

Selon l'INSERM (2008, p. 730) :

> « Les approches traditionnelles de la promotion de l'activité physique fondées sur les changements de comportements au niveau individuel visant à développer l'activité physique pendant les temps de loisirs et à renforcer l'éducation physique à l'école ne seront sans doute pas suffisantes. Il faut également agir sur les déterminants environnementaux et socioéconomiques qui jouent un rôle majeur pour façonner nos styles de vie. Modifier ces déterminants va bien au-delà de la sphère d'influence et de responsabilité du secteur de la santé. De nouveaux partenariats doivent être impliqués pour avoir une influence directe sur l'aménagement urbain, les transports, les politiques du travail, de l'éducation, du logement, des loisirs et des sports. »

Ainsi, différents organismes publics ou privés (OMS, INPES, INSERM, Mutualité Française, MGEN) proposent différentes stratégies pour rester en bonne santé. Ces stratégies tournent souvent autour de la gestion de l'alimentation, du sommeil, de l'activité physique, des dépistages. Le programme national Nutrition Santé (PNNS) *Manger-Bouger* est une illustration des recommandations scientifiquement validées à divulguer auprès de la population générale. Ce programme lancé en 2001 est un plan de santé publique visant à améliorer l'état de santé de la population en agissant sur l'un de ses déterminants majeurs : la nutrition[1]. Il s'agit ici de sensibiliser les personnes à l'équilibre, à respecter les apports liés à l'alimentation et les dépenses énergétiques engendrées par l'activité physique (*cf.* chapitre 5). L'OMS fait des recommandations relativement précises en ce qui concerne l'activité physique (*cf.* chapitre 2).

Le PNNS 1 (2001-2005) fut lancé après les Assises de l'alimentation (2000). Il comportait essentiellement des messages alimentaires de prévention. Au regard des données de l'inactivité physique et de la sédentarité, le PNNS 2 (2006-2010) puis le PNNS 3 (2011-2015) ont orienté les stratégies d'action vers davantage d'activité physique.

L'expertise collective de l'INSERM (2008) a été réalisée à la demande du ministère de la Jeunesse, des Sports et de la Vie associative. Dans ce travail, les différents experts de l'activité physique (AP) ont analysé et synthétisé la littérature scientifique et médicale internationale sur les différents aspects de l'AP (le concept même d'activité physique, sa dimension sociale, son importance

1. http://www.mangerbouger.fr/pnns/.

en termes de santé publique, les déterminants environnementaux, sociaux et psychologiques, ses effets physiologiques et thérapeutiques).

Pour conclure cette partie, il nous semble que les recommandations doivent s'inscrire dans l'affirmation d'une volonté politique clairement affichée pour engager un véritable programme national « Activité physique et santé ». Ce programme doit mobiliser et associer les moyens nécessaires à sa mise en œuvre. La promotion des activités physiques pour tous doit concerner toutes les tranches d'âge et être organisée et coordonnée jusqu'aux niveaux départemental et communal. Il devra se décliner en différentes actions.

Nous reprendrons ainsi les propos d'Osiek-Parisod (1996) selon qui la définition de santé globale aujourd'hui couvre une vision beaucoup plus large et dynamique de la santé. Elle est conçue comme une sorte de capital à gérer impliquant une démarche personnelle de l'individu qui devient le premier responsable et artisan de sa santé.

2 De quelle activité physique s'agit-il : activité physique, activités physiques ou sport ?

On entend par activité physique (AP) tout mouvement produit par les muscles squelettiques, responsable d'une augmentation de la dépense énergétique au-dessus de la dépense de repos[1]. Cette définition s'applique aux activités physiques associées au travail, aux loisirs, aux sports, aux travaux ménagers et aux autres composantes de la vie quotidienne[2]. L'OMS[3] définit quatre grands domaines d'AP :

- les activités de la vie quotidienne ;
- les activités professionnelles ;
- les activités physiques de loisirs et sportives ;
- les déplacements.

L'activité physique est donc plurielle, car elle peut être réalisée dans différents contextes (professionnel, loisir, familial, compétition) avec différentes finalités (loisir, travail, déplacement, performance).

Elle ne se confond pas avec l'exercice physique et encore moins avec le sport. Nous pouvons donc être très actif, sans nécessairement être très sportif. Selon le sociologue Pociello (1981), le sport est une « compétition réglée dans des conditions de stricte standardisation ». Autrement dit pour qu'une activité physique individuelle ou collective puisse être classée comme un sport, elle doit répondre à quatre exigences :

1. Oppert, Simon, Rivière, & Guezennec, 2006.
2. Kino -Québec, 1999 http://www.kino-quebec.qc.ca/avis.asp.
3. http://www.who.int/fr/.

1. l'utilisation d'une ou plusieurs capacités physiques (endurance, résistance, force, coordination, adresse, souplesse) ;
2. avoir des règles institutionnalisés et identiques pour tous les continents permettant les confrontations d'envergures internationales ;
3. avoir pour finalité la compétition et la performance ;
4. être sous l'égide d'une fédération sportive organisant sa pratique et ses compétitions.

Cette définition mettant en avant les institutions, les règles et la compétition est cependant à relativiser car elle n'exclut pas le « sport loisir », le « sport-aventure » ou le « sport-santé » : sports satisfaisants aux quatre exigences décrites par Pociello mais dont le versant compétition internationale est moins développé. Ainsi, pour mieux comprendre la distinction entre sport et AP, nous pouvons citer l'OMS :

> « Le sport est un "sous-ensemble de l'activité physique, spécialisé et organisé", c'est une activité revêtant la forme d'exercices et/ou de compétitions, facilitées par les organisations sportive. En d'autres termes, le sport est la forme la plus sophistiquée de l'activité physique, mais l'activité physique ne se réduit pas au sport, elle comprend aussi l'activité physique dans la vie de tous les jours, à la maison, au travail, dans les transports et au cours des loisirs non compétitifs[1]. »

L'AP peut également être pratiquée à différentes intensités : faible, modérée et intense. Cette intensité se mesure en METs (1 MET correspond à la dépense métabolique de base par Kg et par minute d'un sujet éveillé, au repos et assis ; 1 MET 3,5 ml $O_2.kg^{-1}.min^{-1}$). Selon l'OMS[2] une AP d'intensité modérée (environ 3-6 MET), demande un effort moyen et accélère la fréquence cardiaque (marcher d'un pas vif, danser, jardiner, faire du bricolage, le ménage...). Une AP d'intensité élevée (> 6 MET) demande un effort important, le souffle se raccourcit et la fréquence cardiaque s'accélère considérablement (courir, nager à vive allure, faire des sports et des jeux traditionnels). Le tableau 5.1 donne une indication de la dépense énergétique selon les activités réalisées.

Il est important de noter que le niveau d'intensité d'AP, qu'il soit faible, modéré, ou élevé est vraiment relatif. C'est-à-dire à rapporter aux capacités des personnes et à l'environnement. Cette intensité dépend du vécu de chacun en matière d'AP et de sa condition physique. Courir 5 km à 10 km/h peut être d'intensité modérée pour certaines personnes quand cela est réalisé au niveau de la mer, d'intensité élevée quand cette même personne court en montagne à 1 800 m d'altitude. Il semble également évident que tout le monde ne peut pas courir

1. In expertise collective INSERM, 2008, p. 729.
2. http://www.who.int/dietphysicalactivity/physical_activity_intensity/fr/

Tableau 5.1 METS dépensés en fonction de l'intensité des activités physiques

Activité physique	MET
Activités physiques d'intensité légère	< 3
Dormir	0,9
Regarder la télévision	1,0
Ecrire à la main ou à l'ordinateur	1,8
Marche à 2,7 km/h, sans pente	2,3
Marche à 4 km/h	2,9
Activités physiques d'intensité modérée	3 à 6
Vélo stationnaire	3,0
Marche à 4,8 km/h	3,3
Exercices à la maison (général), effort léger ou modéré	3,5
Marche à 5,4 km/h	3,6
Vélo de plaisance, < 16 km/h	4,0
Vélo stationnaire, 100 W, effort léger	5,5
Activités physiques intenses	> 6
Course à pied, général	7
Pompes, redressements assis, effort élevé	8
Course à pied, sur place	8
Saut à la corde	10

Tableau fait à partir de l'article d'Ainsworth, Haskell, Leon, Jacobs, Montoye, Sallis & Paffenbarger (1993)

5 km à cette allure et donc, elle constitue une intensité élevée pour certaines personnes. À titre de repère, nous vous proposons une estimation de l'intensité de l'effort en se basant sur différentes sensations physiques dans le tableau 5.2, à relativiser selon les individus (genre, âge, vécu...).

1. Activités physiques, combien ?

On comprend la nécessité pour les sociétés de mettre plusieurs recommandations adaptées à l'âge des individus permettant de donner une norme et un repère aux personnes pour la quantité d'AP suffisante et nécessaire à faire pour se maintenir en « bonne santé ». On comprend également l'importance pour le professionnel de savoir calibrer la nature de l'activité proposée aux personnes auxquelles il va s'adresser. Quantifier la quantité d'activité physique

Tableau 5.2 Estimation de l'intensité de l'effort en se basant sur les différentes sensations physiques

	Intensité de l'effort	Exemples d'activités	Respiration	Capacité de parole	Battements cardiaques
	Très légère	Marche lente, position assise	Normale	Chanter	Peu ou pas perceptibles
Zone « santé pour tous »	Légère	Marche, ménage, cuisine, jouer d'un instrument	Accentuée	Conversation, phrases longues	Deviennent perceptibles
	Modérée	Marche rapide, jardinage, escaliers, randonnée, vélo de loisir, nage, danse	Légèrement accélérée	Conversation ordinaire	Augmentation modérée de la fréquence perçue
	Modérée à élevée	Footing léger, marche en montagne, sports légers, porter des charges, pelleter	Accélérée	Phrases courtes	Augmentation importante de la fréquence perçue
	Elevée	Course à pied, marathon, sports	Très rapide	Phrases très courtes	Sensation de palpitation au niveau du cou
	Très élevée	Sprint	Hors d'haleine	Mots	Forte sensation de palpitation généralisée

http://www.paprica.ch/WP_1/?cat=10

qu'il est nécessaire de pratiquer dans une journée ou une semaine a été un travail mené par l'OMS (2010). Les besoins diffèrent selon le public. Ainsi les recommandations faites concernent les enfants et les jeunes (de 5 à 17 ans), les adultes (18 à 64 ans) et les ainés (65 ans et plus). Ces recommandations visent à fournir des orientations sur la relation dose-effet entre l'activité physique et les bénéfices qu'elle engendre pour la santé. Il s'agit donc de préciser la fréquence, la durée, l'intensité, le type et la quantité totale d'activité physique nécessaire pour améliorer la santé et prévenir les maladies non transmissibles (OMS, 2010, p. 14).

Les recommandations de l'OMS

Pour les enfants et jeunes gens (de 5 à 17 ans)

L'activité physique englobe notamment le jeu, les sports, les déplacements, les activités récréatives, l'éducation physique ou l'exercice planifié, dans le contexte familial, scolaire ou communautaire. Pour améliorer l'endurance cardio-respiratoire, la forme musculaire et l'état osseux et réduire le risque de maladies non transmissibles, il est recommandé ce qui suit :

1. Les enfants et jeunes gens de 5 à 17 ans devraient accumuler au moins 60 minutes par jour d'activité physique d'intensité modérée à soutenue.

2. La pratique d'une activité physique pendant plus de 60 minutes par jour apportera un bénéfice supplémentaire pour la santé.

3. L'activité physique quotidienne devrait être essentiellement une activité d'endurance. Des activités d'intensité soutenue, notamment celles qui renforcent le système musculaire et l'état osseux, devraient être incorporées, au moins trois fois par semaine.

Pour les adultes (de 18 à 64 ans)

L'activité physique englobe notamment les activités récréatives ou les loisirs, les déplacements (par exemple la marche ou le vélo), les activités professionnelles (par exemple le travail), les tâches ménagères, le jeu, les sports ou l'exercice planifié, dans le contexte quotidien, familial ou communautaire. Pour améliorer l'endurance cardio-respiratoire, la forme musculaire et l'état osseux et réduire le risque de maladies non transmissibles et de dépression, il est recommandé ce qui suit :

1. Les adultes âgés de 18 à 64 ans devraient pratiquer au moins, au cours de la semaine, 150 minutes d'activité d'endurance d'intensité modérée ou au moins 75 minutes d'activité d'endurance d'intensité soutenue, ou une combinaison équivalente d'activité d'intensité modérée et soutenue.

2. L'activité d'endurance devrait être pratiquée par périodes d'au moins 10 minutes.

3. Pour pouvoir en retirer des bénéfices supplémentaires sur le plan de la santé, les adultes de cette classe d'âge devraient augmenter la durée de leur activité d'endurance d'intensité modérée de façon à atteindre 300 minutes par semaine ou pratiquer 150 minutes par semaine d'activité d'intensité soutenue, ou une combinaison équivalente d'activité d'intensité modérée et soutenue.

4. Des exercices de renforcement musculaire faisant intervenir les principaux groupes musculaires devraient être pratiqués au moins deux jours par semaine.

Pour les adultes de 65 ans et plus

L'activité physique englobe notamment les activités récréatives ou les loisirs, les déplacements (par exemple la marche ou le vélo), les activités professionnelles (si la personne travaille encore), les tâches ménagères, les activités ludiques, les sports ou l'exercice planifié, dans le contexte quotidien, familial ou communautaire.

Pour améliorer l'endurance cardio respiratoire, la forme musculaire et l'état osseux et fonctionnel et réduire le risque de maladies non transmissibles, de dépression et de détérioration de la fonction cognitive, il est recommandé ce qui suit :

1. Les personnes âgées de 65 ans ou plus devraient pratiquer au moins, au cours de la semaine, 150 minutes d'activité d'endurance d'intensité modérée

ou au moins 75 minutes d'activité d'endurance d'intensité soutenue, ou une combinaison équivalente d'activité d'intensité modérée et soutenue.

2. L'activité d'endurance devrait être pratiquée par périodes d'au moins 10 minutes.

3. Pour pouvoir en retirer des bénéfices supplémentaires sur le plan de la santé, les adultes de cette classe d'âge devraient augmenter la durée de leur activité d'endurance d'intensité modérée de façon à atteindre 300 minutes par semaine, ou pratiquer 150 minutes par semaine d'activité d'endurance d'intensité soutenue, ou une combinaison équivalente d'activité d'intensité modérée et soutenue.

4. Les adultes de cette classe d'âge dont la mobilité est réduite devraient pratiquer une activité physique visant à améliorer l'équilibre et à prévenir les chutes au moins trois jours par semaine.

5. Des exercices de renforcement musculaire faisant intervenir les principaux groupes musculaires devraient être pratiqués au moins deux jours par semaine.

6. Lorsque des personnes âgées ne peuvent pas pratiquer la quantité recommandée d'activité physique en raison de leur état de santé, elles devraient être aussi actives physiquement que leurs capacités et leur état le leur permettent.

> « Dans l'ensemble, pour toutes les classes d'âge, les bénéfices liés à l'application des recommandations présentées ci-dessus et à l'activité physique l'emportent sur les risques. Au niveau recommandé de 150 minutes d'activité physique d'intensité modérée par semaine, les traumatismes musculo-squelettiques semblent rares. Dans le cadre d'une approche fondée sur la population, pour réduire le risque de traumatismes musculo-squelettiques, il conviendrait d'encourager les personnes à commencer lentement, en augmentant progressivement jusqu'à atteindre un niveau supérieur d'activité physique. » (OMS, 2010)

L'AP amène des bénéfices de façon indéniable quand elle est pratiquée de façon régulière et modérée. Les différents rapports de l'INPES s'intéressent beaucoup aux personnes qui pratiquent à ce seuil, ou en dessous de ce seuil, ce qui constitue une majorité de la population. Selon l'ENNS[1] (2006-2007), en France, 64 % des hommes âgés de 18 à 74 ans pratiquent au moins 30 minutes d'AP par jour et 63 % des femmes.

1. ENNS: Étude nationale nutrition santé, in PNNS 2011-2015. http://www.mangerbouger.fr/pnns/pnns-2011-2015.html.

D'autres recommandations internationales définissent des niveaux d'activité physique bénéfiques pour la santé. Nous pouvons retrouver ces recommandations dans l'expertise collective de l'INSERM sur l'AP (2008). Ainsi, et à titre d'exemple, en 2007, le Collège américain de médecine du sport et l'Association américaine d'étude des maladies du cœur ont publié conjointement de nouvelles recommandations d'activité physique pour le maintien de la santé :

> « Pour les adultes de 18 à 65 ans, il est recommandé une activité physique de type aérobie (endurance) d'intensité modérée pendant une durée minimale de 30 minutes 5 jours par semaine ou une activité de type aérobie d'intensité élevée pendant une durée minimale de 20 minutes 3 jours par semaine. Cette activité physique peut faire l'objet d'activités combinées. Par exemple : marcher d'un bon pas pendant 30 minutes 2 fois dans la semaine et pratiquer le jogging pendant 20 minutes 2 autres jours de la semaine. Ces recommandations préconisent également des activités de renforcement musculaire (travail contre résistance) qui doivent compléter les activités d'endurance (de type aérobie). Ces exercices de renforcement musculaire devraient être pratiqués au moins 2 jours, non consécutifs, par semaine, sous forme d'exercices utilisant les principaux groupes musculaires (avec 8 à 12 répétitions de chaque exercice). Les activités de la vie courante d'intensité modérée à élevée pratiquées pendant 10 minutes ou plus d'affilée peuvent être comptabilisées pour atteindre le niveau recommandé. La durée minimum des sessions significatives est de 10 minutes. [...]
>
> Chez l'enfant, on ne dispose pas de données permettant d'établir avec précision la quantité et le type d'activité physique nécessaires à un effet positif sur la santé immédiate et future des jeunes. Cependant, les conclusions de conférences de consensus récentes s'accordent aujourd'hui pour dire qu'un minimum de 60 minutes par jour d'activités physiques d'intensité modérée à élevée est souhaitable chez les enfants, sous forme de sports, de jeux ou d'activités de la vie quotidienne.
>
> Chez l'adulte au-delà de 65 ans, les recommandations en termes de durée et fréquence apparaissent identiques à celles préconisées pour l'adulte jeune. Toutefois, pour certains sujets âgés, une activité d'intensité modérée correspondra à la marche normale, pour d'autres à la marche rapide. Les recommandations mettent l'accent sur la diversification des activités : il faut ajouter des activités d'équilibre pour un maintien de la souplesse et la prévention des chutes ; des combinaisons d'activités modérées ou intenses peuvent

> être effectuées. Les activités de la vie quotidienne d'intensité modérée à élevée durant au moins 10 minutes (tâches ménagères, jardinage ...) peuvent être comptabilisées pour atteindre le niveau recommandé. » (INSERM, 2008b)

Ainsi, suivre les recommandations de l'OMS et faire de l'activité physique adaptée régulièrement demande non seulement un engagement propre de chaque individu mais également de la part des autorités publiques. En effet cela implique d'une part, une motivation individuelle pour dégager du temps, de l'énergie et parfois de l'argent. Il arrive souvent que cela implique des changements de rythme, d'emploi du temps, des sacrifices, des apprentissages que tout le monde n'est pas prêt à faire. Cela demande également de la part des autorités, des associations, de libérer du temps, et de mettre en place des activités physiques qui soient adaptées. Cela requiert en outre de former des professionnels capables d'organiser, de planifier et d'animer ces activités qui devront être adaptées à chacun et au plus grand nombre. Tout cela nécessite donc inévitablement une véritable mobilisation des services publics et de la population pour un engagement à long terme dans des programmes d'activités physiques adaptées (promotion de la santé et de l'AP, formation de professionnels, budgets publics dédiés, mise en place d'infrastructures, etc.) associée à une prise de conscience de la part de chaque membre de la société de l'importance de l'AP pour la santé et le futur de la société et ce à tout âge de la vie.

2. Activité physique et sédentarité, inactivité physique ?

Selon l'Organisation mondiale de la santé (OMS, 2014), l'absence d'exercice physique (EP) ou la sédentarité est le quatrième facteur de risque de mortalité au niveau mondial et compte parmi les principales causes de cancers du sein ou du colon, des cas de diabète et des cas de cardiopathie ischémique. L'époque que nous vivons, les progrès dont nous bénéficions, ne font qu'accentuer ce problème qui a une incidence majeure sur les maladies non transmissibles et la santé générale.

> « Vu l'importance de l'activité physique pour la santé publique, le mandat mondial confié à l'OMS pour la promotion de l'activité physique et de la prévention des maladies non transmissibles et le faible nombre de recommandations nationales élaborées dans ce domaine dans les pays à faible revenu ou à revenu intermédiaire, il est clairement nécessaire d'élaborer des recommandations mondiales portant sur le lien entre la fréquence, la durée, l'intensité, le type et la quantité totale d'activité physique nécessaire à la prévention des maladies non transmissibles. » (OMS, 2010, p. 7)

Nous ne pouvons donc parler d'activité physique sans parler d'inactivité physique et de sédentarité. Ces trois concepts sont fortement liés, mais pas nécessairement à opposer. L'inactivité physique et l'activité physique intense constitueraient les extrémités d'un continuum, et la sédentarité serait une composante à part entière. Pour y voir plus clair, nous vous proposons de définir et illustrer ces concepts.

L'inactivité physique est la pratique d'une AP mais en quantité, en intensité, ou en durée insuffisante pour produire des bénéfices pour la santé. C'est un manque d'activité physique. Concrètement si mon voisin prend sa voiture tous les jours pour aller au travail, prend l'ascenseur, ne marche que 15 minutes par jour, a un travail assis derrière un bureau, mais va marcher tranquillement tous les samedis avec sa femme durant 2h, et amène ses enfants à la piscine tous les dimanches pour jouer avec eux, etc., il aura un taux d'AP insuffisant, et loin des recommandations mondiales publiées par l'OMS. Il sera donc inactif. Cependant, il ne faut pas confondre le manque d'activité physique d'intensité modérée à intense et la sédentarité. Même si les répercussions de ces deux comportements sont nuisibles pour la santé, elles sont cependant différentes.

Reprenons le cas de notre voisin, qui maintenant associe à ses comportements un footing de 30 minutes tous les deux jours à une allure de 12 km/h, et profite d'amener ses enfants à la piscine pour nager son kilomètre, il aura un comportement actif, mais de longues plages de sédentarité dans ces journées.

Comment différencier ces deux comportements ? Comme nous venons de le voir nous pouvons être sédentaires tout en étant actifs. Ce sont malheureusement les conséquences de notre société qui s'industrialise où tout s'automatise et se robotise. Être sédentaire, du latin *sedentarius, sedere,* signifie être assis. C'est le cas lorsque nous regardons la télévision, jouons aux ordinateurs, consoles et tablettes, bref quand nous sommes derrière les écrans, mais aussi quand nous lisons, discutons, travaillons derrière notre bureau, prenons le train, l'avion ou la voiture. De façon paradoxale, nous pouvons donc être sédentaires et actifs au cours d'une même journée. Combien d'entre nous passent du temps assis à travailler, à réviser nos cours durant de nombreuses heures, ou à discuter, mais également à être actifs, car nous nous entrainons plusieurs fois par semaine, nous allons au travail, à l'université, à vélo, à pied, en roller. Nous jouons avec nos enfants, nos camarades, nous entretenons notre jardin, faisons du ménage, etc., et chaque jour, nous sommes ainsi plutôt actifs. Cette sédentarité alternée avec cette AP constitue le fameux concept du *couch potato*, dont la pomme de terre illustre la vie végétative et où *couch* signifie « le divan ». Selon Tremblay, Colley et Saunders (2010, p. 725), « ce constat est à l'origine de la physiologie de la sédentarité qui se distingue clairement de la physiologie de l'activité physique ». La sédentarité est par contre bien trop souvent confondue avec le manque d'AP d'intensité modérée ou intense. Selon l'OMS, pour que l'AP soit bénéfique, elle doit être faite de façon intense ou modérée (en fonction des capacités physiques de chacun) au moins 150 minutes par semaine (*cf.* ci-dessous). En dessous de ce quota, nous sommes donc inactifs (donc l'AP que nous faisons n'amène « pas de bénéfices pour la santé »), mais nous ne sommes pas sédentaires pour autant. Ainsi avoir une quantité d'AP d'intensité modérée à intense mais rester de façon prolongée en position assise représente tout de même des facteurs de risque pour la santé (maladies cardio-vasculaires, diabètes, cancer par exemple). Une des premières études sur la sédentarité a été menée par Morris, Heady, Raffle, Roberts et Parks (1953) sur des chauffeurs de bus londonien. L'incidence des maladies cardiaques était plus élevée chez les chauffeurs sédentaires. Les comportements sédentaires sont définis[1] à la fois par une faible dépense énergétique (dépense énergétique de repos, généralement < 1,5 équi. métaboliques (METs) **et** une position assisse ou semi-allongée[2].

3. Comment se mesure l'AP et la sédentarité

a. Les mesures de l'activité physique

Mesurer l'AP quotidienne et/ou hebdomadaire peut se réaliser principalement de deux façons différentes mais complémentaires :

- grâce à une mesure objective (accéléromètres, podomètres) ;
- grâce à une mesure subjective.

La mesure directe ou objective de l'AP correspond à l'enregistrement des mouvements du corps, des déplacements de celui-ci dans l'espace durant un temps donné (heure, jours, semaine). Cela se fait grâce à des petits appareils accrochés à la taille ou sur le bras appelés podomètres (enregistrant le nombre de pas), d'accéléromètres (enregistrant les déplacements et leur vitesse dans l'espace). Dans les versions les plus abouties, donc les plus chers, leurs enregistrements peuvent être couplés à des mesures de paramètres physiologiques tels que la fréquence cardiaque, ou la fréquence respiratoire permettant ainsi une évaluation plus précise de l'AP de la personne qui le porte.

Pour ce qui est de la mesure de l'AP de façon subjective, lorsque nous interrogeons des personnes sur leur taux d'engagement, cette mesure peut prendre deux aspects. D'une part cette mesure peut être rétrospective (questionnaires, entretiens) où l'on interroge la personne sur ses comportements passés liés à l'AP. Les rappels peuvent être de différents ordres (hier, la semaine dernière, le mois dernier, au cours des 12 derniers mois ou vie entière). D'autre part, cette mesure peut être prospective, nous demandons à des personnes de remplir un carnet de bord après chaque séance, le soir.

1. Tremblay, Colley, & Saunders, 2010 ; Owen, Healy, Matthews, & Dunstan, 2010 ; Pate, O'Neill, & Lobelo, 2008.
2. Tremblay et le Réseau de recherche sur le comportement sédentaire, 2012.

Enfin, dernière solution envisagée ici, les questionnaires sont la méthode la plus répandue pour mesurer le taux d'activité physique. Ils présentent de nombreux avantages. Ils peuvent être auto-administrés (c'est-à-dire remplis par la personne elle-même), hétéro administrés (c'est-à-dire que la personne répond à des questions que lui pose l'interviewer qui reprend textuellement le cadre du questionnaire). Ils sont dans la majeure partie des cas d'accès libres (disponibles sur internet ou d'autres médias), sans copyright, et donc gratuits. Certains permettent d'avoir une mesure globale du taux d'AP (Godin Leisure Time Exercise Questionnaire-GLTEQ, General Physical Activity Questionnaire-GPAQ, International Physical Activity Questionnaire-IPAQ). D'autres permettent des mesures plus précises et renseignent sur les différentes dimensions de l'AP (travail, loisirs, ou autre tel que le GPAQ). Les questionnaires permettent d'avoir différents indicateurs : dépense énergétique (GLTEQ), niveau score d'AP. Ces questionnaires sont plus ou moins longs allant de 4 questions pour le GLTEQ à 82 pour le questionnaire de l'activité quotidienne dans l'insuffisance cardiaque-DAQIHF[1].

Bien choisir un questionnaire pour mesurer le taux d'AP dans une population est une étape importante. En effet, selon l'objectif du travail (prévalence, effets d'une intervention sur le taux d'AP, descriptif), la population ciblée (enfants, adolescents, adultes, sportifs, personnes âgées), les moyens de traitement de l'information (analyse qualitative, quantitative), la longueur de l'étude (pose-t-on un seul questionnaire ou le questionnaire de l'AP est-il un questionnaire parmi d'autres, auquel cas, il faut veiller à ne pas proposer des questionnaires trop longs) la précision recherchée (veut-on un score global ou une idée très précise du taux d'AP selon les différents domaines d'AP) sont autant de paramètres à prendre en compte pour bien choisir son questionnaire. Dernière précaution, afin d'obtenir des résultats fiables, le questionnaire choisi doit posséder des qualités psychométriques optimales (fidélité, validité et sensibilité ; *cf.* Laveault, & Grégoire, 2010, pour aller plus loin).

Selon Vuillemin *et al.* (2012), seize questionnaires validés en langue française sont disponibles : quatre pour les adultes, deux pour les adultes et personnes âgées, deux spécifiques aux personnes âgées, un spécifique aux enfants de 6 à 10 ans et un qui permet de mesurer le taux d'AP chez les enfants, adolescents, adule et personne âgée. Seuls dix questionnaires ont fait l'objet de publication sur la validation des propriétés psychométriques. L'ensemble des questionnaires présentés par le tableau 5.3 ne satisfait pas à des qualités psychométriques satisfaisantes, celles-ci sont précisées dans la dernière colonne.

1. Garet, Degache, Costes, Da Costa, Lacour, & Barthelemy, 2004 ; pour plus d'informations voir Vuillemin, Speyer, Simon, Ainsworth, & Paineau, 2012.

Tableau 5.3 Description des questionnaires de mesure de l'AP disponible en langue française, en France

Questionnaire	Année	Population	Mode	Paramètres	Nbr de questions	Indicateurs	Propriétés psychométriques
Questionnaire de mesure de l'AP chez l'enfant (QAPE-semaine)	1996	Enfant (6-10 ans)	AA	Fréquence Intensité perçue	9	Scores	Reproductibilité Validité (versus QAPE-hier)
Quantification de l'AP (QUANTAP)	2000	Enfant/adolescent/adulte/âgée	E	Fréquence Durée Intensité (valeurs METs)	30	Durée annuelle Dépense énergétique annuelle	Reproductibilité intra- et inter-observateur Validité (dépense énergétique calculée vs dépense énergétique attendue et pourcentage de masse grasse)
Questionnaire d'AP de Saint-Etienne (QAPSE)	2004	Adulte/âgée	AA / E	Fréquence Durée Intensité (valeurs METs)	35	Dépense énergétique quotidienne	Reproductibilité Validité (versus calories ingérées et VO_2max)
Questionnaire sur l'activité quotidienne dans l'insuffisance cardiaque (DAQIHF)	2004	Adulte/âgée	AA	Fréquence Durée Intensité (valeurs METs)	82	Dépense énergétique quotidienne	Reproductibilité Validité (versus VO_2max)
Score d'activité physique de Dijon (SAPD)	2007	Âgée	E	Fréquence Durée Intensité	9	Score	Reproductibilité Validité (versus VO_2max et puissance maximale)
Questionnaire d'AP pour les personnes âgées (QAPPA)	2010	Âgée	AA	Nature AP Fréquence Durée Intensité (valeurs METs)	4	Dépense énergétique Niveaux d'AP	Reproductibilité Validité (versus IPAQ)
Questionnaire de Baecke	1982 (1992 fr.)	Adulte	AA	Fréquence Durée Intensité	16	Indices	Reproductibilité Validité (versus masse grasse, VO_2max, endurance musculaire)

Tableau 5.3 (suite)

Modifiable Activity Questionnaire (MAQ)	1990 (2000 fr.)	Adulte	AA / E	Type Fréquence Durée Intensité (valeurs METs)	6	Dépense énergétique	Reproductibilité
Questionnaire de Huet	1986	Adulte	AA	Type Fréquence Durée Intensité	10	Estimation Vo_2max	Reproductibilité Validité (versus VO_2max)
IPAQ	2003 (2011 fr.)	Adulte	E	Type Fréquence Durée Intensité	27	Dépense énergétique Niveaux d'AP	Reproductibilité Validité (versus podomère)

AA : auto-administré ; E :adminsitrè par entretien ; AP : activité physique ; VO_2max : consommation maximale d'oxygène.

Source : Vuillemin *et al.*, 2012 ; p. 236.

b. Les mesures de la sédentarité

Si la sédentarité est définie selon une dépense énergétique faible et un comportement assis ou semi-assis, alors les mesures devraient refléter ces deux indicateurs, ce qui n'est pas toujours le cas. En effet, les premiers indicateurs utilisés pour rendre compte de la sédentarité sont le temps passé assis à regarder la télévision, jouer à des jeux vidéo. Or, tout comme la mesure de l'AP, la mesure de la sédentarité peut se faire de façon indirecte (questionnaires, carnet de bord) et de manière directe (inclinomètre qui peut quantifier le temps passé dans différentes postures : assis, debout, couché). Dans la littérature, il apparaît que décrire une AP demande de prendre en considération différents éléments tels que la fréquence, l'intensité, le temps (durée) et le type d'activité[1]. Selon Tremblay *et al.* (2010), nous pouvons transposer cette « formule » pour caractériser la sédentarité et ainsi mesurer le SITT :

- Sédentarité = fréquence (nombre d'épisodes sédentaire) ;
- Interruption (se lever en regardant la TV[2]) ;
- Temps (durée de la position assisse) ;
- Type de sédentarité (mode de sédentarité : regarder la TV, être assis derrière un bureau pour utiliser un ordinateur et travailler, ou jouer, ou « chater », conduire une voiture).

Dans ce contexte, la sédentarité engendre une dépense énergétique étant proche de la dépense énergétique au repos (<1.5 METs)[3]. Mais les définitions, mesures de ce comportement, sont loin de faire un consensus dans la littérature.

Mesurer la sédentarité peut se réaliser à travers des mesures subjectives (les plus utilisées). Ainsi nous retrouvons des questionnaires spécifiques aux adolescents (*Adolescent Sedentary Activity Questionnaire*[4], aux adultes[5]. Des questionnaires mesurant le taux d'AP proposent aussi des questions sur la sédentarité. C'est le cas du *Global Physical activity Questionnaire*[6] et de l'*International Physical Activity Questionnaire* (IPAQ). À côté de ces mesures dites subjectives, existent des mesures dites directes ou objectives. L'observation du comportement sédentaire peut se réaliser à travers des enregistrements vidéo, des actimètres, des mesures du temps passé assis[7].

1. Eley, Lichtenstein, & Moffitt, 2003.
2. Healy, Dunstan, Salmon, Cerin, Shaw, Zimmet, & Owen, 2008.
3. Owen, Leslie, Salmon & Fotheringham, 2000 ; Pate *et al.*, 2008.
4. ASAQ: Hardy, Booth & Okely, 2007.
5. Marshall, Miller, Burton & Brown, 2010.
6. GPAQ : OMS, 2010.
7. *Sitting pad*: Ryde, Gilson, Suppini & Brown, 2012.

3 Activités physiques, pour qui ?

Faire de l'activité physique ne correspond pas obligatoirement à faire un sport mais est essentiel dès le plus jeune âge, et ce jusqu'à l'âge le plus avancé possible. De nombreuses études scientifiques ainsi que les recommandations de l'OMS ou de l'INSERM vont dans le même sens en promouvant l'activité physique que ce soit chez l'enfant et l'adolescent, à l'âge adulte ou chez les personnes âgées. Néanmoins, pour chaque tranche de la vie, cette activité physique devra être adaptée aux capacités de chacun, à sa maturité physique et intellectuelle. Les intervenants qui proposent des AP, devront différencier selon le public les bénéfices recherchés (même si tous auront le même but principal : la santé de l'individu). Ainsi, il semble évident que Marie (40 ans, ancienne volleyeuse professionnelle) ne pourra pas faire la même AP en termes de qualité et de quantité, et sûrement pas pour les mêmes raisons que Théo (10 ans) à l'école primaire en pleine croissance et passant près de 6 heures par jour assis en classe, ou que Martine, 43 ans, mère de deux enfants et travaillant comme secrétaire dans un bureau 8 heures par jours, ou enfin qu'Yves, 68 ans, jardinier à la retraite ayant une prothèse de hanche !

1. Les bénéfices de la pratique d'activités physiques

Évoqués depuis l'Antiquité, les effets bénéfiques des activités physiques sont confirmés par toutes les études épidémiologiques. Selon l'INSERM (2008) :

> « Le risque de décès prématuré, notamment, est moindre chez les personnes physiquement actives, surtout chez les hommes : la pratique d'une activité modérée de 3 heures par semaine, ou d'une activité intense de 3 fois 20 minutes par semaine, diminue ainsi de 30 % le risque de mortalité prématurée. La pratique régulière d'une activité physique ou sportive améliore le bien-être émotionnel et physique, la qualité de vie subjective et la perception de soi. »

Ainsi, les bénéfices que peuvent amener un exercice physique régulier a été largement établi dans la littérature et inclut à la fois des améliorations psychologiques et physiques tant au niveau de la santé que du bien-être[1].

a. Les bienfaits pour la santé mentale

Selon l'INSERM (2008, p. 41-42), la pratique régulière d'activités physiques d'intensité modérée contribue au bien-être subjectif et à la qualité de vie globale en agissant sur les facteurs qui interviennent dans les différentes dimensions intégrées (expériences affectives positives par l'intégration au groupe ou regard positif de l'autre, baisse du niveau de stress, satisfaction par rapport au corps,

1. *United State Department of Health and Human Services*, 1996.

satisfaction par la participation active à la vie sociale). Ces répercussions psychiques sont constatées aussi bien au niveau de populations pathologiques que non pathologiques. Ainsi, par exemple Bize, Johnson et Plotnikoff, (2007) se sont concentrés sur les liens entre AP et qualité de vie chez des adultes en population générale. Leur revue de littérature permet de mettre en évidence une relation positive entre AP et qualité de vie (et ce à travers l'ensemble des recherches passés en revue). Autre exemple, Hörder, Skoog et Frandin (2013) ont montré que plus le niveau d'AP était élevé chez les personnes âgées, plus leur qualité de vie était bonne. Marck, Hadgkiss, Weiland, Van De Meer, Pereira et Jeninek (2014) mettent en évidence qu'une augmentation du niveau d'AP chez des personnes atteintes de sclérose en plaque permet d'améliorer la qualité de vie, notamment au niveau des dimensions suivantes : santé mentale, santé physique, fonctionnement social et vitalité (énergie). La littérature sur le sujet est abondante, si nous rentrons les mots clés *physical activity and quality of life* sur PubMed, nous recensons depuis 2010 plus de 5 900 articles... de quoi satisfaire votre curiosité !

Toujours selon cette expertise collective (2008, p. 41) :

> « L'activité physique régulière et d'intensité modérée a un effet bénéfique sur le bien-être (sentiment de compétence, image de soi, faible anxiété) des personnes âgées entre 55 et 75 ans sans pathologie. Les études montrent en particulier qu'une pratique physique ou sportive augmente faiblement mais significativement le niveau d'estime de soi. Cette augmentation est plus nettement mise en évidence au niveau des populations présentant au départ une mauvaise estime d'eux-mêmes. Un large consensus existe sur le rôle bénéfique de l'activité physique chez les adolescents en pleine période de bouleversement pubertaire corporel et psychique. Les répercussions positives se situent en particulier au niveau du stress, du bien-être, de l'image de soi, du fonctionnement social... Là également, les effets de l'activité physique sur l'estime de soi sont plus importants chez les adolescents qui souffrent d'une faible estime d'eux-mêmes. »

Les liens entre AP et dépression, anxiété, stress ont été largement mis en évidence dans la littérature. Par exemple, il existe une corrélation négative entre dépression et activité physique (Teychenne, Ball, & Salmon, 2008 ; 2010). En d'autres termes, plus je pratique de l'AP, moins j'ai de symptômes dépressifs ou inversement, moins j'ai de symptômes dépressifs, plus je pratique de l'AP. Ainsi Cooney, Dwan, Greig, Lawlor, Rimer et Waugh (2013) ont montré que la pratique régulière d'une AP permettait de diminuer les symptômes dépressifs, mais il est aussi démontré (Daley, 2008) que les symptômes dépressifs peuvent aussi entraîner une diminution de l'AP. Selon Mammen et Faulkner (2013), l'AP aurait également un rôle protecteur, ainsi promouvoir l'AP permettrait de diminuer les risques de développer des symptômes dépressifs.

Autre exemple qui permet d'apprécier les bienfaits de l'AP sur la santé mentale et au-delà sur des capacités d'apprentissage, d'attention et qui montre que le cloisonnement entre santé mentale, physique, sociale n'est pas si simple. Ratey (2008) a montré les effets de l'exercice physique sur l'activité cérébrale. Dans ce qu'ils ont d'essentiel, ses travaux révèlent que les facultés d'apprentissage s'en trouvent améliorées ainsi que l'attention et la plasticité cérébrale. L'exercice augmente la quantité de sérotonine, de noréphédrine et de dopamine, ce qui peut aider à reconfigurer le cerveau. Il existerait même un fertilisant pour le cerveau, une protéine (*brain-derived neurotrophic factor*) dont la quantité serait augmentée grâce à l'exercice, augmentant l'efficience des apprentissages et de la mémoire. Plus encore, Ratey (2008) a mis en évidence qu'une quantité abondante de sérotonine réduit également l'anxiété, la colère, l'impulsivité et l'agressivité tandis qu'un niveau insuffisant mène à la dépression. Elle facilite le repos, a une influence en retour sur l'activité physique, la gestion des émotions et la nutrition. On voit donc ici les effets bénéfiques de l'exercice physique. Ils incluent un bien-être général, une meilleure image du corps, une meilleure estime de soi et des perceptions de soi améliorées, un meilleur fonctionnement cognitif général chez les adultes plus âgés, une détresse émotionnelle réduite, une anxiété réduite et une dépression réduite[1].

Il est important de noter que l'activité physique n'enlève ou ne minimise pas seulement la maladie, mais qu'elle favorise aussi la santé chez les individus. Par exemple, beaucoup d'individus observent une augmentation des affects positifs et du bien-être après avoir participé à une activité. Le facteur « se sentir bien » ou « euphorie du coureur » constitue une réponse commune à la question de savoir pourquoi les personnes font de l'exercice, et ces émotions positives intenses peuvent être éprouvées sous forme aigue et chronique. En lien avec la théorie étendre-et-développer des émotions positives (Fredrickson, 2001), l'AP augmente les niveaux d'affects positifs, permettant ainsi aux individus de développer des ressources psychologiques, sociales, intellectuelles et physiques (Hefferon, 2011).

Dans des populations cliniques, il a été démontré que le repos n'est pas forcément ce qu'il y a de mieux. Des recherches menées avec des patients atteints de cancer démontrent que la participation à des activités peut induire une meilleure qualité de vie physique et psychologique[2]. Pour les patients atteints du sida, la participation à une AP peut réduire la progression du virus et augmenter le nombre de cellules susceptibles d'en ralentir la progression[3]. À cause des effets secondaires de la chimiothérapie pour ce qui concerne

1. Babyak, Blumenthal, Herman, Khatri, Doraiswamy, & Moore, 2000
2. Par exemple Mutrie, Campbell, Whyte, McConnachie, Emslie & Lee, 2007.
3. Arey & Beal, 2002.

le cancer, ou des traitements antirétroviral pour le VIH, l'AP peut aider à combattre les altérations de la composition du corps. Même la pratique du yoga, par rapport à une activité modérée, peut présenter certains avantages comme de restaurer un certain contrôle somatique et d'augmenter le sentiment d'efficacité et d'espoir chez des personnes atteintes d'une maladie physique.

AP et groupes

Si des effets bénéfiques de l'AP ont été mis en évidence pour l'individu en général, d'autres travaux ont pu montrer qu'il y a également des effets bénéfiques pour les groupes d'individus. Ainsi, l'organisation de séquences d'AP à destination de groupes peut développer une identité forte et un sentiment de cohésion (Fox, 2000). Les programmes d'AP réalisés au sein de municipalités par exemple peuvent avoir un effet sur des individus socialement exclus, comme les personnes âgées ou atteintes d'une maladie mentale, et leur permettre de s'investir auprès d'autres personnes qui sont dans une situation similaire. La participation à une activité et l'environnement que cela crée peuvent favoriser les conditions d'un bien-être psychologique (BEP) tel que Ryff et Singer (2006) l'ont décrit.

Autonomie, maîtrise de l'environnement, croissance personnelle, relations positives, avoir un but dans la vie, et l'acceptation de soi en sont les composantes (Ryff & Singer, 2006). Les communes, dans les politiques qu'elles conduisent en faveur de la pratique de toutes formes d'AP, ont un intérêt économique extrême à remettre les individus en activité, à les faire se lever de leur canapé et à les amener à quitter leur mode de vie sédentaire. Au Royaume-Uni, le coût de l'inactivité physique a par exemple été estimé à environ 8,2 £ milliards en 2002 (environ 11M€). Ce nombre est beaucoup plus élevé en 2010 et continuera vraisemblablement à grimper (Vuillemin, 2014). Les politiques qui peuvent être menées consistent à développer l'accès aux parcs, aux sentiers, ainsi que l'installation de pistes cyclables et la mise à disposition de vélos, favorisant un mode de déplacement plus vert et plus sain. En résumé, les effets de l'AP sont donc globalement positifs sur l'anxiété, la dépression, les perceptions de soi, ou les émotions (voir Trouilloud, 2011, pour une revue).

b. Les bienfaits pour la santé physique

« Un esprit sain dans un corps sain. » Ce célèbre adage laisse présumer de l'intérêt d'entretenir son corps pour la santé mentale. Dès lors quels sont les bienfaits de l'activité physique pour la santé physique dont on peut attendre en retour des effets sur la santé mentale ? En effet, les bienfaits de l'AP sur la santé ne sont plus à démontrer, mais qu'en est-il vraiment ? Il existe différentes formes d'activités physiques ayant chacune des bénéfices propres et des inconvénients (si pratique excessive ou mal adaptée) sur la santé physique. Toutes sont néanmoins complémentaires et permettent, si elles sont pratiquées de façon adéquate et individualisées d'améliorer et/ou de maintenir l'ensemble des qualités physiques nécessaires à une « bonne santé ».

L'activité physique permet le maintien et l'amélioration du système respiratoire : système physiologique vital permettant l'entrée et l'absorption de l'oxygène. Cela permet également de lutter et de diminuer certaines maladies touchant principalement les bronches, les poumons ou les muscles respiratoires tels que les différentes formes d'asthmes ou les insuffisances respiratoires. Associé à ces bénéfices, le maintien ou l'amélioration du système cardiovasculaire (cœur et vaisseaux sanguins) permettant quant à lui le transport de l'oxygène dans tout le corps et vers tous les organes n'est plus à démontrer (recommandations OMS 2010). L'AP permet ainsi de prévenir et de minimiser toutes les maladies pouvant toucher ce système (infarctus du myocarde, hypertension artérielle, maladie coronarienne, diminution du cholestérol)[1]. L'AP joue également un rôle important dans le maintien, la régulation et l'utilisation des réserves énergétiques et des hormones s'y rattachant. Cela permet une régulation de la dépense énergétique hebdomadaire limitant ainsi le surpoids et l'obésité[2], les maladies métaboliques (ostéoporose, diabète)[3] et autres désordres hormonaux[4]. De plus, faire régulièrement de l'AP permet un maintien des qualités musculaires essentielles (force, souplesse, puissance, explosivité) pour se déplacer, marcher, courir et avoir son train, porter des packs d'eau ou monter par les escaliers quand l'ascenseur est en panne par exemple. Associer aux qualités musculaires, l'AP permet le maintien de la santé articulaire, tendineuse et ligamentaire renforçant ces zones fragiles et sensibles (cheville, genou, épaule) pouvant se blesser facilement lors d'une chute par exemple (Phillips, 2009). Egalement, la coordination, l'équilibre, les réflexes et la conscience de son propre corps sont des qualités développées et maintenues par une pratique d'activité physique régulière et adaptée[5]. Enfin, l'activité physique pratiquée de façon intense permet une libération d'endorphine : neurotransmetteur libéré par l'hypophyse et l'hypothalamus entraînant une sensation de détente, de bien-être, de relaxation et parfois une envie de dormir.

c. Les bienfaits pour la santé sociale

Selon le contexte, l'activité physique peut également avoir des effets sur la santé sociale. En effet, le rôle joué par les interactions sociales accompagnant une pratique physique ou sportive a été mis en évidence[6]. Les expériences collectives générées par certaines formes d'activité physique peuvent déclencher un

1. Sobieszczańska, Kałka, Pilecki & Adamus, 2009.
2. Lipowski, Buliński & Krawczyński, 2009.
3. Gmada, Marzouki, Haboubi, Tabka, Shephard & Bouhlel, 2012.
4. Dumortier, Pérez-Martin, Pierrisnard, Mercier & Brun, 2002.
5. Ilg, Synofzik, Brötz, Burkard, Giese & Schöls, 2009 ; Garber, Blissmer, Deschenes, Franklin & Lamonte, 2011.
6. Hardcaste & Taylor, 2001.

renforcement du sentiment d'appartenance sociale, notamment au travers du soutien social perçu. Ces interactions sociales auraient des effets positifs sur le bien-être psychologique. Les opportunités fournies par une pratique physique de vivre des interactions sociales peuvent être particulièrement bénéfiques pour la santé mentale de certains groupes sociaux tels que les personnes âgées ou les individus dépressifs[1]. Le développement des contacts sociaux au travers d'une pratique physique ou sportive entraînerait la diminution du sentiment de solitude et de rupture avec l'environnement social. Ainsi, les relations sociales inhérentes à la pratique d'une activité physique, de même que le support mutuel susceptible de se produire lors de ces moments de pratique, joueraient un rôle important dans l'apparition de bénéfices psychologiques.

Les résultats des travaux ne convergent toutefois pas. Certaines études valident l'idée selon laquelle une pratique physique effectuée au sein d'un groupe peut avoir un effet positif sur le bien-être des participants, au moins lors des premiers moments de pratique[2]. En revanche, d'autres comparant des programmes d'entraînement individuels et collectifs laissent présager que vivre des interactions sociales n'est pas un élément indispensable à l'apparition de bénéfices psychologiques[3]. Quelques travaux suggèrent même que pratiquer seul chez soi engendre une plus grande diminution des syndromes dépressifs qu'une pratique collective[4]. Cette thématique est donc susceptible de générer des travaux de recherche destinés à comprendre le phénomène.

Selon Trouilloud (2011), plusieurs mécanismes semblent impliqués dans les bénéfices psychologiques de l'activité physique. Il précise qu'il n'existe pas de consensus actuel sur l'importance relative de ces mécanismes et qu'il est probable qu'ils opèrent séquentiellement et/ou simultanément. En outre, il est probable que ces processus agissent différemment d'une personne à l'autre. Les mécanismes sous-jacents à un changement émotionnel peuvent être différents pour un pratiquant néophyte et pour un coureur expérimenté par exemple, et c'est ce que révèlent les travaux de Biddle, Fox et Boutcher (2000). Un néophyte est probablement davantage influencé par des facteurs cognitifs (tels que la distraction psychologique) alors que le coureur expérimenté sera sans doute plus sensible à des phénomènes physiologiques (*cf.* encadré).

Le phénomène « d'extase du coureur »

L'extase du coureur est une sensation bien connue de tous les sportifs de haut niveau ou de tous les pratiquants effectuant plus de 30 minutes d'activité physique en continu avec une intensité élevée. Elle est majoritairement ressentie lors d'activité de type « endurance » (course à pied, cyclisme,

1. Biddle & Mutrie, 2001.
2. McAuley, Elavsky, Jerome, Konopack & Marques, 2005.
3. Glenister, 1996.
4. North, McCullagh & Tran, 1990.

ski de fond...) ou lors d'activité de type « fractionnés de haute intensité » (cardio-training, football, hand-ball, basket-ball, Step...). Cette sensation se caractérise par un état de bien-être, de flottement, de non douleurs, de puissance, de plaisir, de grâce, d'euphorie, de déplacements sans effort, que le sportif ressent durant la fin de l'effort physique et/ou pendant la phase de récupération (voir les travaux de Ratey évoqués précédemment).

Ces différences inter-individuelles (et les probables interactions entre les différents mécanismes) traduisent la complexité de cette thématique. Ainsi, plutôt que d'essayer d'identifier l'ensemble des mécanismes potentiellement impliqués dans les bénéfices psychologiques associés à une pratique physique, certains auteurs suggèrent d'aborder la question des causes de ces changements en termes de processus (voir Trouilloud, 2011, pour une revue). Ce ne serait pas seulement l'activité physique en tant que telle qui jouerait un rôle prépondérant dans la promotion (ou le maintien) du bien-être psychologique, mais plutôt le processus de faire (s'engager dans) une activité physique, et les conditions de cette pratique. Autrement dit, la manière de pratiquer semble avoir une grande importance plutôt que la seule pratique en elle-même. Le rôle du professionnel prend donc toute son importance.

Certaines conditions doivent être respectées afin que le pratiquant puisse tirer de sa pratique des bénéfices en termes de bien-être, et entre autre l'aspect social. À titre d'exemple, les caractéristiques de l'environnement social comme le type d'interactions engendrées par la pratique et les caractéristiques individuelles comme les motivations personnelles semblent jouer un rôle déterminant dans l'apparition des bénéfices psychologiques. Certains travaux suggèrent que les bénéfices psychologiques sont particulièrement importants lorsque le climat psychologique de pratique est en adéquation avec les motivations poursuivis par le pratiquant. De même, de nombreux travaux sous-entendent qu'il est important de considérer le plaisir ressenti lors de la pratique physique ; plus le plaisir associé à l'activité physique est grand, meilleurs seront les bénéfices sur le bien-être psychologique (Wankel, 1993). Il est donc nécessaire de comprendre comment le pratiquant alimente son plaisir dans/par l'action. Or les déterminants du plaisir sont différents d'une personne à l'autre, notamment en fonction de l'orientation motivationnelle poursuivie (voir chapitre 2). La théorie de l'autodétermination de Deci et Ryan (2002) est susceptible d'apporter des éléments de compréhension pour l'identification et la compréhension des différents mécanismes susceptibles d'intervenir dans l'amélioration du bien-être psychologique associée à une activité physique. Une des idées centrales de la théorie de l'autodétermination est que tout être humain cherche à satisfaire trois besoins psychologiques fondamentaux : les besoins de compétence, d'autonomie, et de relations sociales positives (voir chapitre 2).

« Le besoin de relations sociales positives recouvre les sentiments d'être connecté avec d'autres personnes de son environnement social, de recevoir du soutien et de l'attention de personnes significatives pour soi, et d'appartenir à une communauté ou un groupe social[1]. »

Par conséquent, un contexte de pratique qui favoriserait la satisfaction de ce besoin en particulier, mais aussi des deux autres, permettrait d'entretenir la motivation des individus à la pratique, avec les conséquences potentiellement positives sur leur bien-être social. Les activités physiques doivent donc être considérées comme des pratiques sociales ayant le potentiel de satisfaire les besoins psychologiques fondamentaux pour le développement du bien-être, charge au professionnel de savoir créer les conditions d'un contexte favorable.

d. Et chez les jeunes

Une étude réalisée en 2015[2] auprès de près de 1 851 adolescents âgés de 11 à 15 ans montre que le pourcentage d'adolescents ayant un risque de développer une maladie cardiovasculaire à l'âge adulte est respectivement de 15,3 et 10,2 % pour les garçons et les filles. Les auteurs mettent en évidence que la condition physique des collégiens résidant dans la région Île-de-France est relativement faible comparée aux normes européennes existantes. Compte tenu des résultats, la mise en place de programmes de promotion de la santé dans les écoles de la région Île-de-France est nécessaire afin d'améliorer la santé et la condition physique de ces adolescents. Une revue de littérature fondée sur 850 articles scientifiques a démontré de nombreux bienfaits chez les jeunes d'une AP d'une durée quotidienne de 60 minutes d'intensité modérée à élevée, à savoir[3] :

- réduction de l'adiposité, du cholestérol, de la pression sanguine, de l'anxiété, de la dépression ;
- amélioration de la santé cardiovasculaire, de la condition physique, des performances scolaires, de l'estime de soi, de la force musculaire, de l'endurance, de la minéralisation osseuse.

L'OMS précise que « les jeunes qui pratiquent une AP adoptent plus volontiers des comportements sains (comme éviter le tabac, l'alcool et la consommation d'autres drogues) et ont de meilleurs résultats scolaires[4] ». Des chercheurs ont montré qu'un style de vie actif pendant l'enfance et l'adolescence pouvait diminuer les risques et les problèmes en matière de santé des années plus tard. De plus, les jeunes qui étaient les plus actifs l'étaient plus tard dans leur vie d'adulte[5]. Cependant, la relation entre l'AP et son impact sur la santé globale

1. Trouilloud, 2011, p. 341.
2. Vanhelst, Czaplicki, Kern, Béghin & Mikulovic, 2015.
3. Strong, Mélina, Blimkie, Daniels & Gutin, 2005.
4. OMS, 2013c.
5. Trudeau & Shephard, 2005.

demande à être vérifiée[1]. Ces auteurs notent également qu'il y n'y a pas de mesures valides, de corrélations entre le comportement auto-déclaré et le comportement lui-même.

Ces travaux s'inscrivent parfaitement dans les grands axes de prévention primaire mis en place par les autorités publiques visant à lutter contre la sédentarité des populations, l'amélioration de la condition physique et de la qualité de vie, en particulier chez les plus jeunes. En intégrant les données subjectives des enfants et les mesures objectives de condition physique, ces travaux seront en mesure d'évaluer simplement et rapidement la condition physique des plus jeunes mais également de fournir les réponses adaptées aux enseignants et à la fonction publique grâce à la mise en place d'un programme d'activité physique « clé en main » pouvant être généralisé à toutes les écoles primaires du territoire français. Évaluer pour ensuite modifier les comportements et ancrer chez les plus jeunes des habitudes de vie active, bénéfique à long terme pour eux et plus largement pour notre société.

2. La pratique d'activités physiques, que des bénéfices ?

> « Entre angélisme et diabolisation, les conséquences psychologiques de l'activité physique doivent être appréhendées sous l'angle des connaissances scientifiques et de l'esprit critique[2]. »

De manière complémentaire, les conséquences doivent aussi être envisagées sous l'angle des bénéfices pour la santé physique. Selon l'OMS (2010, p. 14) :

> « Les recommandations mondiales sur l'activité physique pour la santé visent à fournir des orientations sur la relation dose-effet entre l'activité physique et les bénéfices qu'elle engendre pour la santé (c'est-à-dire la fréquence, la durée, l'intensité, le type et la quantité totale d'activité physique nécessaire pour améliorer la santé et prévenir les maladies non transmissibles). »

En deçà d'une certaine dose, ou quantité l'AP ne permet pas d'atteindre des bénéfices suffisants pour la santé, comme l'illustre la figure 5.1. Ce constat est repris par Godin, lorsqu'il modifie le calcul du score de son échelle[3] en ne prenant plus en compte les activités d'intensité faible, mais uniquement celles d'intensité modérée et élevée.

1. Dobbins, Husson, DeCorby & LaRocca, 2013.
2. Trouilloud, 2011, p. 343.
3. Godin et Shephard Leisure Time Physical Activity Questionnaire ; Godin & Shepard, 1985.

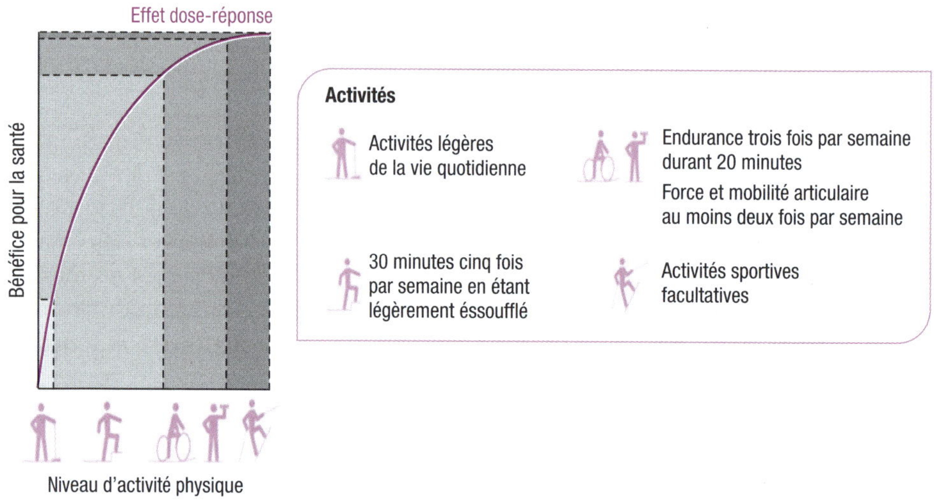

Figure 5.1 Relation entre le niveau d'AP et bénéfices pour la santé

3. La passion et l'activité physique ?

Quand on évoque la passion, c'est souvent en termes de « être passionné » ou « ne pas être passionné ». Ainsi, un individu serait ou pas passionné par le sport par exemple. Cette passion est usuellement associée à un fort engagement, des performances optimales, et globalement à des conséquences positives. Est-ce aussi simple ? Qu'est-ce que la passion précisément ? Quelles sont ses conséquences potentielles ?

Les premiers travaux en psychologie de la passion sont récents (voir Vallerand, Gousse-Lessard & Verner-Filion, 2011, pour une revue). La passion représente cette force qui amène la personne à s'impliquer dans une activité qu'elle aime, qui la définit (en tant que sportive par exemple) et qui importe pour la personne. Les recherches démontrent qu'un type de passion en particulier, la passion harmonieuse, permet à la personne de fonctionner de façon optimale (Vallerand, 2010, 2015).

> « Quand nous nous levons le matin avec le sourire au visage parce qu'aujourd'hui est notre journée "basket" ou parce que nous avons rendez-vous avec des amis pour jouer de la guitare, les émotions générées par cette passion produisent un impact positif sur notre organisme tout entier avec des ramifications positives nombreuses et importantes. En somme, la passion déclenche une série de

phénomènes positifs qui nous aide à fonctionner de façon optimale dans notre vie de tous les jours[1]. »

Vallerand et ses collègues[2] ont développé un modèle dualiste permettant de mieux comprendre ce qu'est la passion envers une activité. Le modèle dualiste de la passion envers une activité définit la passion comme « une vive inclination envers une activité qu'une personne aime, valorise et dans laquelle elle investit régulièrement temps et énergie[3] ». La passion est donc une puissante force motivationnelle. De plus, la passion est intériorisée dans l'identité de l'individu pratiquant l'activité. Ainsi, il y a de fortes chances qu'un individu passionné par le sport se décrive, du moins en partie, comme un sportif. Selon Vallerand, il existe deux processus distincts par lesquels une activité passionnante peut être intériorisée dans l'identité d'un individu. Ces processus mènent à deux types de passion, soit la passion harmonieuse (PH), soit la passion obsessive (PO). Une intériorisation de type autonome résulte en une PH.

La passion harmonieuse

Dans cette perspective, l'activité passionnante s'harmonise aux autres sphères de la vie de la personne passionnée. Elle y prend une place centrale, mais non excessive. De plus, aucune contingence n'est associée à l'activité passionnante. Ainsi, l'individu est en mesure de choisir librement de s'engager ou non dans l'activité qu'il aime, sans pression ni contrainte. Par exemple, il ne sent pas obligée de faire une activité, il n'a pas mauvaise conscience s'il ne la fait pas, etc. De plus, la PH est associée à un engagement flexible dans l'activité. Par conséquent, si la personne passionnée n'est pas en mesure de pratiquer l'activité voulue, elle sera capable de s'adapter à la situation et de concentrer son attention ainsi que son énergie sur les autres tâches à effectuer, et ce, sans ruminations relatives à l'activité passionnante. Par exemple, un sportif passionné par la musculation mais qui ressent une douleur à une épaule sera capable de renoncer à un entraînement qui était programmé. Il se mettra au repos ou s'entraînera différemment sans ressentir de mauvaise conscience à ne pas faire ce qui était prévu. On peut donc considérer que l'individu ayant une PH contrôle son engagement dans son activité. Il est en mesure de décider quand s'engager et quand ne pas s'engager dans celle-ci. La PH mène généralement à des conséquences plus positives pendant et après la pratique de l'activité (émotions positives, comportements adaptatifs, meilleur ajustement psychologique...).

1. Vallerand *et al.*, 2011, p. 346.
2. Vallerand, 2010 ; Vallerand *et al.*, 2011.
3. Vallerand *et al.*, 2011, p. 347.

La passion obsessive

À l'opposé, la PO résulte d'une intériorisation contrôlée de l'activité dans l'identité de la personne. L'individu ressent ici un désir incontrôlable de pratiquer l'activité qu'il aime. Il est dit « contrôlé » par l''activité. Cette intériorisation renvoie donc à une pression interne amenant la personne à s'engager dans l'activité passionnante sans sentir qu'elle en a vraiment le choix. Occupant une place disproportionnée dans la vie du passionné, l'activité peut mener à des conflits entre les différents domaines de vie. Reprenons le cas évoqué précédemment de notre sportif passionné par la musculation. Passionné de manière obsessive, bien qu'il ressente une douleur à une épaule, il va malgré tout s'entraîner et enchainer des séries de développés couchés, prendre les charges qui étaient initialement prévues et prendre le risque d'une aggravation de la douleur. En d'autres termes, contrairement à la PH, la PO est associée à une persistance rigide face à l'activité, et peu importent les émotions (culpabilité, frustration) ou les conséquences associées à la pratique de l'activité, l'individu continuera d'y investir temps et énergie, et ce, même au détriment de son propre bien-être émotionnel ou physique.

Il a donc été démontré que la santé physique pouvait être affectée par la passion. En effet, les résultats d'études réalisées auprès de danseurs universitaires[1] et de coureurs[2] ont révélé que la PO est associée positivement aux blessures. Il a été démontré que la PO serait plus spécifiquement responsable du nombre de semaines d'arrêt d'entraînement en cas de blessures chroniques ainsi que de comportements inadéquats (ignorer la douleur, cacher sa blessure). La PH quant à elle est positivement associée à la recherche active d'information concernant les blessures et leur traitement, et négativement aux comportements inadéquats[3]. En résumé, les résultats des recherches révèlent que la PH semble soutenir des comportements beaucoup plus adaptatifs et sécuritaires en cas de blessure que la PO. Pour Vallerand et ses collaborateurs (2008), les deux types de passion sont associés à la pratique délibérée qui est elle-même prédictrice de la performance. Complémentairement, leurs résultats ont permis de montrer que seule la PH était associée au bien-être psychologique. Celle-ci a donc un rôle doublement adaptatif à la fois sur la performance et sur le bien-être. En résumé, la PH est habituellement associée à des conséquences positives et adaptatives alors que la PO l'est plutôt à des conséquences négatives. Dès lors, comment développer la première ? Comment limiter le développement de la seconde ?

1. Rip, Fortin & Vallerand, 2006.
2. Stephan, Deroche, Brewer, Caudroit & Le Scanff, 2009.
3. Rip *et al.*, 2006.

Selon ce modèle, trois processus influencent le développement de la passion envers une activité. Ce point appelle d'ailleurs une précision. Il est bien question d'être passionné envers une activité en particulier, et non pas d'être passionné en général, à l'instar de ce que serait un trait de caractère. Il y a donc pour Vallerand *et al.* (2011) trois processus différents :

- la sélection de l'activité réfère au fait que l'individu choisit par lui-même de pratiquer l'activité et qu'il la préfère à d'autres. Si ce choix reflète les intérêts de l'individu tout en étant cohérent avec son identité, cela devrait contribuer au développement d'une passion envers cette activité ;
- l'importance subjective qu'accorde l'individu à l'activité joue un rôle fondamental dans l'intériorisation de l'activité dans l'identité. Plus une activité est importante, plus elle sera intériorisée dans l'identité de la personne. Par conséquent, plus celle-ci sera passionnée envers l'activité ;
- l'intériorisation de l'activité dans l'identité de l'individu. Une intériorisation dite contrôlée de l'activité dans l'identité devrait mener au développement d'une PO alors qu'une intériorisation de type autonome mènerait à une PH.

De plus, il est postulé que le degré avec lequel l'environnement social de l'individu (proches, famille) soutient l'autonomie de la personne[1] quant aux choix de l'activité ainsi qu'à l'importance à y accorder, est un déterminant des plus importants dans le processus d'intériorisation de l'activité. Autrement dit, en tant que professionnel des activités physiques et sportives, il convient d'être vigilant afin de susciter plutôt le développement et l'entretien d'une PH plutôt qu'une PO. Être vigilant sur les trois points qui viennent d'être évoqués peut permettre, en complément bien évidemment à l'action des autres intervenants dans l'éducation des jeunes, voire des moins jeunes, le développement et l'entretien d'une PH dont les effets bénéfiques ont pu être mis en évidence à la fois sur la performance, mais aussi sur la santé et le bien-être.

D'autres facteurs vont également avoir potentiellement un effet, et notamment des facteurs de personnalité. Selon ce modèle, une personnalité d'orientation autonome (qui a tendance à faire les choses par plaisir et/ou par choix) est associée à un processus d'intériorisation de type autonome. À l'opposé, une personnalité d'orientation contrôlée (qui a tendance à faire les choses parce que l'on ressent des pressions internes ou externes) est associée à un processus d'intériorisation contrôlée. Une personnalité autonome prédit le développement de la PH alors qu'une personnalité contrôlée prédit plutôt le développement de la PO.

En résumé, certains déterminants sociaux et individuels influençant le processus d'intériorisation de l'activité dans l'identité, couplés avec l'importance subjective de l'activité, mènent au développement des deux types de passion

1. Deci & Ryan, 1987.

dont l'une, la PH s'avère avoir des effets bénéfiques pour l'individu, et l'autre, la PO, des effets potentiellement délétères. Et c'est peut-être la PO qui est à l'origine des pratiques excessives de certaines personnes, pouvant par exemple amener à la dépendance.

4 Quels sont les risques d'une pratique physique excessive ?

La pratique régulière d'une AP amène des bénéfices pour la santé comme nous l'avons vu précédemment. Cependant de plus en plus d'études montrent que la pratique physique peut, dans certaines conditions, être à risques pour la santé. Franques, Auriacombe et Tignol (2001) recensent deux risques majeurs. D'une part le développement d'une dépendance à l'AP (aboutissant le plus souvent à une pratique excessive) et d'autre part la possibilité du recours à des pratiques dopantes. Ces deux risques pouvant évoluer conjointement.

1. La pratique problématique d'AP : est ce vraiment un moindre mal ?

La pratique problématique de l'AP est aussi nommée « dépendances à l'AP ».

Les « dépendances » qu'elles soient avec ou sans substances, sont toutes connotées négativement du fait de leurs symptômes psychologiques, physiques et des conséquences négatives qu'elles entraînent toutes sauf deux : la « dépendance » à l'AP et la dépendance au travail.

Les représentations socialement valorisantes de la pratique de l'AP, les campagnes de prévention qui prônent un mode de vie actif, une pratique physique régulière, mais aussi la mise en avant d'exploits sportifs (triathlons Iron man, ultra-trail) font de la dépendance à l'AP une dépendance largement dédramatisée. Or, il existe bel et bien des conséquences négatives à cette pratique problématique. Dès 1979, Carmack et Martens diront que « lorsque l'AP n'est pas pratiqué, on remarque une espèce de douleur, de tristesse et une irritabilité chez les personnes ». Il est à noter que l'élargissement du concept de dépendance à des dépendances comportementales ne fait pas l'objet d'un consensus. La définition de Goodman (1990) nous permet de mieux comprendre ce concept :

> « L'addiction est un processus par lequel un comportement, qui peut fonctionner à la fois pour produire du plaisir et pour soulager un malaise intérieur, est utilisé sous un mode caractérisé par 1) l'échec répété dans le contrôle de ce comportement et 2) la persistance de ce comportement en dépit de conséquences négatives significatives. »

2. La pratique problématique de l'AP : définitions

Les chercheurs utilisent différentes terminologies (*exercise dependence, obligatory running, morbid exercising, running addiction, excessive exercising, fitness fanaticism, compulsive athleticism*) pour parler d'un même phénomène. La terminologie « dépendance » est un peu « délicate » à notre avis, car seul le jeu pathologique a été considéré comme étant un trouble addictif selon le manuel diagnostique et statistique des troubles mentaux, le DSM-V (*American Psychiatric Association*, 2013). Cependant cela ne signifie pas que des pratiques problématiques en lien avec d'autres objets ou comportements n'existent pas. À la terminologie dépendance, nous préfèrerons donc celui de pratique problématique.

Nous parlons de pratique problématique à l'AP (PPAP) quand l'activité entraîne une souffrance chez la personne qui la pratique ou chez ses proches, quand elle devient de plus en plus envahissante, répétitive voire incontrôlable, entraînant des dommages physiques (telles que des blessures à répétitions) et des conséquences psychologiques (syndrome de surentraînement, burn-out, dépression).

On voit combien ici le cadre théorique de la passion, et plus précisément de la passion obsessive, pourrait être un cadre pertinent afin de comprendre ce phénomène. Il n'y a pas de définition unique de la PPAP. Dans la littérature, deux types de définition sont recensés. Celles qui prennent appui sur les critères diagnostiques de dépendance aux substances du DSM-IV (*American Psychiatric Association*, 2000) et celles qui utilisent les composantes comportementales des dépendances. Au regard de cette double composante, la définition d'Hausenblas et Downs (2002) semble pertinente puisqu'elle recoupe ces deux éléments. En effet, ces auteurs définissent la PPAP comme un besoin intense d'AP qui aboutit à une pratique extrême et qui génère des symptômes physiologiques (blessures à répétition) et/ou psychologiques (états affectifs négatifs si la personne ne peut pas pratiquer).

Ainsi, la PPAP est définie comme étant la participation à un AP pendant son temps libre, se manifestant à travers un comportement compulsif, excessif et incontrôlable. L'AP est ainsi pratiquée de façon extrême – en fréquence et en durée – et est associée à une pulsion irrésistible de continuer l'AP en dépit des blessures, de la maladie, de la fatigue ou d'autres obligations personnelles.

a. Signes cliniques

Selon Hausenblas et Downs (2002), il existe sept signes cliniques qui peuvent caractériser une PPAP.

- La tolérance : la nécessité d'augmenter la quantité d'exercice physique pour atteindre les effets désirés.

- Le sevrage : défini soit par des effets psychologiques (inquiétude) et physique (fatigue qui régresse paradoxalement avec la reprise de l'activité physique) se produisant pendant les périodes sans exercice physique.
- L'intention : correspond à la pratique de l'exercice physique dans de plus grandes quantités que prévues ou sur une période plus longue que prévue.
- Le manque de contrôle : correspond à un désir persistant ou à des efforts infructueux pour mettre fin ou contrôler la pratique d'exercice physique.
- Le temps passé : correspond au temps consacré par la personne pour pratiquer son exercice physique, le transport, les achats de matériel.
- L'abandon ou réduction des autres activités : il s'agit des activités sociales, professionnelles, ou de loisir qui sont abandonnées ou diminuées pour s'adonner à l'exercice physique.
- La continuité : l'exercice physique est pratiqué malgré un problème physique ou psychologique persistant ou récurrent. Ce problème est susceptible d'avoir été provoqué ou aggravé par l'exercice physique (par exemple, continuer de courir malgré des blessures).

b. Prévalence

La prévalence des personnes ayant une PPAP est variable selon les études et donc les échelles utilisées, le public recruté, les méthodologies employées. Selon Landolfi (2013), les études épidémiologiques révèlent des taux de prévalence allant de 0,3 %[1] à 51,4%[2]. En France, il semblerait que 4 % de la population sportive générale soit susceptible de « glisser » vers la PPAP (INSERM, 2008). Lejoyeux, Avril, Richoux, Embouazza et Nivoli (2008), évaluent à 42 % les personnes ayant une PPAP dans les salles de fitness parisiennes.

c. Facteurs de risque

Nous constatons donc qu'il existe des corrélations positives et significatives entre le taux d'AP et la PPAP. Concrètement et en général, plus je pratique un exercice physique, plus mon score à la PPAP est important. Ce qui ne signifie pas pour autant que tous les pratiquants réguliers, ou tous les sportifs de haut niveau, présentent de fait une PPAP. La littérature montre que les activités centrées sur les formes corporelles, la masse corporelle, l'endurance, telles que l'haltérophilie, la danse, le triathlon, le marathon, le cyclisme sont identifiées comme étant plus à risque de développer une pratique problématique. Ces activités sont également associées à des troubles du comportement alimentaire et/ou à la présence de dysmorphophobie musculaire.

Il est possible d'expliquer ce phénomène de pratique problématique par une dépendance à la dopamine et aux endorphines, deux véritables hormones du

1. Monok, Berczik, Urban, Szabo & Griffiths, 2012.
2. De Moor, Beem, Stubbe, Boomsma & De Geus, 2006.

plaisir, dont la sécrétion est stimulée par l'exercice physique comme cela a été évoqué précédemment. Au final, elles ont des effets positifs, et c'est ce qui a été évoqué, mais peut en retour également avoir des effets délétères lorsque l'individu devient dépendant. Où situer la barre ? Quelles limites ? Quel est le point d'équilibre ? Ce facteur physiologique vient donc s'ajouter aux facteurs psychologiques susceptibles d'être en jeu.

d. Type de personnes présentant une pratique problématique

Cependant, le genre (les filles sont moins vulnérables), le niveau de pratique, mais également des facteurs plus psycho-sociologiques comme l'environnement socio-familial ou les facteurs de personnalité sont autant de facteurs amplifiant ou limitant cette vulnérabilité. Certaines études signalent chez les personnes ayant une PPAP une tendance à présenter des traits obsessionnel-compulsifs[1], des scores en recherches de sensations et goût de l'effort élevés, mais des scores de franchise et compliance faible[2].

Des relations entre trait de personnalité et PPAP sont également envisagées. L'une des théories de référence en matière de personnalité est celle du Big Five[3] selon laquelle cinq grands facteurs permettraient de caractériser la personnalité des individus

Le Big Five

Névrosisme : le névrosisme rend compte de la prédisposition d'une personne à percevoir et à ressentir la réalité comme menaçante, problématique et pénible. Anxiété, dépression, colère, timidité, impulsivité, vulnérabilité sont les facettes qui composent à cette dimension.

Extraversion : tendance à la sociabilité, à être d'un naturel actif, confiant et optimiste. Les facettes chaleur, grégarité, assertivité, activité (rythme rapide, vigueur et énergie), recherche de sensations et émotions positives composent cette dimension. L'inverse de l'extraversion est l'introversion.

Ouverture : l'ouverture rend compte de la curiosité d'une personne envers son univers interne et externe. Les facettes de cette dimension sont l'ouverture aux rêveries, à l'esthétique, à l'émotion, aux actions, aux idées peu communes, et aux valeurs.

Caractère consciencieux : le caractère consciencieux rend compte de la capacité d'une personne à respecter des obligations, à s'astreindre à une autodiscipline plus ou moins stricte, favorisant des actes organisés et réfléchis orientés vers des buts plutôt que des actes spontanés. Compétence, ordre,

1. Thome & Espelage, 2007.
2. Lichtenstein, Christiansen, Elklit, Bilenberg & Stoving, 2014.
3. McCrae & Costa, 2006 par exemple.

sens du devoir, recherche de réussite, autodiscipline, délibération sont les facettes de cette dimension. L'inverse de la consciencïosité est l'impulsivité.

Agréabilité : dimension qui concerne la nature des relations avec les autres (empathie, bienviellance, chaleur...). La confiance, la droiture, l'altruisme, la compliance, la modestie, la sensibilité sont les facettes qui composent cette dimension.

Yates *et al.* (1983) mettent en évidence une corrélation positive entre extraversion et PPAP. Des corrélations négatives entre névrosisme, agréabilité et PPAP ont été montrées[1]. Les personnes présentant des symptômes de PPAP tendent à avoir des scores élevés en névrosisme[2], perfectionnisme[3], anxiété[4]. Par ailleurs, Kern (2010) met en évidence des relations différentes entre les dimensions de la personnalité et le public questionné. En ce qui concerne les adhérents des associations sportives, ce sont les dimensions agréabilité et ouverture qui expliquent le plus la variance de la PPAP. Les dimensions stabilité émotionnelle et ouverture quant à elles expliquent le plus la variance de la PPAP chez les étudiants en STAPS. Ce résultat suggère que les motivations à la pratique sont fondamentales à prendre en compte. Au-delà de ces résultats, le débat sur l'existence même d'une personnalité type versus des personnalités types de personnes ayant des scores élevés dans l'échelle de la PPAP est à discuter.

3. Motivation à la pratique d'un AP

Veale (1995) montre l'importance d'identifier les raisons qui poussent les personnes à pratiquer. Cet auteur distingue deux types de PPAP :

- la PPAP primaire : l'AP est une fin en soi, les individus sont intrinsèquement motivés par l'EP. Ils contrôlent leur poids uniquement pour améliorer leur performance[5] ;
- la PPAP secondaire se voit surtout à travers des troubles du comportement alimentaire, les individus sont extrinsèquement motivés par l'AP, dans l'espoir de contrôler leur poids ou changer leur taille.

La différence entre ces deux types de pratique peut donc être établie en clarifiant l'objectif du pratiquant[6]. Cette différenciation est fondamentale afin d'adapter la prise en charge des patients ou de mieux comprendre et expliquer la PPAP. Selon Freimuth, Moniz et Kim (2011) le facteur clé afin de reconnaître

1. Andreassen, Griffiths, Gjertsen, Krossbakken, Kvam et Pallesen (2013).
2. Hausenblas & Giacobbi, 2004
3. Hall, Kerr, Kozub, & Fmnie, 2007
4. Grandi, Clementi, Guidi, Benassi, & Tossani, 2011
5. Zmijewski & Howard, 2003.
6. Hausenblas & Downs, 2002.

les personnes à risque de PPAP est bien l'identification des motivations à la pratique.

4. Co-morbidités associées à la PPAP

Selon la littérature, la PPAP est fortement associée à des troubles du comportement alimentaire[1]. Pour Aidman et Woollard (2003), 15 à 20 % des sportifs ayant une PPAP sont dépendants à la nicotine, à l'alcool[2] ou autres drogues illicites. Sussman, Lisha et Griffiths (2011) montrent que plus de 25 % des personnes ont une co-dépendance, ainsi l'achat compulsif a été largement identifié chez les personnes ayant une PPAP[3]. Alors que selon Carnes, Murray et Charpentier (2005), la PPAP est fréquente chez des personnes dépendantes au sexe. Haylett, Stephenson et Lefever (2004) montrent à travers leur étude que les personnes souffrant de PPAP ont tendance à avoir des comportements problématiques avec la caféine, la nourriture et les achats compulsifs. MacLaren et Best (2010) quant à eux montrent en plus de ces co-dépendances une dépendance au travail pour ces personnes ayant une PPAP. Elle peut être aussi perçue comme étant un moyen de diminuer les tensions, le stress, et ainsi retrouver un certain équilibre, En effet l'hyperactivité physique est souvent utilisée par les patients comme un moyen efficace à court terme pour éviter les ruminations mentales et les symptômes d'anxiété.

5. Mesurer la PPAP

Deux instruments peuvent être évoqués :

- l'Exercise Dependence Scale-Revised (EDS-R), de Hausenblas et Downs (2002) ;
- l'Exercise Dependence Questionnaire (EDQ) de Ogden, Veale, & Summers, 1987.

Ces deux échelles ont été également testées avec satisfaction en clinique[4].

a. L'EDS-R

Cet outil est composé de sept dimensions constituées de trois items chacune :

- le sevrage : ensemble des effets psychologiques et physiques qui apparaît si la personne dépendante ne pratique pas l'AP ;
- la continuité : la personne va continuer son EP malgré un ou des problèmes physiques ou psychologiques persistants ou récurrents, susceptibles d'avoir été provoqués ou aggravés par l'AP ;

1. TCA, Bratland-Sanda, Martinsen, Rosenvinge, Ro & Hoffart, 2011.
2. Martin, Martens, Serrao & Rocha, 2008.
3. Lejoyeux *et al.*, 2008.
4. Kotbagi, Muller, Romo, & Kern, 2014.

- la tolérance : degré auquel la personne ressent la nécessité d'augmenter la quantité d'AP pour atteindre les effets désirés ;
- le manque de contrôle : désir persistant ou des efforts infructueux pour mettre fin à la pratique d'AP ;
- la réduction des autres activités : réduction voire même abandon d'autres sources d'intérêts et de plaisir comme ses activités sociales, professionnelles ou de loisirs afin de s'adonner à l'AP ;
- le temps passé : la personne va accorder beaucoup de temps aux activités liées à l'AP, que ce soit le transport, l'achat de nouveau matériel, le temps de récupération et la pratique de l'AP elle-même ;
- l'intention : pratiquer un EP en plus grande quantité ou sur une période plus longue que celle prévue initialement par la personne.

Le mode de réponse est formalisé sur une échelle de 1 à 6 points. Un score élevé (moyenne à l'ensemble des items (max = 6/6)) témoigne d'une pratique problématique. Ces sept dimensions sont corrélées entre elles. Les qualités psychométriques des versions anglaises et françaises sont satisfaisantes. Dans une dynamique catégorielle, cette échelle peut permettre de catégoriser les individus selon trois groupes (*cf.* manuel de l'EDS[1]) :

- les individus à risque ;
- les individus non dépendants avec des symptômes de dépendance ;
- les individus asymptomatiques.

Cependant cette échelle peut aussi se concevoir dans une dynamique dimensionnelle, c'est-à-dire l'étude des relations entre chacune des dimensions et les variables étudiées.

b. L'EDQ

Un autre instrument largement utilisé dans la littérature est l'Exercice Dependence Questionnaire. Ces auteurs conceptualisent la PPAP comme une combinaison de modèles traditionnels de la dépendance (sevrage, tolérance, comportement répétitif, conséquences psychologiques) et les motivations à la pratique. Cet outil est un questionnaire auto-rapporté constitué de 29 items, qui sont rapides et faciles à remplir. Ces 29 items saturent sur huit dimensions.

Le score à l'EDQ donne le reflet de la motivation à continuer un EP en tenant compte du sevrage (défini comme pour l'EDS), des récompenses positives suivant l'AP (correspondant aux récompenses positives que la pratique de l'AP amène pour la personne), du désir de pratiquer afin de contrôler son poids et ses formes, de permettre des contacts sociaux et de rester en bonne santé. Il met en avant :

1. http://www.personal.psu.edu/dsd11/EDS/EDS21Manual.pdf

- les problèmes internes correspondant au manque de contrôle de sa pratique d'AP, et au caractère envahissant de cette pratique dans la vie de la personne ;
- l'interférence de la pratique de l'AP avec la vie sociale, professionnelle et familiale (correspondant aux activités qui sont abandonnées ou diminuées pour pratiquer un EP) de la personne.

Cet outil permet de souligner aussi le degré de rigidité du comportement à savoir si le comportement est excessif et stéréotypé. Ces huit dimensions sont inter-corrélées. Le point fort de ce questionnaire réside, pour des cliniciens, en la prise en compte des motivations du pratiquant. Les qualités psychométriques sont satisfaisantes en anglais[1] et en français[2]. Cet outil s'utilise tant de façon catégorielle (un score total supérieur à 116 témoigne d'une pratique problématique) que dimensionnelle, tout comme l'EDS-R. Ce point de césure correspondant à des réponses supérieures ou égales à quatre sur une échelle de un à sept points, c'est-à-dire des réponses supérieures au score moyen.

La sédentarité et l'inactivité physique sont des sujets qui interpellent beaucoup les chercheurs et les pouvoirs publics. Mais peu de personnes parlent de la PPAP et de ces effets. Or la pratique de l'AP peut être comprise sur un continuum allant de l'inactivité physique complète (aucune pratique) à la pratique problématique avec à côté « le taux de sédentarité » pour chaque individu. Seules les personnes ayant une pratique modérée et régulière, individualisée et adaptée à leur âge, à leur morphologie, à leur motivation semblent bénéficier des effets positifs de l'AP. Les personnes pratiquant de façon excessive une AP présentent des risques de problèmes physiques, mais également des problèmes psychologiques. L'évaluation de la PPAP reste difficile et peu de personnes vont consulter spontanément car leur pratique physique pourrait poser un problème. Par ailleurs, il est difficile de savoir si cette pratique excessive est une façon de gérer d'autres problèmes (PPAP secondaire) ou au contraire si elle est une fin en soi (PPAP primaire). Cependant cette distinction est fondamentale pour la prise en charge. Cette dernière comporte un volet de comportements alternatifs, un travail cognitif sur les croyances, attitudes et le sens de l'AP, dans la vie de la personne. Il sera nécessaire de proposer un travail sur la gestion des émotions négatives, pour lesquelles l'AP est devenue une stratégie de gestion inadaptée et source de souffrance[3]. Mais compte tenu des effets potentiellement délétères de la PPAP, il est important que tout professionnel de l'activité physique, sportive ou non, soit sensibilisé à ce phénomène afin qu'il s'inscrive dans une logique préventive qui consiste à proposer une pratique adaptée et équilibrée aux personnes dont il a la charge. Mais comment trouver ce point d'équilibre ? Quel est-il ? Est-il possible de le généraliser quels que soient les individus ?

1. Hausenblas & Downs, 2002.
2. Kern, 2007.
3. Kern *et al.*, 2014.

Concrètement, une question d'équilibre, mais comment ?

Dans le domaine de la pratique physique, qu'elle soit sportive en vue de la participation à des compétitions, ou plutôt d'entretien de sa santé ou des relations avec des partenaires d'entraînement, des amis, du réseau social, le maître mot pour le professionnel est sans aucun doute la planification. La fonction de la planification est l'anticipation. Que faut-il comprendre ? La mission du professionnel est sans aucun doute de cibler les objectifs du pratiquant afin de l'aider à les atteindre. Pour cela, ils doivent à la fois être hiérarchisés, organisés dans le temps, et évalués. Les demandes d'une personne qui découvre la pratique d'activités physiques, celle d'une personne compétitrice, ou d'une personne en phase de réathlétisation quand il s'agit de prendre le relai d'une équipe médicale ne sont bien évidemment pas les mêmes. La progressivité est donc aussi un élément déterminant à prendre en compte. Conjointement doit se mettre en place le programme destiné à permettre l'atteinte des objectifs qui auront été planifiés. Ici entre la capacité du professionnel à alterner les phases de travail, et les phases de récupération. Les notions de charges de travail seront déterminantes. Dès lors qu'il y a entraînement, il doit y avoir progrès que ce soit en termes moteurs ou physiologiques. Quelles sont les clés de l'équilibre ? Le plus n'est ici pas forcément l'ami du mieux ! En effet, s'il existe de grands principes pour élaborer une planification d'entrainement, c'est l'individualisation et la communication qui permettront sans doute d'ajuster en permanence la pratique. En effet, c'est ici au professionnel d'être capable d'écouter l'athlète ou ses clients de manière à évaluer le niveau d'engagement afin de l'ajuster le cas échéant. C'est donc en partie à lui que revient la responsabilité de l'équilibre de la pratique, entre un engagement bénéfique pour la santé, pour la progression vers les objectifs fixés à conditions qu'ils soient réalistes et un engagement qui basculerait vers une pratique excessive nuisible à plusieurs égards. Il conviendra de garder à l'esprit que la médecine sportive est une spécialité à part entière, et que cela n'est évidemment pas un hasard. Dès lors, une pratique propice à la santé ne peut qu'être complexe à concevoir dans son équilibre et appelle à la vigilance.

Résumé de ce chapitre

Les bienfaits du sport et/ de l'activité physique pour la santé sont unanimement reconnus. Pourtant, force est de constater que durant les fins de semaine, les urgences des hôpitaux sont souvent saturées de sportifs qui viennent consulter suite à des blessures occasionnées lors de leur pratique sur des terrains ou dans des gymnases. Le sport n'aurait-il finalement pas aussi des conséquences délétères ? N'y a-t-il pas une dose optimale de pratique sportive ? Ne vaut-il pas mieux parler d'exercice physique ou d'activité physique ? Ce chapitre définit d'abord ce qu'est la santé. En effet, est-il question d'absence de maladie ou d'autre chose ? Ensuite, les différents types de pratiques sont présentés afin de situer le propos qui sera tenu selon qu'il sera question de sport, d'exercice physique ou d'activité(s) physique(s). Les effets bénéfiques de la pratique sont développés ainsi que les critères qu'il est possible de prendre en compte pour mesurer les risques de pratique excessive. Pour finir sont présentés aussi les limites de la pratique et les risques que celle-ci est susceptible de présenter dès lors qu'elle devient excessive. Quelques causes potentielles sont évoquées, ainsi que les moyens de les prévenir.

5 Bibliographie

Vous trouverez ici les ouvrages essentiels sur le sujet. La bibliographie complète du chapitre est disponible en ligne, sur le site www.dunod.com : rendez-vous à la page de l'ouvrage.

Biddle, S., Fox, K., & Boucher, S. (2000). *Physical activity and psychological well-being*, London: Routledge.

Cooney, G. M., Dwan, K., Greig, K. A., Lawlor, D. A., Rimer, J., & Waugh, F. R. (2013). Exercise for depression. *Cochrane Database of Systematic Reviews* 2013, 12 (9).

Dobbins, M., Husson, H., DeCorby, K., & LaRocca, R. L. (2013). School-based physical activity programs for promoting physical activity and fitness in children and adolescents aged 6 to 18.*Cochrane Database System Review.*

Garber, C. E., Blissmer, B., Deschenes, M. R., Franklin, B. A., Lamonte, M. J., Lee, I. M., Nieman, D. C., Swain, D. P., & American College of Sports Medicine (2011).Quantity and quality of exercise for developing and maintaining cardiorespiratory, musculoskeletal, and neuromotor fitness in apparemtly healthy adults: guidance for prescribing exercice. *Medecine Science and Sports Exercise*, 43(7):1334-59.

INSERM. (2008). *Activité physique : contextes et effets sur la santé. Synthèse et recommandations* (Vol. XV). Paris : Les éditions INSERM.

Kern, L. (2007). Dépendance et exercise physique: Une échelle de dépendance à l'exercice physique. *Psychologie Française, 52*(4), 403-416.

Mammen, G., & Faulkner, G. (2013). Physical activity and the prevention of depression: a systematic review of prospective studies. *American Journal of Preventive Medecine, 45*(5), 649-657.

Maugendre M., & Spitz E. (2011). Santé perçue, anxiété et motivation sportive *Annales Médico-Psychologiques, Revue Psychiatrique, 169 (5)*, 302-308.

OMS (2014): http://www.who.int/features/factfiles/physical_activity/fr/ Consulté le 29 juillet 2015

Oppert, J-M., Simon, C., Rivière, D., & Guezennec C.-Y. (2006). Activité physique et santé. Arguments scientifiques, pistes pratiques. Ministère de la Santé, coll. *« Les synthèses du PNNS »*.

Pate, R. R., O'Neill, J. R., & Lobelo, F. (2008). The evolving definition of "sedentary". *Exercise Sport Science Review, 36,* 173–178.

Tremblay, M., & le Réseau de recherche sur le comportement sédentaire. (2012). Utilisation standardisée des termes "sédentarité" et "comportements sédentaires. *Sciences et Motricité, 77,* 73-76.

Trouilloud, D. (2011). L'activité physique : quels bénéfices pour la santé mentale et le bien-être psychologique ? In C. Martin-Krumm et C. Tarquinio (Eds.), *Traité de Psychologie Positive* (pp. 329-344). Bruxelles : De Boeck.

Vallerand, R.J., Gousse-Lessard, A.-S., & Verner-Filion, J. (2011). La psychologie de la passion : contributions à la psychologie positive. In C. Martin-Krumm et C. Tarquinio (Eds.). *Traité de Psychologie Positive* (pp. 345-365). Bruxelles : De Boeck.

Vanhelst, J., Czaplicki, G., Kern, L., Béghin, L., & Mikulovic, J. (2015). Évaluation de la condition physique des adolescents dans la région Île-de-France : comparaison avec les normes européennes Physical Fitness Levels of Adolescents in the Île-de-France region: Comparison with European Standards and Relevance for Future Cardiovascular Risk. *Revue STAPS.*

Vuillemin, A., Speyer, E., Simon, C., Ainsworth, B., & Paineau, D. (2012). Revue critique des questionnaires d'activité physique administrés en population française et perspectives de développement. *Cahiers de Nutrition et de Diététique, 47*(5), 234-241.

Vuillemin, A. (2014). L'activité physique pour préserver la santé. In G.-N. Fischer et C. Tarquinio (Eds.), *Psychologie de la santé : Applications et interventions* (pp. 57 – 81). Paris : Dunod.

Question 1.

Qu'entend-on par santé ?

Niveau de réponse BPJEPS

La première définition officielle de la santé date de 1946, écrite par l'Organisation mondiale de la santé (OMS) et adoptée à l'époque par près 61 États. Elle définit la santé comme « un état de complet bien-être physique, mental et social, et ne consiste pas seulement en une absence de maladie ou d'infirmité ». Elle est une étape importante dans la logique de bien-être et d'état de bonne santé dans nos sociétés actuelles. En effet, pour la première fois, elle explique clairement que la santé d'un individu ne se réduit pas à sa seule santé physique, mais est bien dépendante d'autres modalités tout aussi importantes telles que la santé et l'équilibre mentale, la santé affective ou le lien social. Ainsi, dire qu'un individu est ou se sent en « bonne santé » ne se résume plus à dire qu'il n'a aucun maux physique ou qu'il n'a pas de maladie, mais bien qu'il est équilibré, qu'il se sent bien, heureux et qu'il a du lien social.

Niveau de réponse STAPS

Même si la définition officielle de l'OMS sur la santé est encore d'actualité et reste une référence, il est important de noter que certaines limites sont présentes et sont les causes de débats actuels. Cette définition datant de 1946 n'a « malheureusement » pas évolué avec nos sociétés. L'une des premières limites apparaissant est la notion d'évolution et d'individualisation de cette notion de « bonne santé ». En effet, toute personne au cours de sa vie change et aura une perception différente de sa santé et de ses priorités. D'autres limites apparaissent dans la dernière partie de cette définition : « sans maladie ou infirmité ». Ce qui voudrait dire qu'un sportif plusieurs fois champion du monde en Handisport ne serait pas en bonne santé ou ne pourrait pas se considérer en bonne santé à cause de son handicap. Ainsi, cette notion de « bonne santé » est à relativiser et encore plus dans l'univers sportif. L'activité physique ou le sport et les résultats que le sportif aura pourraient biaiser la vision que le sportif aura sur cette notion de « bonne santé » et donc sur sa propre santé par rapport à la population en général.

Question 2.

Faut-il faire du sport pour être en bonne santé ?

Niveau de réponse BPJEPS

On peut très clairement considérer que faire du sport présente un ensemble d'effets bénéfiques pour le pratiquant. Ces bénéfices se retrouvent tant au niveau du bien-être physique, que psychique ou social, ce qui est en cohérence avec la définition de la santé proposée par l'OMS. Plus encore, ne pas pratiquer d'activité physique a des effets délétères sur la santé. Toutefois, il convient aussi de relativiser les bienfaits de la pratique. Si celle-ci n'est pas adaptée ou équilibrée, alors peuvent en résulter des effets néfastes pour le pratiquant.

Niveau de réponse DE – DES – STAPS :

L'ensemble des travaux de recherche montre que globalement l'exercice physique a des effets bénéfiques pour le pratiquant. D'abord, il permet d'augmenter et d'entretenir les ressources physiologiques. Les effets sont mesurables sur les systèmes circulatoire, respiratoire, musculaires et osseux. Les effets se retrouvent ensuite au niveau psychologique, et c'est ce que montrent, entre autres, les travaux de Ratey. Il y a un effet établi sur le bien-être psychologique de l'individu, qu'il est possible également de retrouver en termes de distraction psychologique. L'activité physique permet de penser à autre chose, et « ça fait du bien ». On relève pour finir des effets sur le bien-être social des personnes. La pratique est souvent l'occasion de se retrouver entre amis et de tisser ou d'entretenir le lien social. Mais ces bénéfices sont toutefois à questionner. Tout d'abord, est-il raisonnablement possible d'envisager un état de bien-être physique, psychologique et social ? Il convient donc de bien situer ce qui est entendu en termes de santé, au même titre que la notion même d'exercice physique mérite réflexion. Autant une pratique raisonnée aura des effets potentiellement positifs, autant basculer du côté d'une pratique excessive, voire une passion obsessive, pourrait faire basculer le pratiquant vers le côté obscur de la pratique conduisant aux blessures, au surentraînement, au dopage. La pratique ne sera bénéfique qu'à condition de respecter un certain nombre de règles aboutissant à une pratique équilibrée.

Question 3.

Existe-t-il des différences entre les notions de sport, d'activité physique, ou d'activités physiques et de sédentarité ? Peut-on être sportif et sédentaire ?

Niveau de réponse BPJEPS

On entend par activité physique tout mouvement produit par les muscles squelettiques, responsable d'une augmentation de la dépense énergétique au-dessus de la dépense de repos. Ainsi, cela n'englobe pas que les « activités sportives » mais toutes les autres activités quotidiennes qui provoquent une dépense énergétique telles que les déplacements, le ménage, le jardinage... Le sport est donc une forme d'activité physique devant être intense, sollicitant plusieurs capacités physiques, devant être institutionnalisée et ayant pour but la performance et la compétition. Une personne pourra être non sportive mais très active. À cette notion d'activité physique vient se rajouter en parallèle la notion de sédentarité. Elle se définit comme la proportion de temps quotidien passé par jour sans bouger et assis (délétère pour la santé). Un sportif ayant plusieurs entraînements par semaine, mais se déplaçant en voiture et travaillant 8 h par jour à son bureau sera donc sportif et sédentaire.

Niveau de réponse STAPS

On peu parler d'un continuum allant de l'inactivité physique à l'activité intense voire le sport. La notion d'activité physique englobe toutes les activités faites au quotidien par une personne aboutissant à une augmentation de la dépense énergétique journalière. Le jardinage, le ménage, les déplacements à pied ou en vélo en font partie bien que leurs intensités peuvent ne pas être très élevées. En revanche, le sport, lui est une forme d'activité physique intense, institutionnalisée, réglementée à visée de compétition et de performance. But que n'ont pas toutes les activités physiques. À côté de ce continuum existe la notion de sédentarité provenant du latin *sedentarius* signifiant être assis et faisant ainsi référence à toute les périodes de la journée durant lesquelles nous sommes assis. La modernisation de la société, des multimédias, des transports a augmenté le temps journalier de ces phases assise délétères pour la santé. Ainsi, un sportif de haut niveau faisant 3 h de sport tous les deux jours pourra passer 8 h par jour assis sur une chaise et sera donc considéré comme sédentaire et actif. Il est donc important de comprendre et de différencier l'inactivité physique ou le faible taux d'activité physique avec ses conséquences sur la santé et la sédentarité ayant elle aussi un impact sur toutes les modalités de la santé.

Question 4.

À partir de quand considère-t-on que la pratique peut avoir des effets néfastes pour la santé ?

Niveau de réponse BPJEPS

Bien que les effets positifs de la pratique d'activité physique voire d'un sport ne soient plus à démontrer, de nombreuses études montrent que, la pratique physique peut, dans certaines conditions, être néfaste pour la santé. L'un des effets néfastes est le développement d'une dépendance à l'activité physique (exactement comme on peut l'être avec l'alcool ou le tabac). Cela peut induire chez le pratiquant des blessures à répétition, une vision biaisée de la réalité, une désocialisation partielle ou totale, un éloignement familial, un isolement qui au fur et à mesure du temps peut devenir très dangereux pour la santé du pratiquant. Un autre effet néfaste de la pratique d'activité physique est la possibilité de recours au produit dopant. Dans ces deux cas, on comprend donc que la pratique d'activité physique et/ou sportive devient beaucoup plus délétère que positive pour le pratiquant.

Niveau de réponse STAPS

La pratique d'activité physique et/ou sportive peut conduire à une dépendance à l'activité physique chez certaines personnes. Cette dépendance se traduit par une pratique excessive voire incontrôlée et incontrôlable, le pratiquant délaissant toutes ces activités sociales, familiales et professionnelles au profit de sa pratique physique et ce malgré l'apparition de blessures à répétitions, de fatigue ou d'isolement. De plus, le seuil de tolérance de ces pratiquants augmente. Autrement dit, ils ont besoin d'un temps de pratique plus long et plus intense pour aboutir aux mêmes effets désirés au cours du temps, passant ainsi de plus en plus de temps à faire de l'activité physique au détriment du reste. En France, il semblerait que 4 % de la population sportive générale soit susceptible de « glisser » vers une pratique d'activité physique excessive. À cela, peut venir s'ajouter le recours à des produits dopants, considéré comme un des autres effets néfastes de la pratique d'activité physique pour la santé. Au vu des études actuelles, certains traits de personnalités, l'éducation, la motivation à la pratique ou la forme même d'activité physique apparaissent comme des facteurs de risque amenant plus facilement à une pratique néfaste.

Question 5.

Quelles sont les recommandations pour des adolescents ?

Niveau de réponse BPJEPS : faire de l'activité physique au moins 60minutes/jour d'intensité moyenne à soutenue majoritairement sous forme d'exercice d'endurance. Les autres formes d'exercices sont à programmer de façon adaptée et individualisée.

Niveau de réponse STAPS : être capable de donner et de développer les recommandations faites par l'OMS (2010) : soit au moins 60 minutes par jour en moyenne d'activité physique d'intensité moyenne à soutenue utilisant majoritairement des activités d'endurance. À cela peuvent se rajouter trois séances par semaine d'activité soutenue développant majoritairement le système osseux et musculaire mais ces séances seront impérativement à individualiser et à adapter (âge, sexe, intensité, objectifs...) pour ne pas causer plus de déficits que de gains sur la santé du pratiquant et à replacer dans le continuum de croissance de l'individu.

CHAPITRE 6

Nutrition de la performance

Alexis Chatenay

DANS CE CHAPITRE

Sollicité plusieurs fois par semaine, l'organisme du sportif est poussé à s'adapter. Pour y parvenir, le corps a besoin d'éléments fondamentaux qu'il trouvera dans son assiette. Les choix alimentaires soutiennent l'entraînement. Ils déterminent la qualité des adaptations métaboliques. Nous vous proposons ici de poser les bases d'un équilibre nutritionnel compatible avec les exigences de la performance et de vous donner des éléments concrets pour vous aider à les mettre en pratique.

1 Le corps n'est pas une machine, il s'adapte !

Lors de nos échanges avec les sportifs et les entraîneurs que nous rencontrons, nous nous sommes rendu compte que la notion de nutrition adaptée à la pratique sportive n'était pas si clairement définie dans l'esprit de chacun. Finalement, il fallait défendre l'idée même d'une nutrition sportive. L'idée qu'une alimentation dite « ordinaire » ne peut pas se suffire à elle-même. L'idée que de par sa pratique, de par les objectifs qu'il se donne, l'athlète ne peut pas manger comme tout le monde.

Pour comprendre l'intérêt d'une bonne alimentation dans le processus de performance, il faut convaincre, donner du sens et être pédagogue. Il faut faire passer un message, fort d'exemples et d'arguments. Convaincre que : ce que je mange a un impact sur mon niveau de performance. Parce que l'alimentation est pleine d'idées reçues, de perceptions vieillissantes, d'arguments commerciaux. Parce que ce que nous mettons dans notre assiette relève de l'intime, que c'est un espace de liberté et de plaisir, il peut être difficile de prendre du recul et d'objectiver sa propre alimentation.

Tout le monde s'accorde à dire que le sportif a besoin de carburant, il doit « bien » manger. « Bien » ne revêt pas ici un caractère qualitatif mais quantitatif. Nous parlons de quantité d'énergie. « Bien manger » c'est « manger beaucoup ». Nous raisonnons avec une vision mécaniste, comme si le corps était une machine. Héritage de Descartes, l'homme-machine est une conception incompatible avec la réalité physiologique de l'organisme à l'effort. Non, le corps n'est pas une machine. Principale raison : le corps s'adapte. Plus j'utilise une machine plus elle s'use. Plus l'homme sollicite son corps, plus il s'adapte. Il suffit de faire un rapide parallèle entre le système musculaire et une voiture. Si nous sollicitons un muscle dans le respect de sa fonction et de son potentiel d'adaptation, il se renforcera. À l'inverse, plus nous roulons avec notre voiture, même dans le respect de sa fonction, plus elle va s'user.

Parlons énergie. Un moteur à explosion a pour fonction de transformer une énergie chimique en énergie mécanique. C'est pour cela que nous mettons de l'essence dans notre voiture. Un moteur ne sait faire que ça. Notre système musculaire a, lui aussi, pour fonction de transformer une énergie chimique en énergie mécanique. Il a besoin d'énergie. Mais un muscle s'adapte, grossit, cicatrise, se renforce... Comme si le moteur de notre exemple se réparait tout seul. Supposons un instant qu'il le puisse. Le moteur, se renforce, se répare, s'adapte. Et nous ne lui donnons jamais que de l'essence. S'il a besoin d'autres éléments et que nous l'en privons, pourra-t-il remplir sa fonction ? Penser l'alimentation uniquement par le prisme de la quantité d'énergie c'est passer à côté de l'ensemble des fonctions métaboliques qui ne requièrent pas d'énergie mais qui nécessitent des éléments fondamentaux, dits « essentiels » et qu'on nomme les micronutriments.

De cette notion fondamentale d'adaptation découlera la stratégie nutritionnelle. C'est pour soutenir l'adaptation métabolique à l'effort que nous cherchons à remplir l'assiette du sportif d'un maximum de nutriments et que nous parlons de densité nutritionnelle.

2 Progresser c'est s'adapter !

Quelle que soit sa charge d'entraînement, plus un sportif pratique, plus son corps s'adapte. Le travail de l'entraîneur est de surprendre l'organisme des athlètes, de le bousculer. L'art de l'entraînement est là : faire vivre au sportif des situations nouvelles pour le pousser à s'adapter. Par chance, c'est ce que le corps sait faire de mieux. Et c'est grâce à cette faculté d'adaptation que l'athlète progresse. Mais ce processus est coûteux. Il génère un stress et mobilise des ressources. On peut dire, sans trop s'avancer, qu'un sportif quitte son entraînement globalement fatigué, déshydraté, avec quelques dommages structurels (musculaires, tendineux, osseux...). Autant de signes montrant que la séance a porté ses fruits. Face à cet état de stress, l'organisme réagit. Il a comme seule priorité à cet instant : récupérer. C'est-à-dire retrouver son état de forme initial. Cicatrisation et remise à niveau des différentes ressources mobilisées (hydriques, énergétiques...). Si le processus s'arrêtait là, l'entraînement ne servirait à rien. Mais tout se passe comme si l'organisme ne voulait pas se laisser surprendre une deuxième fois. Au cas où il y aurait une future sollicitation, une future séance d'entrainement, le corps prévoit. Il a la capacité de s'organiser pour se doter de nouvelles ressources. Il prévoit du plus et du mieux, en somme : il progresse. Plus nous sollicitons notre corps par des séances d'entrainement variées, plus nous progressons.

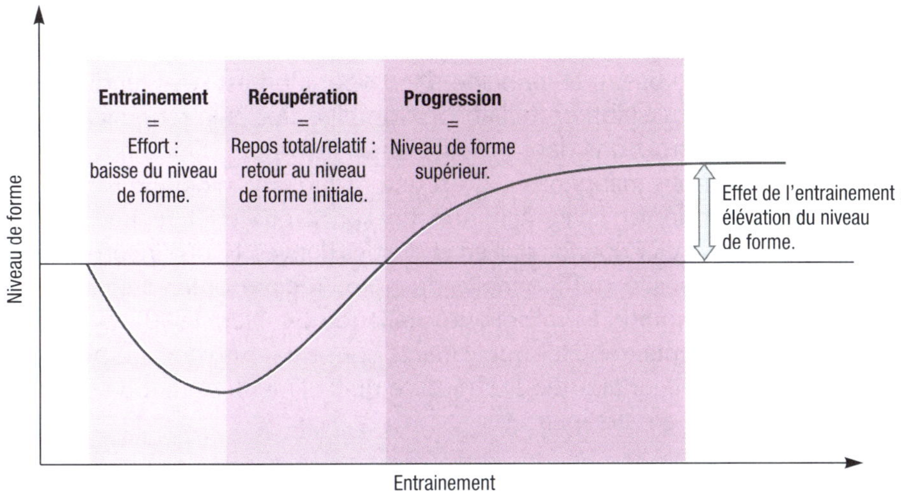

Figure 6.1

Y a-t-il une limite à cette formidable capacité ? Évidemment et elle est propre à chacun. En effet, chacun possède de manière intrinsèque un potentiel d'adaptation. C'est-à-dire un seuil au-delà duquel l'organisme n'arrive plus à répondre aux sollicitations mécaniques et physiologiques. Seuil au-delà duquel il sera plus facile de se blesser. Il existe donc un espace entre la zone de confort et la zone de surentraînement où le corps, dans le respect de son potentiel d'adaptation et d'une certaine progressivité sera naturellement poussé à s'adapter.

Dans le scénario de l'adaptation à l'effort, la nutrition intervient à chaque chapitre.

1. À l'entraînement

Avant et pendant, nous allons devoir nous assurer que l'organisme a tout ce dont il a besoin. Une glycémie régulée ainsi qu'une hydratation adaptée. Pendant la phase de récupération : nous ne pouvons pas nous permettre de nous priver d'éléments essentiels. Cela pourrait freiner voire entraver les différentes réponses de l'organisme à l'effort. Et enfin pendant la phase de progression, qui demeure une phase privilégiée, nous assurerons l'apport significatif en un certain nombre de micronutriments. Notre corps a besoin d'éléments pour se constituer et pour fonctionner. Il possède des réserves mais qui ne sont pas inépuisables. Il est en mesure de synthétiser certaines choses. Les éléments clés ne tombent pas du ciel. S'ils ne sont pas présents dans l'assiette, ils seront inévitablement en défaut. Dans tous les cas, il convient de garder à l'esprit un point essentiel : de la qualité de ce que nous mangeons dépend la qualité de nos adaptations métaboliques. D'un point de vue physiologique nous parlons littéralement d'incorporation. « In-corporation », ou comment ce que nous mangeons constitue notre corps. Nos cellules se fabriquent avec des constituants de bases. Le principe d'incorporation est sous tendu par la physiologie de la transition entre l'absorption digestive et le renouvellement cellulaire. Nous retrouvons dans les différentes littératures l'idée que « nous sommes ce que nous mangeons ». C'est une réalité physiologique très claire, facile à comprendre et facile à mettre en lien avec l'effet recherché par l'entraînement sportif. Cependant, il en existe des dérives. Là où l'incorporation s'intéresse à la densité nutritionnelle de notre régime omnivore, certains entendent « incorporation symbolique » (Claude Fischler, 1990). El-dorado du marketing alimentaire où les publicitaires peuvent nous vendre à peu près n'importe quelle valeur ajoutée à n'importe quel aliment. Autant de sources d'idées reçues et d'erreurs tenaces :

> « Le sportif doit manger des nouilles avant une compétition ! L'athlète de force doit manger de la viande pour fabriquer du muscle ! Les produits laitiers sont la seule source de calcium ! Les amandes sont grasses et font grossir ! Il faut des boissons d'effort pour produire un effort ! »

À grands renforts d'images fortes et de partenariats avec des sportifs reconnus, l'industrie de la nutrition sportive vient bien souvent supplanter le bon sens et la réalité physiologique.

L'alimentation du sportif doit être l'alimentation de la santé. Un organisme qui est en pleine possession de ses capacités adaptatives, c'est un organisme qui est en pleine possession des ses moyens. Santé et performance sont intimement liées voire indissociables. Or souvent, la performance vient au détriment de l'état de santé. Terrain fertile à la tentation de solutions de facilités. Quand le corps ne peut plus, que pouvons-nous faire ? Abuser de certains médicaments autorisés et trouver des solutions à court terme. Ou encore se tourner vers des substances interdites et délétères. La réflexion sur la nutrition sportive est une réflexion sur la pratique sportive, son éthique est une alternative prophylactique au dopage.

L'abord théorique qui suit est à visée pédagogique. C'est avec le souci de rendre les concepts simples, abordables et applicables que je vous propose d'aborder la nutrition sportive pratique.

3 Les nutriments

On relève deux grandes familles de nutriments. Les macronutriments, seuls éléments nutritionnels fournissant de l'énergie et les micronutriments qui sont « les autres » et qui ne fournissent aucune énergie. En nutrition la quantité d'énergie est mesurée en kilocalories Kcal (1 Kcal = 1 000 calories = 4 124 Joules). Sur l'emballage de nos aliments on apprendra à lire que 100 grammes de tel aliment fournissent une certaine quantité de Kcal.

1. Les macronutriments

Indissociables de tous conseils nutritionnels, les glucides, lipides et protides sont le trio superstar de la nutrition. On les cherche, on les compte, on les ajoute, on les soustrait. Un tel va chercher à ajouter des protides quand un autre va faire la chasse aux lipides. L'enjeu ? Les calories et la valeur ajoutée. Chaque macronutriment possède une forte valeur nutritionnelle et une certaine quantité de calories.

- 1 g de glucides = 4 Kcal
- 1 g de lipides = 9 Kcal
- 1 g de protides = 4 Kcal

a. Les glucides : les sucres ou hydrates de carbone

C'est une combinaison d'atomes de carbone, d'hydrogène et d'oxygène. Il existe une structure de base (CH2O) et des variantes où le nombre d'atomes de carbone donne à chaque glucide sa spécificité. On retrouve les monosaccharides, disaccharides, oligosaccharides et polysaccharides. Notons que le terme sucre n'englobe que « ce qui est sucré ». Le sucre le plus connu est le saccharose de la famille des disaccharides, c'est le sucre blanc. Il existe des sucres plus cachés, comme l'amidon qui est le sucre le plus présent dans le règne végétal et on le trouve en abondance dans toutes les céréales (blé, maïs, pomme de terre...). Le lactose fait également partie de la famille des glucides. Globalement, dans un régime alimentaire européen « classique », près de la moitié de l'énergie est fournie par les glucides dont 15 % par le saccharose. On associe à cette consommation élevée de sucres raffinés un grand nombre de pathologies de l'homme moderne (caries, diabète, syndrome métabolique...).

L'apparente abondance d'aliments riches en glucides et leur évidente facilité de préparation en ont rapidement fait la source n° 1 d'énergie. Logiquement quand les nutritionnistes se sont intéressés aux besoins énergétiques des sportifs, la réponse semblait évidente. « Les sportifs ont besoin d'énergie pour produire un effort : qu'ils mangent plus de glucides. » Malheureusement cette politique nutritionnelle mettant en avant, au détriment du reste, l'aspect quantitatif des glucides masque bien souvent les manques micro-nutritionnels qu'elle induit. Du moment que le sportif « mange bien », c'est-à-dire qu'il mange des pâtes plus que les autres, la question apparaît réglée. Du moment que le sportif ne « fait pas du gras », on se dit qu'il n'en mange pas trop. Au sein de mes consultations, l'athlète me parle spontanément de la quantité de pâtes qu'il mange. Il convient davantage de s'intéresser à quel type de pâtes et surtout à ce qu'il oublie de manger.

Vous l'aurez compris la place accordée aux glucides dans la ration des sportifs est trop grande. Pas une course digne de ce nom ne se passe sans la « SSPP » (sacro sainte pasta party) et tout parent est tenté de faire manger des pâtes à son enfant la veille de son premier match de foot. Les glucides sont considérés comme LE carburant de l'effort au détriment du reste.

Physiologiquement, l'organisme est capable de faire des stocks d'énergie sous la forme d'une certaine quantité de molécules de glucose appelée glycogène. Ce glycogène est stocké dans le foie et dans les muscles squelettiques. Le glycogène hépatique a pour principale fonction la régulation de la glycémie entre deux repas et le glycogène musculaire permet, quant à lui, de procurer l'énergie indispensable à un effort prolongé en association aux réserves de graisse. Ce « réservoir énergétique », cette réserve de glycogène, n'est pas illimitée. C'est-à-dire qu'on ne peut pas forcer l'organisme à stocker des glucides au-delà de ce qu'il peut. Il ne sert donc à rien de doubler ses rations de glucides avec l'espoir d'avoir plus d'énergie pour un marathon. D'autant que la sphère intestinale n'est pas forcément apte à gérer de grosses quantités de glucides à un rythme et à des horaires inhabituels.

L'organisme à l'effort métabolise son énergie aussi bien dans ses réserves de glycogène que dans ses réserves de graisse. On s'accorde à dire aujourd'hui qu'en termes énergétiques (et en d'autres domaines), la quantité ne prime pas sur la qualité. Nous verrons qu'intégrer une quantité raisonnable de glucides et de lipides de haute densité nutritionnelle est la meilleure stratégie à adopter pour apporter à l'organisme suffisamment d'énergie.

◆ Qualité des glucides : l'index glycémique

Tout sportif a déjà entendu parler de sucres lents ou de sucres rapides, du moment de la journée où il faudrait manger l'un et délaisser l'autre. L'idée que l'énergie glucidique va nous être délivrée à plus ou moins grande vitesse est vraie. La notion de « sucres lents » est dépassée au profit d'une donnée objective : l'index glycémique (IG).

L'IG est une mesure de la capacité d'un aliment à élever le taux de sucre dans le sang (la glycémie). Quand nous mangeons un aliment qui contient une certaine quantité de sucre, cette quantité de sucre va inévitablement impacter notre taux de sucre sanguin. On dit d'un aliment qui ferait varier rapidement la glycémie qu'il a un index glycémique élevé et d'un aliment qui ferait varier lentement la glycémie qu'il a un index glycémique bas.

Quelle importance ? L'organisme, toujours en quête d'homéostasie (processus physiologique permettant de maintenir certaines constantes physiologiques), peut fonctionner avec une certaine glycémie et tolère mal les grandes variations. Si la glycémie chute brutalement, le sujet se trouve en hypoglycémie. Le corps, via différents mécanismes, envoie des signaux (malaises, sudation, accélération du rythme cardiaque...), afin de signaler que quelque chose ne va pas. Si la glycémie monte trop brutalement, de la même manière, l'organisme, sans en faire écho, cherchera à nouveau son homéostasie. Nous possédons donc des systèmes régulateurs de la glycémie. Notre pancréas produit à la demande deux hormones : l'insuline et le glucagon. Ces deux hormones ont la particularité d'influer sur la glycémie. Si la glycémie est trop basse, le pancréas va libérer du glucagon, provoquant ainsi une dégradation du glycogène en glucose, et élever le taux de sucre dans le sang. À l'inverse si la glycémie est trop haute, le pancréas va libérer de l'insuline dont la fonction sera de faire baisser la glycémie. En dehors de tout dysfonctionnement pathologique entraînant une atteinte de ce système de régulation (diabète), tout cela se passe relativement bien.

Cependant ce système n'est pas prévu pour être sur-utilisé ! Or, l'alimentation moderne est devenue très riche en aliments à IG élevé et le pancréas est particulièrement sollicité. La consommation régulière de ces aliments n'est pas sans conséquences. Ainsi, un repas qui serait constitué avec une prédominance d'aliments à IG élevé provoquerait une hypoglycémie réactionnelle. En réaction à l'élévation brutale de la glycémie, la décharge d'insuline est trop conséquente et trop soudaine. Elle provoque une hypoglycémie réactionnelle. C'est typiquement ce qui arrive le matin quand, après un petit-déjeuner constitué de biscottes tartinées de confiture, vous ressentez une importante fatigue et qui vous invite à remanger quelque chose ou à bien sucrer votre café. Ce qui provoquerait exactement la même chose et qui vous inviterait à remanger quelque chose ou à bien sucrer votre café... Par exemple, il était coutume dans les clubs de football, de manger des pâtes et de la purée de pomme de terre en guise de repas d'avant match. Menu inadapté s'il en est. La consommation de ces deux aliments à IG élevé avant l'effort mettait l'effectif entier dans une posture délicate. Est-ce à dire qu'il faudrait bannir tous les aliments à index glycémique élevé ? Non.

Il faut envisager un certain « timing ». Les aliments à IG modéré représenteraient la grande majorité des apports glucidiques dans le quotidien du sportif. Avant un effort il semble essentiel de préférer des glucides à IG modéré ou faible. Pendant un effort, au contraire, il peut-être intéressant d'apporter de l'énergie rapidement sous la forme d'apports glucidiques à IG plutôt élevé (fruits, fruits secs...) d'origine naturelle. Ainsi, dans une étude de 2012 publiée dans *Journal of the Internationale Society of Sports Nutrition*, Too *et al.* expliquent qu'il n'y a pas de différence significative en termes de performance entre les athlètes qui consomment des boissons énergétiques, et ceux qui consomment de l'eau pure et des raisins secs.

De la même manière, juste après un effort, il est pertinent de répondre immédiatement à la dette glucidique par la consommation de glucides à

IG élevé. Attention à ne pas tomber dans la caricature, on voit encore des ravitaillements d'épreuves de course à pieds proposant des sodas.

On classe l'index glycémique en trois catégories :

- un IG est élevé quand il est supérieur à 70 ;
- un IG est modéré quand il est compris entre 55 et 70 ;
- un IG est faible quand il est inférieur à 55.

EXEMPLE 6.1 – QUELQUES EXEMPLES

Sucre blanc : 100

Pain blanc : 90

Pain complet : 40

Pâtes blanches : 70

Pâtes complètes : 50

Biscottes : 70

Petits pois : 48

Lentilles : 30

Pommes : 38

◆ Où trouve-t-on les glucides ?

On trouve principalement les glucides dans les céréales, les graines et les fruits. Pour l'alimentation quotidienne les sources naturelles et non raffinées doivent être privilégiées. L'ensemble des farines, céréales et sucres devra être d'un indice glycémique faible à modéré. Il convient donc de privilégier les pâtes complètes aux pâtes dites « classiques » (c'est-à-dire blanches), le riz complet au riz blanc, le pain complet à la baguette, etc.

Il s'agit à présent de quantifier pour chaque individu les besoins moyens en glucides. Toute tentative d'expression d'une valeur normée et journalière des apports en glucides se heurte à l'immense disparité et l'inégalité des métabolismes de chacun. Toute proposition est à pondérer en fonction du niveau d'activité physique et des caractéristiques individuelles. Riché (2008) propose cependant une valeur raisonnable de 6 grammes par kilos et par jour.

b. Les lipides : le « gras »

À l'instar des glucides, les lipides sont des molécules composées d'atomes de carbone, d'hydrogène et d'oxygène. Ce qui les différencie, c'est leur rapport hydrogène sur oxygène. Il est de 2/1 dans le cas des glucides et de 18,3/1 pour les lipides. On regroupe dans la « famille lipide » : les graisses et les huiles.

En premier lieu, il convient de mettre un terme à une idée tenace, selon laquelle : lipides = gras = graisse corporelle. Les graisses alimentaires ne se transforment pas directement en graisses corporelles. Finalement, que sont les graisses corporelles ? De l'énergie. Un stock d'énergie (kcal) qui provient de la ration totale de kcal absorbée quotidiennement. Sauf problème métabolique, si les apports en énergie sont supérieurs à la dépense, le surplus est stocké. C'est un héritage de l'évolution que l'on retrouve dans tout le règne animal. Quiconque se promène en montagnes à la fin de l'été et croise une marmotte verra qu'elle est bien plus « potelée » qu'au printemps. Elle a consacré son temps à trouver des aliments riches en énergie pour en stocker l'excédent et prépare ainsi son hibernation. Nous n'hibernons pas, mais nous avons conservé notre patrimoine génétique. Nous avons la capacité à stocker de l'énergie « au cas où »... Au cas où demain, dans une semaine, nous n'aurions pas à manger. C'est de la survie. La seule solution que nous avons pour stocker une grande quantité d'énergie c'est de la « ranger » sous forme de graisse corporelle sous-cutanée, au cœur de cellules appelées les adipocytes.

Le problème, très moderne et très occidental, est que nous évoluons dans un environnement d'abondance alimentaire. Pour la plupart des populations privilégiées en occident, il n'y a plus de pénurie alimentaire. La capacité à stocker de l'énergie sous forme de graisse corporelle n'est plus utile. Tout se passe comme si notre capacité à survivre provoquait notre perte via diverses pathologies. Ainsi, d'après l'Organisation mondiale de la santé (OMS), en 2014, plus de 1,4 milliards d'adultes (18 ans et plus) sont en surpoids ou sont obèses. La prévalence de l'obésité a plus que doublé entre 1980 et 2014 et tue chaque année 2,8 millions de personnes dans le monde. Faisons une parenthèse nécessaire en considérant un paradoxe mondial mortifère : les uns meurent de sous-nutrition, les autres se rendent malades de « surnutrition ». Nous ne pouvons pas questionner la nutrition sportive au cœur de l'alimentation moderne sans questionner les problèmes sous-tendus par l'organisation de la consommation alimentaire actuelle. La surabondance de l'offre alimentaire est devenue un problème de santé publique. Nous mangeons trop. Trop, trop souvent et n'importe quoi. Il n'est pas vrai de dire que nous grossissons parce que nous mangeons trop de lipides. Globalement nous grossissons parce que nous mangeons trop d'aliments riches. La ration calorique quotidienne est trop importante. Que cette énergie provienne des glucides ou des lipides, s'il y en a trop, nous stockerons le surplus.

Il est vrai que les lipides fournissent une certaine quantité d'énergie (9 kcal/gr) et donc qu'ils participent à l'élévation de la ration énergétique quotidienne, mais ils ne sont certainement pas l'unique cause du problème. Willett (1998) a d'ailleurs montré qu'une diminution de la ration lipidique sur une population donnée n'engendre pas nécessairement une baisse de leur masse grasse. D'autre part, on sait que les Esquimaux du Groenland et les Japonais qui ont un régime alimentaire hautement riche en huile de poissons et en mammifères marins présentent un taux exceptionnellement bas d'atteintes cardio-vasculaires[1]. Dès lors, non seulement les lipides ne sont pas aussi problématiques qu'on peut le penser mais nous constaterons, de plus, qu'ils sont d'une grande utilité. S'ils proviennent de bonnes sources, ils jouent un rôle hautement fonctionnel.

Rappel sur le fonctionnement cellulaire

Revenons aux bases de la physiologie. Qu'est-ce qu'une cellule ? C'est l'élément structurel fondamental de tout organisme. C'est un espace contenant du cytoplasme, lieu de l'activité cellulaire, délimité par une membrane plasmatique. Le rôle de cette membrane est d'une part d'isoler le cœur de la cellule (milieu liquide) et d'assurer les échanges avec son environnement. Pour séparer deux liquides, la nature n'a rien trouvé de mieux que de mettre du gras entre les deux. La membrane plasmatique est constituée à 50 % de lipides. Il est aisé de comprendre que les lipides nécessaires à la structure cellulaire ont un lien direct avec les lipides consommés dans l'assiette. Une alimentation riche en lipides de haute valeur nutritionnelle participe, de fait, au bon fonctionnement cellulaire.

D'une manière simple, on peut considérer deux catégories d'acides gras formant les lipides : les acides gras saturés et les acides gras insaturés. Ce qui « sature » un acide gras c'est la présence d'une double liaison entre les atomes de carbone. On trouve globalement les acides gras saturés dans le règne animal, à l'exception de l'huile de coco et de l'huile de palme. On retrouvera plutôt les acides gras insaturés dans le règne végétal à l'exception des poissons gras. Même si depuis les années 2000, la communauté scientifique a tendance à remettre en cause l'impact de la consommation d'aliments riches en acides gras saturés (graisses animales) sur la santé, nous préférons rester vigilant quant aux conseils nutritionnels à adopter et pensons qu'il est préférable de privilégier les aliments riches an acides gras insaturés.

On distingue deux sous-catégories d'acides gras insaturés : les mono-insaturés (oméga 9 : n-9) et les poly-insaturés (oméga 3 et 6 : n-3 et n-6). Ils ont tous des effets bénéfiques sur l'organisme quand ils sont consommés dans certaines proportions. L'organisme est capable de synthétiser des oméga 9 à partir d'acides gras saturés. Les oméga 3 et 6 sont dit « essentiels » car l'organisme ne peut pas les produire (acides gras essentiels : AGE). Comme tout élément essentiel, s'ils ne font pas partie intégrante du régime de l'individu, et par extension de celui de l'athlète, ils manqueront inévitablement.

Revenons ici sur notre introduction et le concept d'incorporation : de la qualité de ce que nous mangeons dépend la qualité de nos échanges métaboliques. Souvent délaissés par le sportif en quête de « sèche » et faisant la chasse au gras,

1. Dewailly *et al.*, 2001.

les AGE, dont les omégas 3, ne sont pas consommés. Or, ils sont des constituants de la membrane cellulaire et de ce fait participent directement à la qualité des échanges intercellulaires. En d'autres termes, ils sont essentiels à l'ensemble des fonctions métaboliques en participant directement à la construction cellulaire, à la protection des artères, en ayant des capacités anti-inflammatoires et en améliorant la récupération. Ils sont de fait, essentiels au métabolisme de tout sportif. Mais, à nouveau, l'alimentation courante ne propose pas forcément les proportions idéales d'AGE. Car l'élément le plus important n'est pas tant la quantité d'AGE, que le ratio n-6/n-3. Nous savons que les omégas 6 déclenchent des réactions pro-inflammatoires contrairement aux omégas 3 qui ont plutôt un rôle anti-inflammatoire. L'ensemble des acteurs de la santé préconise une diminution de ce ratio. Il semblerait que l'homme ait évolué pendant des millénaires avec un ratio oméga 6/oméga 3 de l'ordre de 2 pour 1. Or l'alimentation moderne occidentale nous amène naturellement vers un ratio proche de 16 pour 1 (Simopoulos, 2002). Le consensus actuel est de rétablir ce ratio grâce à l'augmentation des apports nutritionnels d'aliments riches en oméga 3.

Cependant, comme à d'autres niveaux de la nutrition, beaucoup d'idées reçues circulent. En voici un exemple : il est admis que l'huile d'olive serait bonne pour la santé. Cela semble évident : elle contient des oméga 3. Mais en est-elle une excellente source ? Pas forcément. Le ratio n-6/n-3 de l'huile d'olive est de l'ordre de 13/1. C'est donc une huile à consommer, car elle est une source d'acide gras mais tout en sachant qu'elle n'est pas « parfaite ».

Au regard de leurs bienfaits spécifiques sur la santé les n-3 devraient figurer au quotidien dans l'assiette des athlètes. Voici une liste non exhaustive de sources d'oméga 3 : poissons gras, graines et huiles de lin, chanvre, noix, épinards, mâche, avocat, cresson.

Il est impératif que l'athlète intègre régulièrement dans son alimentation des oléagineux (exemple : noix, noisettes, amandes), ils lui assureront un apport important de « bons » gras et seront des alliés précieux de la performance.

Nous préconisons pour l'athlète la surveillance des apports en acides gras essentiels. Ils doivent faire partie intégrante de leur régime, qu'ils soient en phase de développement, d'entraînement ou de compétitions et qu'ils soient des athlètes de force ou d'endurance. On estime les apports en lipides de haute densité nutritionnelle aux alentours de 1 gramme par kilos et par jour.

◆ Cas particulier des gras trans

Les gras trans sont des acides gras insaturés transformés à l'aide de procédés chimiques. C'est dans les années 50 qu'une technique a été mise au point pour modifier les acides gras insaturés trop instables pour la conservation. L'hydrogénisation d'acides gras insaturés permettant, en modifiant leur structure, de modifier leur texture. La margarine (entre autres) était née. De plus, la mauvaise réputation des acides gras saturés (graisses animales) a poussé l'industrie à mettre en avant ces nouveaux produits pratiques et prétendument « bons » pour la santé. Finalement, une étude datant de 1997 a montré que la consommation régulière de gras trans augmenterait de 132 % les risques de développer des pathologies cardio-vasculaires[1].

Nous préconisons de limiter au maximum les aliments riches en gras trans. Ils sont dans tous les cas, de mauvaises sources de lipides.

c. Les protéines

De la même manière que pour les glucides et les lipides, les protéines sont composées d'atomes de carbone, d'hydrogène et d'oxygène. Ils contiennent en plus environ 16 % d'azote. Les protéines sont des polymères d'acides aminés (AA), c'est-à-dire une chaîne d'acides aminés.

L'organisme a besoin de vingt acides aminés différents dont huit ne sont pas synthétisables par lui : isoleucine, leucine, lysine, méthionine, phénylalanine, thréonine, tryptophane, valine. Ce sont les acides aminés essentiels. Ces acides aminés se trouvent aussi bien dans le règne animal que dans le règne végétal.

Le métabolisme des protéines est différent des autres nutriments. En effet, l'organisme ne sait pas assimiler une protéine. Il doit la digérer et la séparer en AA. Une protéine va ainsi apporter plus ou moins d'AA à l'organisme. On peut dire qu'une protéine possède une valeur biologique dans la mesure où elle offre plus ou moins d'acides aminés. C'est-à-dire qu'une protéine qui apporterait la totalité des besoins théoriques en AA est dite de « haute valeur biologique ». C'est le cas de la protéine de l'œuf (ovalbumine) qui demeure la protéine de référence. Les viandes et poissons offrent également des protéines complètes de bonne valeur nutritionnelle, en privilégiant les viandes blanches aux viandes rouges qui sont plus grasses. Nous verrons cependant que leur trop grande consommation n'est pas sans conséquences sur l'organisme.

Ainsi, la réponse diététique aux besoins en protéines de l'organisme va passer par la recherche d'AA dans les aliments, qu'ils soient sous une forme protéinique directe ou d'acides aminés simples. À une exception près (le soja), le végétal n'offre pas de protéines complètes. Il manque toujours un acide aminé. Les céréales, par exemple, sont dépourvues de lysine et les légumineuses de méthionine. Il n'est pas rare de croiser dans les habitudes alimentaires du monde entier des associations riches de sens. Maïs et haricots secs en Amérique latine, riz et lentilles en Inde, blé et pois chiches dans le nord de l'Afrique, forment ainsi des combinaisons d'acides aminés essentiels assurant les apports nécessaires. Il n'est pas obligatoire que les assemblages d'AA soient assurés au cœur d'un même repas. Les associations s'équilibrent très bien sur une journée.

1. Hu *et al.*, 1997.

Penser les protéines dans l'alimentation du sportif c'est prendre en compte leurs rôles et leurs impacts sur l'organisme. Les protéines ont principalement un rôle structurel (musculaire, cutané) mais sont aussi essentielles à diverses fonctions métaboliques (enzymatiques, immunitaires, hormonales). Elles sont donc indispensables à la construction, à la cicatrisation et à la récupération musculaire. Leur importance pour l'activité physique est telle que l'athlète en consomme souvent beaucoup trop. À l'inverse des glucides et des lipides, l'organisme n'a aucun moyen de stocker les protéines. Leur consommation, au-delà des besoins, ne présente donc aucun intérêt.

Nous l'avons vu, pour être assimilée une protéine doit être digérée et séparée en acides aminés. C'est le catabolisme protéique. Ce procédé crée des déchets principalement azotés, éliminés par les reins via les urines. Consommer trop de protéines a tendance à créer beaucoup de déchets et à solliciter à outrance les reins.

L'indice PRAL

En fonction de sa composition, une protéine va avoir une charge plus ou moins acidifiante pour l'organisme. Ce potentiel acidifiant est mesurable aujourd'hui via l'indice PRAL (*Potential Renal Acid Load*). Cet indice nous permet de savoir si un aliment, contenant des protéines (ou non), va avoir tendance à « charger » l'organisme en acides ou pas. L'organisme cherche continuellement à fonctionner dans un état d'homéostasie. Il ne doit pas y avoir de grandes variations de la concentration en ion H+ qui sont acides. L'organisme possède des « systèmes tampons » pour réguler ces pics d'acidité, mais ils ne sont ni inépuisables, ni dépourvus de coût. Une acidification de l'organisme peut provoquer des désordres métaboliques qui sont le lit de pathologies inflammatoires. Il convient donc de chercher à réduire au maximum la charge acidifiante de l'alimentation. Pour le sportif c'est un enjeu réel car l'activité physique même, est pourvoyeuse de déchets et d'acidité pour l'organisme. Il semble raisonnable de ne pas jeter de « l'huile sur le feu » en mettant dans son assiette des aliments « pro-inflammatoires ». Ainsi, il peut-être intéressant de proposer une régulation des rations protéiques du sportif ainsi qu'une diversification de leurs sources.

L'objectif étant de revenir à une portion cohérente de protéines possédant un indice PRAL relativement bas. Les aliments d'origine animale, riches en protéines, présentent des indices PRAL plus élevés que ceux d'origine végétale. Plus un indice PRAL est élevé au dessus de 0, plus l'aliment est considéré comme acidifiant pour l'organisme. À l'opposé, plus l'indice PRAL est négatif, plus il sera considéré comme alcalinisant. De fait la côte de bœuf possède un indice PRAL de 11,16, le jambon de 12,22, l'œuf autour de 7, le quinoa – 0,19, les lentilles 2,15 et le riz complet 1,05. L'ensemble des légumes possède un indice PRAL négatif de la même manière que la plupart des fruits. Les produits laitiers quant à eux sont des aliments plutôt acidifiants.

Nous proposons donc à l'athlète de mesurer et de diversifier ses apports protéiques. La question qui revient ici est la suivante : « comment vais-je fabriquer du muscle si je ne mange pas de viande à chaque repas ? » Il peut être intéressant d'apporter une réflexion sur le dogme de l'assimilation symbolique de la protéine animale qui, de manière inconsciente, valorise l'idée que « manger du muscle fabrique du muscle ». C'est une idée. Une vision symbolique. Cela relève de l'incorporation symbolique de la « valeur ajoutée » d'un aliment, de l'idée que la fonction initiale de l'aliment va se répéter et se propager à l'organisme.

On a vu qu'une protéine ne pouvait être assimilée telle quelle et que ce qui importait c'était la disponibilité en acides aminés du contenu de l'assiette. Il est tout à fait possible de « fabriquer du muscle » en alternant régulièrement des sources de protéines animales avec des sources de protéines végétales. Et ce sans porter préjudice à la performance. Nous avançons même l'idée qu'abaisser globalement la charge acidifiante de la ration calorique mettrait l'organisme dans les meilleures conditions de récupération. Dès lors, il semble cohérent d'attirer l'attention sur la ration de produits carnés dans le menu des sportifs. Nous ne proposons pas l'arrêt total des viandes, bien qu'il soit cependant tout à fait envisageable, mais *a minima* leur limitation.

Ainsi, les besoins en protéines sont à moduler individuellement en fonction du niveau et du type d'activité, et de la valeur biologique des protéines consommées. Une valeur de base et raisonnable se situerait autour de 2 gramme par kilo et par jour.

2. Les micronutriments

Comme nous l'avons évoqué en introduction, l'apport énergétique n'est qu'un aspect de l'alimentation. Manger c'est en premier lieu répondre à une demande. Le corps demande, via la sensation de faim, à obtenir des nutriments. Répondre à ces besoins c'est répondre quantitativement et qualitativement. C'est donner la ration calorique nécessaire pour combler les besoins énergétiques et donner l'ensemble des éléments indispensables aux divers processus métaboliques. Ces nutriments, qui ne fournissent aucune énergie, mais qui sont indispensable à la vie sont les micronutriments. Vitamines, minéraux et oligoéléments forment un groupe hétérogène de nutriments que l'organisme peut ou ne peut pas synthétiser ou stocker : vitamines B, C, E, fer, zinc, calcium, potassium... Autant d'éléments qu'il faut impérativement aller chercher dans l'alimentation. Nous n'allons pas détailler les sources et fonctions de chaque micronutriment, mais en grande partie, les micronutriments se trouvent dans le règne végétal.

Ainsi la construction d'une assiette, d'un repas ou d'un menu de sportif doit être sous-tendue par la recherche de densité nutritionnelle. C'est-à-dire, conçue avec des aliments à haute teneur en micronutriments. Ils ne sont d'ailleurs pas forcément ceux auxquels nous pensons.

EXEMPLE 6.2 – LE CALCIUM

Le calcium est essentiel à la bonne santé des os. Et quand nous parlons os et calcium, nous pensons produits laitiers. Or les produits laitiers n'ont pas forcément les vertus que nous leurs prêtons. Seraient-ils la meilleure source de calcium ? *A priori*, non. Le sujet est vaste et complexe, mais les apports en calcium disponibles pour l'organisme ne sont pas forcément directement liés à la quantité de calcium contenue dans un aliment. En fait, la disponibilité du calcium est dépendante de divers facteurs tels que : la consommation de vitamine D, de potassium, l'excès ou non de protéines animales, de sodium. La qualité des apports en calcium n'est pas linéaire, cela ressemble plus à une balance dont l'équilibre serait précaire et malgré les apparences, et dans cet équilibre, les produits laitiers ne sont pas forcément les plus compétitifs. Pour savoir s'ils font partie des recommandations nutritionnelles du sportif il faut considérer leur potentiel acidifiant et leur digestibilité. L'indice PRAL du lait et des fromages va de 0,7 à plus de 30 (pour des fromages fondus). Encore une fois, pour l'athlète, nous cherchons au maximum à abaisser le niveau de stress oxydatif de l'organisme, et ces aliments ne vont pas dans ce sens.

La digestibilité des produits laitiers pose également problème. En effet, le glucide du lait, le lactose, n'est que difficilement digéré. Le lactose est digéré par une enzyme : la lactase. Cette enzyme, produite naturellement durant l'enfance nous permet, en tant que mammifère, de digérer le lait maternel. Logiquement, comme tout mammifère après sevrage, la synthèse de cette enzyme diminue et devrait s'accompagner d'une diminution de la consommation de lait. Dans la plupart des cas, cette enzyme ne s'exprime plus à l'âge adulte.

Au niveau digestif, l'arrivée régulière et massive de lactose non digérable peut occasionner des réactions diverses, notamment immunitaires. Il faut ici dissocier une incapacité à bien digérer les produits laitiers de l'allergie stricte, qui est une affection connue et détectable. La consommation régulière de produits laitiers n'est, en tous les cas, pas aussi limpide qu'on pourrait le penser.

Le sujet questionne énormément et les discussions qu'il suscite sont souvent passionnées. Comme en toute chose, il faut savoir garder une certaine mesure, mais il semble que le conseil nutritionnel de la pyramide alimentaire proposant des produits laitiers à chaque repas, pour tout le monde et tous les jours, ne soit plus tout à fait d'actualité. Ainsi, l'École de santé publique d'Harvard, avec son programme de recommandations nutritionnelles « Healthy Eating Plate »®, a récemment déclaré que les produits laitiers ne faisaient plus partie d'une alimentation saine et équilibrée. Ils préconisent par ailleurs comme meilleures sources de calcium : les choux, épinards, amandes et haricots secs.

Vous comprendrez que le sujet est complexe et que les enjeux sont grands. Dans le cadre d'une alimentation diversifiée et de haute densité nutritionnelle, nous préconisons une limitation de la consommation de produits laitiers, relégués au rang « d'aliments plaisirs », qu'il faudra consommer avec modération.

Il est essentiel de répondre aux besoins en micronutriments et pour cela, il faut être acteur de la construction de son assiette. L'alimentation moderne avec ses modes de cultures et ses contraintes sanitaires s'est appauvrie et peut, on l'a vu dans le cas des omégas 3, engendrer des carences. Il ne faut pas pour autant se laisser tenter par des supplémentations automatiques en nutriments de synthèse. Ils n'ont pas la même valeur biologique. À titre d'exemple, dans une étude datant de 1998, Burton *et al.* ont montré que la vitamine E de synthèse est deux fois moins bien assimilée par l'organisme que la vitamine E naturelle.

Il convient donc d'assurer à l'athlète un régime alimentaire dense en micronutriments de bonne valeur biologique et d'origine naturelle. En ce sens, nous recommandons d'adopter une stratégie nutritionnelle de diversification. En proposant un maximum de sources de micronutriments à notre organisme, nous lui offrons un maximum de chance de recevoir ce dont il a besoin.

4 Construire son assiette

Notre vision de la nutrition sportive est sous-tendue par la notion de santé optimale. Nous pensons qu'il est essentiel de créer un état de santé propice au développement des qualités physiques et des adaptations métaboliques. Le rôle de l'alimentation dans la pratique sportive est de donner des réponses satisfaisantes aux besoins nutritionnels aussi bien quantitativement que qualitativement. Assurer les apports en macronutriments tout en impactant au minimum la charge acidifiante et assurer les apports maximaux en micronutriments de haute valeur biologique. Nous proposons deux principes concrets simples qui alimentent notre pratique au quotidien.

1. Le premier est le rapport : 85/15

Dans le cadre d'un régime omnivore équilibré nous proposons que 85 % des sources alimentaires soient fournis par le règne végétal et 15 % par le règne animal. Ce ratio applicable facilement assurera globalement une bonne répartition des apports macro-nutritionnels ainsi qu'une grande densité micronutritionnelle. Elle présente, de plus, l'avantage d'assurer un faible potentiel d'acidité. Pour tendre à respecter ce ratio tout se joue au moment de faire ses achats. Si, arrivé à la caisse, le panier ressemble plus à 50/50 qu'à 85/15, il sera difficile de l'appliquer au quotidien. Changeons d'abord les habitudes d'achats pour investir les choix nutritionnels.

2. Le deuxième concept est : l'assiette 4/4

La plupart des assiettes de sportifs sont « bi-aliments ». Viandes-pâtes. Poisson-riz, etc. Comme nous l'avons vu précédemment, nous mettons l'accent sur l'alternance et la multiplicité des sources de nutriments. Nous proposons donc une construction d'assiette à quatre zones (figure 6.2). Une assiette « coupée » en quatre. Un quart de l'assiette consacré aux glucides que l'on préfèrera à index glycémique bas. Pâtes complètes, riz complet, par exemple. Un autre quart de l'assiette réservé aux protéines où l'alternance des sources sera de mise. Viande, œuf, poisson ou protéines de sources végétales (soja, légumineuses). Les deux quarts de l'assiette restant sont ainsi disponibles pour deux sortes de légumes différents. En proposant à chaque repas deux sources différentes de légumes ou de crudités, nous assurons un apport non négligeable en micronutriments. Ainsi en jouant la carte de la diversité au cœur des habitudes alimentaires de l'athlète, nous assurons d'apporter à l'organisme l'ensemble des éléments dont il a besoin.

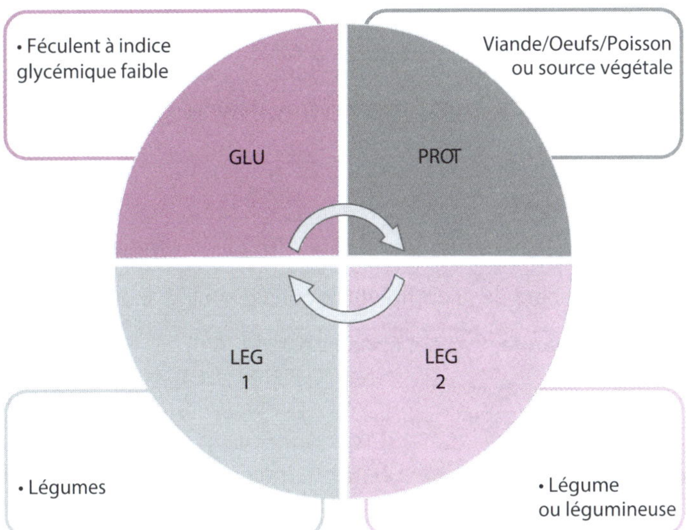

Figure 6.2

Nous souhaitons rendre les fondamentaux de la nutrition sportive accessibles et applicables. 85/15 et 4/4 sont le fruit de la synthèse et de la simplification des concepts qui sous-tendent la nutrition sportive. En cherchant à les respecter, l'athlète peut facilement réussir à se construire un régime cohérent, dense en nutriments, micronutriments de haute valeur biologique. Cet équilibre nutritionnel, une fois bien approprié pourra être individualisé en fonction de la pratique sportive, de la période et de la charge d'entraînement.

Il est également nécessaire d'associer à ces deux concepts une notion de rythme. L'organisme est fait pour alterner des phases de prises alimentaires, de digestion et de jeûne. Il est impératif d'intégrer dès le plus jeune âge ces notions. Il est admis que prendre trois repas est fondamental dans l'organisation d'une journée type. Le petit-déjeuner est un moment clé et privilégié pour la digestion. Au sortir du jeûne nocturne, il est essentiel d'apporter à l'organisme des nutriments clés. Faire l'impasse sur ce premier repas, c'est commencer la journée avec une dette (énergétique et micronutritionnelle) qu'il sera difficile de combler. À plus forte raison pour le sportif qui s'entraîne le matin. Il est inconcevable d'arriver à l'entraînement sans avoir mangé. On s'assurera que le premier repas a été pris suffisamment tôt pour que la digestion n'entrave pas l'effort. Il sera composé d'aliments à IG faible et élevés. Prenons l'image d'une cheminée que l'on voudrait faire chauffer rapidement et longtemps. On y mettra du bois qui brûle vite en même temps que du bois qui prendrait la matinée à se consumer. Le petit déjeuner doit être pensé ainsi. Ainsi nous proposons un apport suffisant en fruits frais, qui ont l'avantage de proposer une haute densité micronutritionnelle, ainsi que de céréales à IG faibles.

EXEMPLE 6.3 – Exemple de petit-déjeuner

Les quantités seront à régler individuellement. Ce petit-déjeuner s'inscrit directement dans la logique de diversité et de densité nutritionnelle.

Un grand verre d'eau.

Une boisson chaude.

Un bol de céréales type muesli complet (flocons d'avoine, fruits secs, oléagineux)

Lait végétal (soja, amande, avoine, épeautre, riz)

Deux fruits frais différents.

** ou **

Un grand verre d'eau.

Une boisson chaude.

Des tartines de pain complet

Miel, confiture, beurre de cacahuètes

Fruits secs, oléagineux.

Deux fruits frais différents.

5 L'hydratation

L'eau est essentielle à tout organisme vivant. Sans elle aucune réaction métabolique ne peut avoir lieu. Il est important de considérer l'eau comme une entité indispensable à l'organisme dans l'organisme et soutenant l'ensemble des grandes fonctions organiques. Elle est un vecteur de réactions métaboliques.

L'hydratation du sportif est relativement simple à aborder. L'athlète boit rarement suffisamment. On va donc le plus souvent et surtout chez les jeunes athlètes, mettre l'accent sur l'hydratation, notamment en période hivernale où il est moins « confortable » de boire. Il est coutume de dire qu'une perte hydrique de 2 % du poids du corps fait perdre autour de 20 % de ses capacités physiques. Restons donc vigilant !

À l'opposé de la déshydratation se trouve l'hyponatrémie. L'hyponatrémie est une baisse de la concentration du sodium plasmatique provoquant par osmolarité : une hyperhydratation intracellulaire. C'est un trouble qui n'est pas sans conséquences et peut avoir des répercussions graves pouvant mener à la mort. Chez l'athlète elle peut survenir lors d'efforts longs par grande chaleur quand, d'une part la perte en sodium par sudation est très importante et n'est pas compensée et d'autre part que la consommation d'eau pure est trop élevée. Lors d'efforts longs et intenses en période de grandes chaleurs, il convient de ne pas boire « que » de l'eau et d'apporter du sodium sous quelle que forme que ce soit.

Pour assurer un bon niveau d'hydratation, nous proposons une ration quotidienne d'eau comprise entre 1 litre et 2 litres. À l'entrainement ou en compétition nous proposons une hydratation régulière et par petites quantités : un apport hydrique d'environ 20 à 30 ml toutes les 20 minutes. Gardez à l'esprit que la sensation de soif marque déjà un état de déshydratation relatif qui a des répercussions sur le niveau de performance.

Les capacités d'adaptations de l'organisme sont extrêmement sollicitées par la pratique sportive d'entraînement et de compétition. Cela induit des manques et des besoins. Seule une alimentation adaptée peut donner les moyens à l'organisme de potentialiser les situations vécues à l'entrainement. C'est-à-dire une alimentation, riche en micronutriments, assurant un apport calorique idéal et ayant une charge acidifiante raisonnée. Il est possible aujourd'hui de proposer des concepts simples et didactiques pour rendre la nutrition sportive facile à intégrer. L'alimentation doit faire partie intégrante de l'entraînement car elle est un facteur de potentialisation.

6 La sphère intestinale

Nous proposons ici une vision simplifiée et didactique de la physiologie de la sphère intestinale. Elle a pour but de permettre d'en saisir facilement les principales fonctions.

Manger c'est offrir à l'organisme les éléments dont il a besoin. Quittant l'assiette, les différents nutriments vont devoir subir quelques modifications afin d'être rendus utiles et disponibles. Ils vont devoir traverser l'ensemble du système digestif pour être digérés et assimilés.

Le système digestif est un système complexe. Schématiquement, tout commence dans la bouche lors de la mastication où déjà certaines enzymes salivaires commencent leur travail de digestion. Ensuite vient l'estomac où la majorité des aliments va être dissous, séparés, cassés pour enfin être assimilés au niveau intestinal. C'est au niveau de l'intestin grêle que la quasi totalité des nutriments va passer la paroi intestinale et devenir disponibles c'est-à-dire utilisables par l'organisme.

De manière très schématique, la sphère intestinale, se décompose en deux grandes parties : l'intestin grêle et le gros intestin. Une fois digérés, il ne restera des aliments que des déchets qui seront excrétés à l'extrémité du tube digestif via le colon puis le rectum. Un aliment mettra de un à trois jours pour être éliminé par le système digestif. L'intestin grêle fait environ 3 mètres de long et est le lieu privilégié de l'assimilation. Les nutriments vont en effet traverser la paroi intestinale et arriver dans le réseau sanguin. Cette phase est la clé de voûte de l'assimilation des nutriments. C'est elle qui détermine si ce que nous avons mis dans notre assiette va pouvoir profiter à l'organisme. Seulement nous le verrons, il n'est pas rare, en fonction de certains désordres, des variabilités individuelles et des habitudes alimentaires de chacun, qu'une partie des nutriments ne passe pas la barrière intestinale. Parfois, ce n'est pas parce que les nutriments sont présents dans l'assiette que l'organisme en bénéficie.

La muqueuse intestinale (la surface intérieure de l'intestin) est formée de millions de petites saillies en forme de « doigts » appelées villosités. Ces villosités, recouvertes de bordures en brosse, augmentent de 600 fois la surface de l'intestin grêle. Grâce au péristaltisme intestinal, mouvement des intestins qui fait onduler les villosités, le chyme (substance liquide formée du mélange d'aliments partiellement digérés et de substances gastriques) est brassé. Chaque villosité est extrêmement riche en capillaires sanguins de sorte qu'à elle seule, elle peut assimiler une grande quantité de nutriments.

On appelle la paroi intestinale, l'épithélium intestinal. C'est une sorte de membrane partiellement perméable dont le rôle est de « laisser passer » dans le sang, les substances désirées. C'est l'absorption des nutriments. Le « passage » se situe entre les cellules de l'épithélium intestinal et est appelé : jonction serrée. Quand tout fonctionne parfaitement, seuls les éléments « souhaités » passent. Le « tri » est naturellement effectué par différents mécanismes.

Le LGS

Il peut arriver, dans certains cas, que des molécules « non désirées » (certaines protéines, résidus alimentaires et grosses molécules) arrivent à passer dans le flux sanguin. On appelle ce phénomène le *leaky gut syndrom* (LGS) ou perméabilité intestinale. Divers troubles y sont directement associés et leur symptomatologie est tellement « banale » qu'ils sont souvent minimisés (maux de ventre, ballonnements, gaz entre autres). Les causes de ce dysfonctionnement sont multiples et leur compréhension récente. D'après plusieurs auteurs, le régime alimentaire, le stress, l'activité physique et certains médicaments pourraient être des causes de LGS. Les recherches médicales actuelles tendent à y associer de plus en plus de conséquences : allergies, réactions auto-immunes, dépression et pathologies inflammatoires. Autant de faits nouveaux, qui poussent à la réflexion, à une meilleure compréhension de l'écosystème intestinal et de sa prise en compte dans l'approche moderne de la nutrition.

Le bon fonctionnement de la sphère intestinale est en grande partie assuré par le microbiote intestinal (flore intestinale). Le tube digestif est le lieu de vie de milliers de milliards de bactéries. Il y aurait plus de bactéries dans notre système digestif que de cellules qui composent notre corps. Elles sont organisées en véritable écosystème. Comme tout écosystème son équilibre est fragile. Certaines familles de bactéries cherchent inévitablement à se développer au détriment des autres. Les bactéries se nourrissant de ce que nous mangeons, leur équilibre est dépendant du contenu de notre assiette. Ainsi, une alimentation trop pauvre en fibres, par exemple, serait délétère pour certaines souches de bactéries et une alimentation trop riche en aliments carnés pour certaines autres. Une fois de plus, l'équilibre et la diversité du régime alimentaire sont ici primordiaux. Nos recommandations nutritionnelles permettent d'assurer globalement un bon fonctionnement de la sphère digestive.

Un des rôles de la flore intestinale est d'assurer la protection et le renouvellement de l'épithélium intestinal. Elle joue directement un rôle dans l'absorption intestinale et donc dans notre capacité à bien assimiler les précieux nutriments que nous souhaitons mettre dans notre assiette. Nous savons aujourd'hui que le rôle de la flore intestinale ne s'arrête pas là et qu'elle participe activement à la digestion, en décomposant certains aliments que nous ne pouvons pas digérer et en synthétisant certaines vitamines (vitamine K et vitamines du groupe B). Elle joue également un grand rôle dans le fonctionnement de notre système immunitaire en étant en premières lignes de bien des affections. De nouvelles recherches sur la flore intestinale ne cessent de voir le jour et nos connaissances sur leur importance dans le fonctionnement de notre métabolisme sont, à l'heure actuelle, en pleine évolution.

Quand l'équilibre du microbiote est rompu nous parlons de dysbiose intestinale. Beaucoup de troubles fonctionnels de la sphère intestinale y trouvent leur origine. Il y aurait un lien entre dysbiose intestinale et perméabilité intestinale. Nous l'avons vu, un LGS est un possible précurseur de pathologies inflammatoires. Pathologies inflammatoires qui ne restent pas forcément localisées à la zone digestive. Dans notre pratique de terrain, nous croisons régulièrement des affections tendineuses chroniques sur lesquelles, en association avec le corps médical et les traitements kinésithérapiques, nous questionnons l'alimentation et le fonctionnement digestif. Nous proposons alors une approche micro-nutritionnelle.

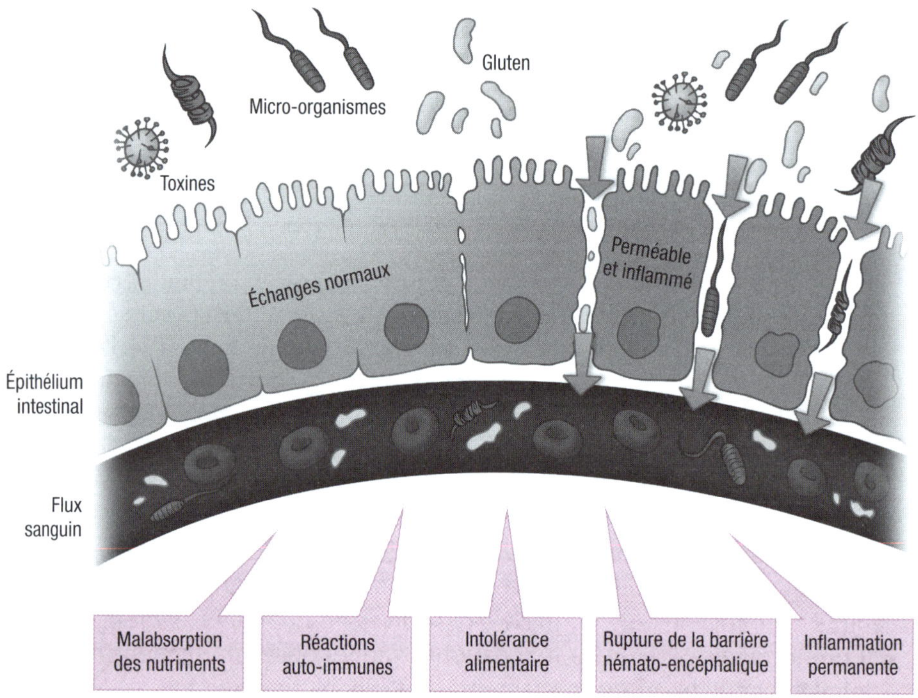

Figure 6.3

D'un point de vue physiologique, l'effort occasionne une redistribution du flux sanguin dans le corps. Les muscles sont mieux desservis au détriment de certains organes. Les intestins se voient privés lors d'efforts relativement longs, de près de 20 % de leur irrigation normale (Rehrer *et al.*, 2001). Cette ischémie transitoire et la revascularisation post-effort sont des causes d'une dysbiose intestinale et de LGS. Il faudra être d'autant plus vigilant aux signes fonctionnels et à l'équilibre de l'appareil digestif du sportif.

Il existe un lien étroit entre nutrition et digestion : c'est l'assimilation. Nous l'avons vu, beaucoup de paramètres peuvent influencer son bon déroulement. Il est important d'en limiter les causes. C'est de la disponibilité dans l'assiette des nutriments essentiels et de leur bonne assimilation que dépend l'état de santé. Un état de santé optimal est un pré requis à la performance.

La pratique sportive de loisir ou de compétition sollicite les capacités d'adaptation de l'organisme. La science de l'entraînement aménage des temps de récupération et l'on quantifie le stress mécanique pour optimiser les séances et minimiser le risque de blessure. Cette même science de l'entraînement doit pouvoir aujourd'hui marier l'art de la préparation physique à celui de la nutrition sportive. Bien manger c'est apporter à l'organisme les éléments dont il a besoin pour assurer ses fonctions métaboliques d'adaptation. « Je suis ce que je mange » peut être entendu pour nous comme « je suis performant grâce à ce que je mange ». Du supermarché jusqu'à la barrière intestinale, en passant par la construction de nos repas, chaque décision prise concernant l'alimentation a un impact sur l'état de forme de l'athlète. Qu'il soit plein d'idées reçues, de mythes, de pulsions et de croyances, le rapport à l'alimentation est complexe. Il vient questionner aussi notre rapport à l'entraînement et à la performance. « Je sais que c'est important mais je ne m'en occupe pas. » Voici peut-être la phrase que nous entendons le plus quand nous discutons avec des sportifs et des entraîneurs. Beaucoup de sportifs de très haut niveau ont bien compris que pour durer dans leur discipline il ne fallait rien laisser au hasard.

Dans ce chapitre nous n'avons pu qu'effleurer les grandes notions de la nutrition sportive mais déjà il se dessine des grands axes de travail pour chacun. Toutes les disciplines sportives (individuelles et collectives) devraient intégrer dans leur fonctionnement une réflexion sur l'alimentation basée sur les connaissances actuelles. Une alimentation adaptée est un pré requis à la performance et assure un état de santé optimal. Elle représente également une certaine idée de la pratique sportive, une éthique et une réflexion sur les pratiques dopantes. La multiplicité et l'accessibilité des compléments alimentaires de synthèse peuvent plonger l'athlète dans une démarche de supplémentation automatique sans jamais questionner ce qui « pourrait manquer dans son assiette ». Plaçons la nutrition sportive au cœur de la formation de nos athlètes pour ainsi former des sportifs soucieux de leur santé et de leurs performances. Pour toutes ses raisons, il est souhaitable que l'athlète construise ses repas à bases d'aliments simples et naturels. Les céréales doivent le plus souvent être complètes et non transformées. Les apports en produits carnés et laitiers doivent être mesurés et adaptés. L'accent sera porté sur les aliments à haute densité micro-nutritionnelle. Dans ce cadre, une grande place sera apportée aux acides gras essentiels, aux vitamines et aux minéraux. Enfin, il sera essentiel de surveiller l'apport hydrique qui devra être conséquent et adapté. L'alimentation du sportif doit être placée au cœur de sa pratique et doit être adaptée à sa discipline.

Résumé de ce chapitre

Quel que soit son niveau de pratique, l'athlète évolue au sein d'un système extrêmement sophistiqué : l'adaptation de son organisme à l'effort. Cette donnée est essentielle, puisqu'à elle seule, elle conditionne l'évolution et l'optimisation de son niveau de performance. L'un des principes de l'entraînement est de surprendre l'organisme, de le forcer à s'adapter à des situations, des amplitudes, des intensités nouvelles. L'art de l'entraînement est là : faire vivre à l'athlète des situations nouvelles pour le pousser à l'adaptation. S'adapter, c'est ce que le corps sait faire de mieux. Et c'est uniquement grâce à cette faculté d'adaptation que l'athlète progresse. Mais ce processus d'adaptation est coûteux. Le corps a besoin d'éléments pour fonctionner et il n'existe qu'un seul lieu où les trouver : l'assiette. De la qualité de ses éléments dépendra la qualité des adaptations métaboliques. Mettre l'organisme dans un état propice à la performance c'est le mettre dans un état de santé optimal. La nutrition est au cœur de ce processus. Dès lors, on ne peut pas avoir un niveau d'exigence dans ses stratégies d'entraînement sans avoir le même niveau d'exigence dans ses choix nutritionnels. Cependant, l'athlète évolue dans une galaxie de mythes, d'idées reçues, de modes, d'informations contraires, de sollicitations marketing et commerciales... Il en devient très difficile d'adopter sereinement une règle de conduite alimentaire. Fruit de notre expérience de terrain en tant qu'entraîneur et de consultations en tant que spécialiste en nutrition sportive, ce chapitre pose les bases d'un équilibre nutritionnel compatible avec les exigences de la performance et donne des éléments concrets pour vous aider à les mettre en pratique.

7 Bibliographie

Articles :

Burton GW, *et al.*, (1998). Human plasma and tissue alpha-tocopherol concentrations in response to supplementation with deuterated natural and synthetic vitamin E. *The American Journal of Clinical Nutrition* 67(4):669-84.

Dewailly et *al.* (2001). n–3 Fatty acids and cardiovascular disease risk factors among the Inuit of Nunavik. *The American Journal of Clinical Nutrition,* 74:4 464-473.

Hu et *al.* (1997). Dietary Fat Intake and the Risk of Coronary Heart Disease in Women. *The New England Journal of Medicine.* 337:1491-1499.

Simopoulos (2002). The importance of the ratio of omega 6/omega 3 essantial fatty acids. *Biomedicine and Pharmacotherapy,* 365-379.

Too et *al.*, (2012). Natural versus commercial carbohydrate supplementation and endurance running performance. *Journal of the International Society of Sports Nutrition,* 9:27.

Willett (1998). Is dietary fat a major determinant of body fat? *The American Journal of Clinical Nutrition,* 67:3 556S-562S.

Livres :

Fischler C. (1990) *L'homnivore.* Odile Jacob.

McArdle, Katch, Katch. (2004) *Nutrition & performances sportives.* De Boeck.

Riché D. (2008) *Micronutrition, santé et performance.* De Boeck.

Question 1

Citer les trois macronutriments et expliquer ce qui les différencie des micronutriments.

Réponse niveau 1

Il existe trois macronutriments : glucide, protide, lipide. Ils se différencient des micronutriments par le fait qu'eux seuls fournissent une certaine quantité d'énergie à l'organisme.

Réponse niveau 2

Il existe trois macronutriments : glucides, protides, lipides. Ils se différencient des micronutriments par le fait qu'eux seuls fournissent une certaine quantité d'énergie à l'organisme. Les glucides et les protides fournissent 4 Kcal par gramme et les lipides fournissent 9 Kcal par gramme. Les micronutriments eux, ne fournissent pas d'énergie mais sont essentiels au fonctionnement métabolique. Cette famille de nutriment regroupe, par exemple, les vitamines et les minéraux. On les trouvera majoritairement dans le règne végétal.

Question 2

Qu'est-ce que l'index glycémique ?

Réponse niveau 1

L'index glycémique est une mesure de la capacité d'un aliment à élever la glycémie. Il existe trois catégories d'index glycémique (faible, modéré, élevé).

Réponse niveau 2

L'index glycémique est une mesure de la capacité d'un aliment à élever la glycémie. Il existe trois catégories d'index glycémique (faible, modéré, élevé). Par voie de conséquence un aliment possédant un index glycémique élevé peut engendrer une hypoglycémie réactionnelle. Elle est à éviter absolument et à plus forte raison chez le sportif. C'est pourquoi il est préférable que dans son quotidien la majorité des apports glucidiques du sportif soient constitués d'aliments à index glycémique faibles et modérés.

POUR RÉVISER

CHAPITRE 7

La blessure chez le sportif

Victor Krief

DANS CE CHAPITRE

L'objectif de ce chapitre est de vous présenter rapidement les différents types de blessures dont les personnes que vous allez entraîner sont susceptibles d'être les victimes ainsi que la conduite à tenir.

La plupart de nos problèmes liés à la pratique physique sont issus d'une mauvaise quantification du stress mécanique. Il est nécessaire de toujours garder à l'esprit que le corps a une grande capacité d'adaptation, encore faut-il lui en laisser le temps. Nous avons tous un capital physique de départ, modulable, modifiable, mais il faut parfois se dire qu'être un champion relève aussi d'un héritage et que de ce point de vue, nous ne sommes pas égaux ! Alors quel est le sportif qui n'a pas un jour ressenti des douleurs pendant ou après l'entrainement ? Lequel ne s'est pas questionné quant à la gravité d'une blessure potentielle, considérant *a priori* que douleur équivalait à gravité ? Par conséquent, quel sportif n'a pas été en proie au doute quant à la conduite à tenir, consulter un médecin ou pas, attendre ou pas, ou tout simplement quoi faire ? Chaud ? Froid ? Immobilisation ou pas ? etc.

Répondre à ces questions peut s'avérer crucial parce que des premiers gestes vont découler une cicatrisation optimale, une bonne récupération, et une reprise de l'entraînement à brève échéance, ou pas. Qu'on soit impliqué en tant que sportif, ou en tant qu'entraîneur, il est donc crucial de prendre les bonnes décisions rapidement. Le chapitre qui va suivre sera destiné à apporter des éléments de réponse aux questions que pose la prise en charge des blessures et sera structuré selon le plan suivant : la localisation générale, le type de pathologie, la localisation spécifique, la/les cause/s potentielle/s, les modalités de prévention, le traitement envisageable, et enfin la conduite à tenir en urgence. L'objectif est que vous soyez capables de reconnaître le caractère de gravité ou pas, les modalités d'interventions envisageables, et la conduite à tenir. Que ce soit dans les lésions musculaires ou articulaires, le premier geste va devenir thérapeutique.

1 Localisation : pied cheville jambe

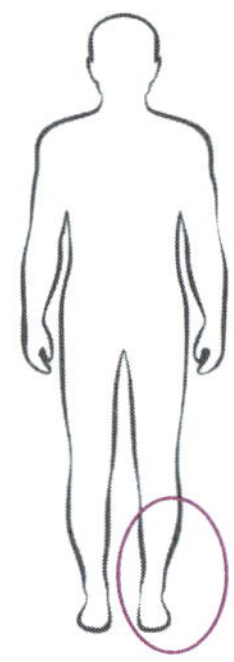

1. Fasciapathie plantaire ou aponévrosite plantaire

Dans l'idée de préparer au mieux mes vacances d'été à la montagne, je me suis mis à m'entraîner à monter des escaliers et marcher en pente avec mes nouvelles chaussures de randonnée. Ma semaine de randonnée en montagne s'est plutôt bien passée mais avec un peu de douleur sous le pied droit et sous le gauche aussi il faut avouer ! Dès que je suis arrivé à la mer, pour la suite de mes vacances, le port de mes claquettes a fini de révéler une douleur sous le milieu des pieds. Il m'était alors impossible de reprendre mes footings et même simplement me promener sur la plage pieds nus... Sans aucun doute, je souffre d'une aponévrosite plantaire.

a. Localisation

Elle est localisée sous le pied dans sa partie médiane et peut débuter juste après le talon jusqu'à la base des métatarsiens. Avec une douleur irradiante sur les bords du pied. Raideur au premier pas le matin qui cède avec le temps dans les formes débutantes. Elle est parfois associée avec la présence d'une épine calcanéenne qui s'avère être non douloureuse. Il s'agit d'une pathologie de surcharge à ne pas confondre avec une tendinopathie du fléchisseur de l'hallux. Elle peut devenir très invalidante et nécessiter un traitement rapide, tout au moins un appareillage par talonnette viscoélastique ou semelle confectionnée par le podologue dans les premiers temps.

b. Causes

Changement non progressif de la charge d'appui.

Changement trop rapide de chaussures.

Marche prolongée avec chaussures inadaptées ou inhabituelles.

c. Comment prévenir

Éviter tout changement brutal de type de chaussures.

Avoir une chaussure adaptée à son activité.

Ne pas se lancer dans une longue marche « mal chaussé ».

Suivre impérativement une progression lors d'entraînements en côte.

d. Traitement

Respect d'un repos relatif avec aménagement des sorties.

Éviter le pied nu.

Surélever le talon.

Pratiquer de l'auto massage et des auto-étirements au quotidien.

Le traitement médicamenteux ne saurait être efficace qu'au tout début de cette pathologie.

2. Talonnade

Au football, lundi soir dernier, je suis retombé de tout mon poids sur mon talon lors d'une réception de saut. L'appui sur le terrain synthétique un peu dur s'est fait sur les crampons arrière et la douleur a été vive mais m'a permis de continuer l'activité. Depuis trois semaines maintenant, je suis incapable de rejouer tellement l'appui sur le talon est douloureux. Cette douleur est surtout ressentie lors de la remise en charge après un temps d'arrêt. Je souffre d'une talonnade.

a. Localisation

Il s'agit d'une douleur du coussin graisseux sous le talon servant à amortir les chocs.

b. Causes

Impacts répétés ou un seul gros impact du type réception de saut sur le talon. Ce panicule adipeux peut s'inflammer et donc gonfler ! La douleur est présente dès le premier pas matinal voire en marchant ou en courant.

Augmentation trop rapide de la distance ou de l'intensité des sorties.

Pied souvent non formé par des contraintes pied nu, favorisant les contraintes dessus.

c. Comment prévenir

Éviter toutes réceptions ou appuis trop contraignants sur cette zone doulou reuse.

Alterner avec des activités en décharge, type vélo, natation.

d. Traitement

Port d'une orthèse de type coussinet.

Pose de *taping*.

Traitement kinésithérapique.

Traitement médical souvent inefficace.

3. Maladie de Sever / épine calcanéenne

Je suis un garçon de 12 ans et je suis inscrit au club de foot de ma ville, je pratique en plus des deux entrainements de la semaine et du match du dimanche, du sport à l'école, et en ce moment c'est du saut en longueur. Je joue aussi avec mes copains au basket sur le terrain face à la maison environ deux heures par semaine soit en tout un total de dix heures de sport hebdomadaire.

Je ressens sous le talon une douleur à la pratique du sport mais qui passe après, alors je continue à m'entraîner. Je n'en ai pas parlé à mon entraineur même s'il me voit boiter au foot et pour mes parents, ils pensent que je grandis et que c'est normal d'avoir un peu mal pendant le sport ! Mon problème est sérieux, il s'agit de la maladie de Sever.

a. Localisation

Dans la maladie de Sever, c'est l'os du talon qui est blessé

À l'examen, la douleur est très prononcée à la palpation sous le pied à la base du talon et le tendon d'Achille ne fait pas mal.

b. Causes

La cause principale est sûrement un excès de sport (*cf.* chapitre 4), car d'apparition privilégiée durant la pratique.

c. Traitement

Le traitement imposera un repos strict, en cas de claudication importante, pouvant aller jusqu'à 9 mois !

Le port de semelle spécifique ira dans le sens du soulagement au contact du talon au sol.

Dans sa forme « adulte », on parlera d'épine calcanéenne, souvent liée à la pathologie de l'aponévrosite plantaire et souvent incriminée alors que non douloureuse mais radiologiquement visible...

4. Fracture de fatigue du pied

Je suis un coureur à pied de 40 ans et j'ai couru le marathon de Paris il y a trois semaines maximum après plus de trois mois d'entrainement soutenu. Je décide de reprendre l'entraînement sur piste notamment, pour la préparation de mon prochain semi marathon dans un peu plus d'un mois maintenant. À l'issue d'un intermittent court sur la piste suivi d'une séance de pliométrie, j'ai ressenti une vive douleur dans le pied qui m'a stoppé dans mon entraînement. Je consulte mon médecin deux jours après ne pouvant pas marcher sans boiter fortement.

a. Localisation

La douleur ressentie et la palpation précautionneuse amèneront à localiser la douleur sur le bout d'un orteil. La zone se voudra inflammatoire, avec rougeur, chaleur du dos du pied et donc douleur à la palpation. Un petit œdème apparaît à l'endroit de la fracture.

b. Les causes

La fracture de fatigue est assimilée à une fracture de surcharge. La structure anatomique a subi trop de stress de contrainte répété sur une zone restreinte jusqu'à casser ! Il est probable que cela soit dû à une mauvaise technique de course induisant des contraintes trop localisées.

Le diagnostic se posera de façon formelle par la scintigraphie osseuse.

c. Comment prévenir

Améliorer sa technique de course à pied de manière à avoir une foulée plus rasante, moins d'élévation du centre de gravité, avec des impacts plus limités lors des reprises d'appui.

Respecter une progressivité dans les séances et les compétitions, c'est-à-dire avoir une bonne planification.

Si une douleur localisée apparaît à la palpation, savoir la respecter et ne pas forcer dessus.

d. Le traitement

Respect de la non douleur donc repos strict au début et relatif dès diminution des douleurs.

Délai de consolidation entre 2 et 3 mois. Immobilisation stricte si fracture sur un orteil par exemple. Elle se fera le plus fréquemment par une chaussure de barouk qui permet de décharger l'avant-pied.

5. L'Hallux rigidus ou valgus

Je suis commerciale et ma tenue de travail est le tailleur et les talons hauts. Depuis quelque mois, après chaque entraînement de basket, je souffre du gros orteil qui me lance toute la nuit succédant l'entraînement. Je souffre d'un Hallux valgus.

a. Localisation

Mobilité et/ou déviation de l'hallux (gros orteil).

Affection plutôt féminine.

b. Causes

Pathologie d'origine héréditaire de la laxité ligamentaire du plan médial.

Chaussure trop étroite favorisant la déviation et la superposition des orteils.

Pathologie du « monde moderne » pouvant aboutir dans sa forme avancée à la chirurgie.

c. Comment prévenir

Port de chaussure respectant l'architecture du pied. Il faut bien prendre conscience que cette déviation n'est pas de forme spontanée et que la chaussure « moderne » notamment de course à pied favorise cette pathologie ! Mobiliser régulièrement son gros orteil.

d. Traitement

Orthèses plantaires.

Travail des muscles intrinsèques du pied pour redonner une structure au pied.

Travail de l'adducteur de gros orteil.

6. Le syndrome de Raynaud

Je suis entraîneur de football et tous les hivers c'est pareil, je ne sens plus mes extrémités au bout d'un certain temps à l'extérieur. Je souffre du syndrome de Raynaud.

a. Localisation

Affection pouvant toucher les orteils et les mains.

Syndrome qui affecte le bon fonctionnement des vaisseaux sanguins.

Sensibilité accrue à la friction de la peau.

Gêne liée au froid.

b. Causes

Origine génétique.

Certains médicaments.

c. Comment prévenir

Garder ses extrémités au chaud durant les périodes hivernales.

Porter des chaussures assez larges.

Éviter les boissons à base de caféine ou théine.

d. Traitement

Respecter les critères préventifs

7. Névrome de Morton

Je suis restaurateur et je passe la plus grande partie de la journée debout. Depuis plusieurs mois, je ressens comme de l'électricité dans les orteils et certaines zones du pied me semblent insensibles vers le gros orteil. Lorsque je serre mon pied dans mes mains je recrée cette douleur. Je souffre d'un névrome de Morton.

a. Localisation

Irritation du nerf entre deux orteils. Lorsqu'il est irrité, ce nerf devient plus volumineux. Fréquemment observé entre le troisième et le quatrième orteil ou entre le second et le troisième. Sensation de brûlure lorsque le nerf est comprimé.

Sensation à la course ou pas avec engourdissement possible. Possibilité de confusion avec une métatarsalgie, ou une fracture de stress.

b. Causes

Chaussures trop étroites pouvant provoquer une compression du nerf au niveau de l'avant pied. Mauvaise technique de course entraînant beaucoup de contraintes au niveau des orteils.

c. Comment prévenir

Port de chaussure respectant l'architecture du pied.

Modification du laçage de la chaussure.

d. Traitement

En général, médical. Port d'une orthèse.

8. Fracture de la malléole externe

Je suis licencié dans un club de volley ball et à la réception d'un contre je suis retombé sur le pied de mon adversaire qui a dépassé la limite du filet ! Ma cheville s'est tordue vers l'extérieur et un bruit sourd et audible s'est fait entendre ! Je suis tombé net avec impossibilité de reprendre le match. Elle a gonflé immédiatement en regard de la malléole externe et j'ai ressenti une vive douleur. J'ai dû être pris en charge par les pompiers qui m'ont adressé aux urgences pour un contrôle radiographique. Conclusion : fracture de la malléole externe.

a. Localisation

Extérieur de la cheville. Il faut bien comprendre que pour arriver à se casser, la cheville s'est tordue dans une amplitude importante et que la lésion osseuse n'est que la partie « visible » de la lésion. Elle s'associe toujours avec une lésion ligamentaire de la cheville pouvant aller jusqu'à la rupture de certains faisceaux, voire des dégâts cartilagineux et/ou tendineux (luxation des péroniers).

b. Causes

Incapacité des muscles à réagir assez vite pour contrer le mouvement d'entorse.

Torsion de l'articulation dans une amplitude dépassant l'élasticité du ligament et donc fracture par contact os contre os.

c. Complications

L'instabilité chronique de la cheville.

La stabilité ligamentaire ayant été atteinte, il peut exister une laxité résiduelle qui va favoriser les récidives d'entorse. Celles-ci pourront n'être que bénigne mais à chaque torsion, la structure ligamentaire sera étirée !

d. Traitement

L'immobilisation stricte de la cheville par orthèse rigide voire résine sera suivie d'une rééducation bien menée qui permettra de limiter les récidives.

9. Entorse de cheville et instabilité chronique

Je pratique le running en club depuis plusieurs années mais il faut dire qu'il suffit de pas grand chose pour que je me retorde la cheville aux moindres « cailloux » depuis ma grosse entorse d'il y a 2 ans. Pourtant, mon podologue m'a fait des semelles pour ça !

a. Caractères de gravité

Entretien clinique avec la personne, signes fonctionnels immédiats et retardés, au niveau de la palpation, on jugera de la gravité avec le repérage des structures ligamentaires d'avant en arrière, et bilan radiologique.

b. Causes

Étirement voire rupture partielle ou complète des faisceaux des ligaments de la cheville.

Il s'agit des ligaments latéraux le plus souvent. Elle est liée la plupart du temps à un traumatisme direct ou indirect. Plutôt rencontrée dans les sports avec changements d'appuis et pivots. Brusque mouvement de torsion de la cheville sur un changement de direction, une mauvaise réception de saut sont par exemple souvent à l'origine des entorses, avec un manque de concentration. Un vice bio mécanique peut en être également à l'origine, c'est-à-dire récidive d'entorse avec mauvaise rééducation ou traitement ostéopathique négligé.

c. Comment prévenir

Avoir un matériel de course ou de marche qui permette une bonne structuration de la musculature du pied, de la cheville, de la jambe et du bassin, c'est-à-dire un modèle de chaussure qui permet un minimum d'intermédiaire entre le sol et le pied (voire indication de l'orthèse plantaire).

Respecter la progressivité dans la planification de la pratique dans l'activité choisie.

Dans le cadre d'une première entorse, respecter une rééducation bien menée pour ne pas entretenir de dysfonction.

d. Traitement

Dans les minutes qui suivent l'accident, procéder à un bandage compressif, mettre de la glace, élévation du membre concerné et le mettre en décharge.

Protocole GREC : G = glace, R = repos, E = élévation, C = compression.

Pas de traitement médicamenteux systématique.

Mise en place d'une chevillière dans les formes moyennes grave, avec intérêt de la radiographie ou de l'échographie en fonction de critères stricts.

10. Tendinopathie du tendon d'Achille

Voilà deux mois que je me réveille tous les matins qui succèdent une séance avec un tendon d'Achille douloureux qui ne me permet pas d'avoir des pas corrects pendant plusieurs minutes. Après la pause du midi c'est la même chose. Je ressens des douleurs au début de l'activité et surtout après, au retour au calme. Je souffre d'une tendininopathie d'Achille.

On préférera le terme de tendinopathie à celui de tendinite car il regroupe l'ensemble des pathologies du tendon (tendinopathie d'insertion, bursite, paratenonite, ténosynovite...), alors que la tendinite par son suffixe « ite », ne concerne que l'inflammation du tendon.

Le tendon d'Achille est une pièce maîtresse dans la bonne technique de course, et lieux de pathologies pouvant être sévères dans une course à pied incorrecte et d'un équipement inadapté.

a. Localisation

Sur l'ensemble du tendon, de son attache sur le talon jusqu'à son insertion sur le mollet. D'apparition matinale soit d'évolution au début de l'effort, soit pendant, soit après, soit les trois en fonction de la gravité.

Possibilité de crépitement dans la gaine du tendon (ténosynovite).

b. Causes

Une sur-utilisation du tendon, mais surtout une mauvaise répartition des charges de travail, peuvent en être à l'origine, l'utilisation d'un matériel de course ou de marche usé ou inadapté à la surface de course également. Des frottements directs sur le talon ou tendon, une mauvaise technique ou un changement de course avec une fréquence de pas trop faible avec chaussure à talon trop haut peuvent également en être à l'origine.

c. Comment prévenir

Port de chaussures proches du sol.

Améliorer sa technique de course, travailler sur la fréquence du pas (180 pas par minutes soit 45 par 15').

Auto massage du mollet (*foarm roller*).

Port de talonnette ou semelle correctrice, le temps de la guérison.

On n'oubliera pas les facteurs classiques mais constants que sont l'hydratation, les étirements, l'échauffement, l'alimentation, l'hygiène de vie globale au finale.

d. Traitement

Auto massage du plan postérieur de la jambe et de la voute plantaire.

Protocole de *Stanish*.

Pas d'étirements en cas de douleur vive du tendon.

Traitement kinésithérapique bien mené (ondes de chocs, stabilité de la cheville...).

Travailler sur sa biomécanique de course avec la compréhension d'une foulée la plus courte possible au niveau du temps de passage du pied au sol.

11. Périostite tibiale

Je suis une coureuse à pied spécialisée dans le 800 m et je m'entraîne en club depuis 2 ans. Le début de la saison a été très intense et ma reprise compliquée par des douleurs vives au niveau des tibias. Il faut dire que la trêve a été longue et que je ne me suis pas préparée à reprendre les entraînements. Les séances sur piste et la pliométrie sont un véritable supplice pour l'instant. Je souffre d'une périostite bilatérale. Il s'agit d'un surmenage micro traumatique siégeant à des endroits de contraintes privilégiés.

a. Localisation

De forme postérieure ou antérieure du tibia.

De préférence en partie basse et localisée sur quelques centimètres sur le tibia.

b. Causes

Mauvaise technique de course.

Mauvais matériel.

Progression des contraintes non maîtrisée.

Hyper sollicitation des attaches des muscles postérieurs de la jambe.

c. À l'examen

Possibilité de la présence d'une tuméfaction au niveau du tibia à l'examen, et une douleur à la palpation, associée à une chaleur locale.

À ne pas confondre avec une fracture de fatigue, qui sera détectée par son apparition brutale, un syndrome des loges, qui pourra être confondu seulement sur les formes antérieures, mais de localisation plus latérale ou une tendinopathie du tibial antérieur, à différencier grâce aux tests spécifiques de la tendinopathie, c'est-à-dire, la douleur à la contraction, à l'étirement et à la palpation bien menée.

d. Traitement

Repos sportif conseillé.

Système de *neuro taping*, de *strapping* lors de la reprise.

Soins locaux (glace, pansement occlusif, massage en profondeur...).

Automassage type *foarm roller* sur mollet et périoste.

2 Localisation : genou

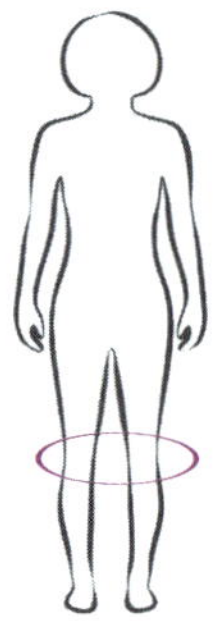

1. La tendinopathie du tendon patellaire (rotulien)

Je suis amateur de randonnée et depuis mon trail de 12 heures environ avec 1 500 m de dénivelé négatif, je ressens une douleur à un genou ou plutôt sous le genou, à chaque descente d'escalier.

a. Localisation

La douleur est située au niveau du lien entre la patella (rotule) sur laquelle s'insère le tendon du quadriceps et la tubérosité tibiale du tibia. Lorsqu'il est mal utilisé il peut présenter une inflammation voire des micros lésions d'insertion. Les douleurs évolueront comme dans toutes tendinopathies, au début, voire pendant, voire tout le temps, la nuit également. Elles seront surtout perceptibles à la descente d'escaliers ou aux changements de positions.

b. Causes

Mauvais alignement du genou dans sa flexion pouvant être dû à une instabilité des muscles du bassin.

Un manque de mobilité, genou, cheville.

Augmentation trop brutale de l'intensité de l'entraînement.

2. Ostéochondrose antérieure tibiale (Osgood-Schlatter)

Affection de l'attache du quadriceps sur le tibia.

Cette maladie touche de façon préférentielle le jeune adulte qui accumule les heures d'entraînements (scolaires et périscolaires).

Une mauvaise compréhension du problème des parents et du jeune sportif, pourra amener dans les phases sérieuses à immobiliser par plâtre la jambe concernée voire les deux.

Elle s'aggravera par la succession de sauts, de réception, de positions à genoux répétées.

a. Causes

Augmentation trop rapide de l'entraînement.

Mauvaise gestion de la croissance et de la charge de travail demandée.

3. Syndrome de l'essuie glace (tendinopathie de la bandelette ilio-tibiale)

a. Localisation

Très fréquente chez le coureur à pied, douleur vive à la face latérale du genou avec impossibilité de poursuivre un effort en descente pouvant amener à finir en marche arrière. Compliqué à traiter, on pourra faire appel de façon rare pour une tendinopathie aux anti-inflammatoires. Cette pathologie de frottement de la structure tendineuse sur la tubérosité condylienne fémorale latérale, peut à terme aussi irriter la bourse séreuse sous jacente pouvant provoquer une bursite.

b. Causes

Un manque de stabilité dû à un manque de force au niveau des muscles des cuisses.

Mauvaise technique de course.

Morphologie prédisposante.

Augmentation trop rapide de la charge de travail, notamment en pliométrie, côtes, descentes, traversée en pente.

Usure des chaussures.

4. Tendinopathie de la patte d'oie

a. Localisation

À l'intérieur de la jambe sous le genou en face médiale, constituée de la réunion de trois tendons (gracile, sartorius, semi-tendineux). Ayant pour rôle la stabilisation du genou dans les virages, cette insertion est gonflée lors de la phase inflammée et sensible au toucher. L'activité peut être possible avec quand même les signes classiques de la tendinopathie. Même conséquence de la bourse séreuse sous jacente que dans le cas de la bandelette ilio-tibiale.

b. Causes

Mauvaise techniques de course avec alignement de genoux prédisposant.

Mauvaise évolution de la charge de travail.

Chaussures inadaptées.

5. Syndrome fémoro-patellaire (syndrome du cinéma)

Je suis sportif amateur, je cours une à deux fois par semaine, et avec ma femme nous avons décidé de faire le GR20 cet été. Nous avons commencé à faire des marches de plus en plus longues pour nous entrainer mais après deux à trois sorties avec sac à dos, les descentes sont rapidement devenues intenables (les montées un peu moins). Nous sommes à deux mois du départ et je suis obligé de stopper tout entrainement. Je souffre d'un syndrome rotulien quasi bilatéral.

a. Localisation

Il s'agit d'un conflit entre la patella et la trochlée fémorale, autrement dit sur la face antérieure du genou.

b. Causes

Pathologie de surmenage articulaire.

Les douleurs sont provoquées surtout aux changements de position, assis debout, à la descente, montée des escaliers, à la position accroupie prolongée.

Manque de souplesse des quadriceps, avec traction de la patella vers le haut.

Mauvaises stabilités des muscles du bassin, provoquant un genou valgum à chaque flexion de genou.

Hypoextensibilté des muscles ischio jambiers.

Morphologie prédisposante du genou.

Augmentation trop rapide de l'intensité des entraînements et de leur durée.

c. Traitement

Auto massage des groupes musculaires antérieurs et postérieurs de la cuisse (*foarm roller*).

Étirements de groupes musculaires de la cuisse et du bassin.

Renforcement des quadriceps au début en statique puis excentrique puis concentrique si nécessaire.

3 Localisation : bassin

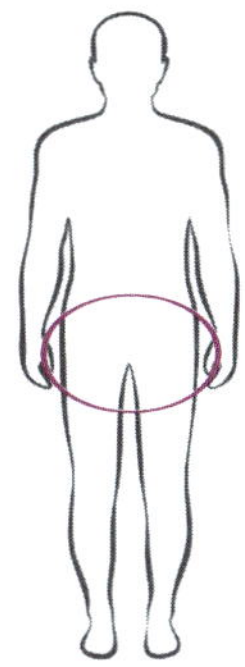

1. Pubalgie

Je suis danseuse de modern jazz et depuis quelques semaines après chaque cours, je ressens de fortes douleurs dans le bas ventre. Le fait d'éternuer devient même sensible et les rapports sexuels aussi ! Il semble que je souffre d'une pubalgie.

a. Localisation

La pubalgie est un terme qui regroupe le syndrome douloureux du carrefour pubien. Il décrit donc la douleur siégeant dans le bas ventre avec trois entités distinctes, la maladie des adducteurs, arthropathie du pubis, la pathologie pariétale abdominale. La douleur peut donc siéger au niveau du pubis, sous ou au dessus.

b. Causes

La répétition des gestes à fortes contraintes sur le pubis favorise ce genre de pathologie, en dehors de problèmes intrinsèques inhérents au sportif.

L'importance de l'entraînement, son déroulement, sa programmation, la mauvaise qualité des étirements ou une musculation mal conduite sont surtout à son origine.

Le mauvais matériel ou mal adapté constitue aussi des facteurs favorisants.

c. Traitement

À part dans sa forme pathologie anatomique intrinsèque, où le traitement se voudra chirurgical, le traitement sera médical mais à forte proportion ostéopathique et kinésithérapique. On pourra faire appel aussi au podologue pour soulager un symptôme jusqu'à la guérison.

d. Prévention

On aura compris que le fait de réaliser des techniques de stretching, de renforcement musculaire, de correction de la gestuelle et de la posture permettront de prévenir cette lourde pathologie.

2. Sciatalgie

a. Localisation

Il s'agit d'une sensation douloureuse qui se prolonge le long de la cuisse voire de la jambe et du pied qui est le plus souvent unilatérale. Elle peut s'accompagner de douleurs lombaires ou pas. La douleur peut s'exprimer de façon lancinante, d'engourdissements ou de faiblesse dans les jambes.

b. Causes

Manque de gainage.

Pathologie intrinsèque des vertèbres lombaires.

Mauvaises techniques de course favorisant le conflit.

Posture de course entretenant l'inflammation locale.

Position assise prolongée inadaptée.

3. Lombalgie

a. Localisation

Douleur du bas du dos fréquente chez le coureur à pied pouvant subvenir dans la course ou en dehors.

b. Causes

Mauvaise posture de course.

Mauvaise technique de course, fréquence de pas trop lente donc temps de passage au sol trop long.

Mauvais matériel de course.

Manque d'étirements, de souplesse du bassin.

4 Localisation : thorax

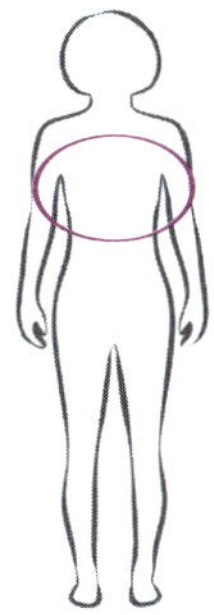

1. Point de côté

a. Localisation

Quel sportif n'a jamais ressenti de point de côté ? Il s'agit d'une sensation de crampe au niveau thoracique, dans sa partie basse. Le phénomène est encore mal expliqué, le point de côté est associé à une hypoxie (manque d'oxygène) touchant le muscle diaphragme et ses environs. On parle aussi de frottements tissulaires entre fascias. À droite, on peut penser au foie et à gauche à la rate, à l'estomac ou aux intestins. Le point survient souvent après peu de temps de course après avoir mangé ou bu, mais parfois aussi sans raison apparente !

b. Causes

Un quasi systématique manque de mobilité dans les côtes ou vertèbres moyennes ou inferieures voire cervicales.

De ces zones partent les nerfs qui innervent le diaphragme, le muscle principal de la respiration qui sera souvent en tension ou mal vascularisé.

Période trop courte entre la dernière ingestion d'aliments et la course.

Mauvaise posture et technique de course trop voûtée, inclinée...

Échauffement insuffisant.

Mauvaise respiration.

c. Traitement

Inspirez amplement en gonflant le ventre, expirer en rentrant le nombril vers le dos.

Respirez de façon haletante comme un petit chien.

Appuyez avec ses doigts moyennement sur la zone douloureuse et respirez profondément.

Arrêtez de courir et faire des respirations abdominales.

Il est suggéré de consulter un professionnel qui pourra diagnostiquer et traiter si nécessaire l'origine de ce problème.

d. Prévention

Améliorer la posture de course, technique et respiration pendant l'effort.

2. Douleur intercostale

Habituellement perçue comme un étau entourant la cage thoracique, la douleur intercostale est en réalité un spasme des muscles intercostaux. La douleur est la plupart du temps localisée dans une zone précise et plus souvent présente à l'avant plutôt qu'à l'arrière. Elle peut nécessiter d'arrêter l'activité et diminue normalement lorsque l'effort cesse. Attention à ne pas confondre avec une douleur de type infarctus qui sera plutôt centrée sur le thorax, derrière le sternum et pouvant irradier dans la gorge, la mâchoire et les bras.

a. Causes

Manque de mobilité d'une partie du thorax.

Excès de tension des muscles du dos.

Mauvaise posture ou respiration durant la course.

b. Traitement

Consulter un professionnel de la santé (ostéo, physio, kiné) qui pourra évaluer et traiter si nécessaire la zone douloureuse.

c. Prévention

Se concentrer sur la posture de course et la respiration.

3. Rachis cervical

a. Cervicalgie

Les impacts que cette partie du rachis peut recevoir sont amortis par les jambes et le dos notamment dans la course à pied. Cela n'empêche pas certains coureurs d'avoir des douleurs, souvent tolérables mais qui peuvent être très inconfortables.

◆ Causes

Mauvaise posture dans le sport.

Impact direct au niveau du visage.

Activité nécessitant un très bon maintien cervical.

Manque de mobilité des vertèbres cervicales ou excès de tension des muscles du cou, spinaux, trapèzes supérieurs, élévateur de la scapula.

b. Arthrose cervicale

Repos si douleur vive.

Froid si la zone est chaude et enflée.

Chaleur si la zone est froide.

5 Localisation : épaule

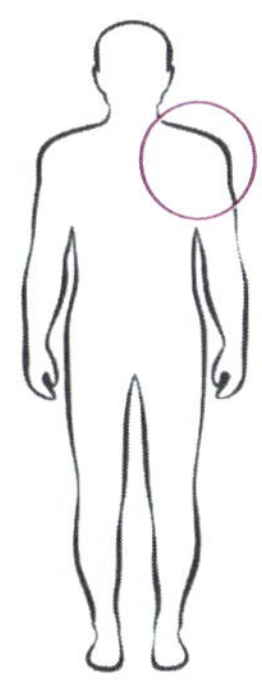

1. La luxation

En jouant au volley-ball sur la plage, j'ai voulu effectuer un smash mais malheureusement le ballon a été contré et j'ai donc réalisé un geste forcé, où mon corps est passé devant mon épaule ! J'ai ressenti une forte douleur immédiatement au niveau de l'épaule droite. Lorsque j'ai mis ma main sur mon épaule, il y avait comme une boule ! L'épaule ne se trouvait plus à sa place. Je souffre d'une luxation antérieure de l'épaule.

a. Localisation

Il s'agit d'une forme antéro interne, la luxation de la gléno humérale est assez fréquente chez le sportif. Le diagnostique n'est pas très difficile à poser mais c'est la conduite thérapeutique qui est problématique tant est vive la tentation de réduction de celle-ci.

b. Conduite à tenir sur le terrain

En raison de complications possibles, il faut prévenir les secours, stabiliser l'épaule en retroussant le maillot sur le bras, pour réaliser une sorte d'attelle d'épaule. La seule indication de réduction de l'épaule est la constatation de la perte du pouls radial au niveau du poignet donc, signifiant une complication vasculaire.

c. Traitement

Après réduction de cette luxation, le temps de cicatrisation est variable. Cela dépend s'il s'agit d'un premier épisode ou pas mais il faut compter au moins 45 jours avec une immobilisation de trois semaines. Une rééducation bien menée pourra commencer par des soins locaux sans mobilisation puis après suppression de l'attelle, par une récupération des amplitudes et un renforcement musculaire se rapprochant progressivement du geste lésionnel. Par la suite, la difficulté est de ne pas récidiver. Il faut comprendre que l'épaule est une articulation suspendue et que la cicatrisation ne va pas permettre aux structures anatomiques de retrouver leur état initial. Le risque de récidive est donc potentiellement élevé. À terme, il y a aussi un grand risque d'avoir une épaule instable.

2. L'entorse acromio-claviculaire

Je suis en club de cyclisme et je viens de changer mes cales sur mon nouveau vélo. Dans un virage ma roue avant a dérapé et je suis tombé directement sur l'épaule. Je n'ai pas eu le temps de défaire mes cales qui étaient trop serrées en l'occurrence. La douleur que j'ai ressentie dans le haut de l'épaule a été très vive. Je souffre probablement d'une entorse acromio-claviculaire.

a. Localisation

L'articulation acromio-claviculaire est composée par la partie externe de la clavicule sur laquelle repose l'acromion. L'ensemble est recouvert d'une structure capsulo-ligamentaire.

Lors de la chute, cette structure ligamentaire est étirée et on classera la gravité de la lésion en trois stades (1, 2 ou 3) en fonction du degré d'atteinte. La plus grave étant celle où la structure ligamentaire est rompue, on parlera de touche de piano notamment.

b. Traitement

Il consiste dans les formes bénignes 1 et 2, en une immobilisation et une prise en charge médicale ainsi que kinésithérapique. Pour le stade 3, on pourra s'orienter vers un traitement chirurgical soit immédiat soit secondaire à des séquelles douloureuses préjudiciables au bon fonctionnement de l'épaule.

3. La tendinopathie d'épaule

Voilà trois mois que je suis en club de tennis à raison d'un cours par semaine et depuis mon dernier stage intensif de six jours, je souffre de l'épaule droite (je suis droitier). Nous avons beaucoup travaillé le service car apparemment ma technique n'est pas idéale. La répétition des mouvements a provoqué des douleurs. Je souffre d'une tendinopathie de l'épaule. Dans sa forme plus grave, on parlera de lésion de la coiffe des rotateurs pouvant aller jusqu'à sa rupture.

a. Localisation

La douleur décrite par les sportifs atteints se projette sur la face externe du moignon de l'épaule et du bras.

Comme toute tendinopathie, la triade dans les tests sont à rechercher. En fonction du tendon atteint, on réalisera le test isométrique, la palpation, l'étirement.

b. Traitement

Dans un premier temps, on cherche à éliminer les différents facteurs étiologiques à la douleur. Le tendon incriminé devra être laissé au repos au début mais le traitement ne se résumera pas qu'à cela surtout. Avec, une prise en charge médicale et kinésitherapique spécifique importante.

6 Localisation : coude

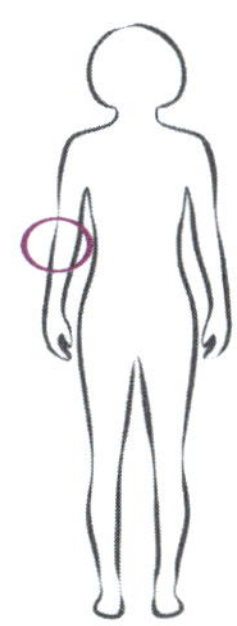

1. L'épicondylalgie

À part dans sa forme traumatique (entorse, fracture, luxation), le coude sera surtout sujet aux problèmes tendineux.

2. Le tennis elbow ou épicondylite

Tendinose de l'insertion des épi-condyliens sur l'humérus, les douleurs se manifestent sur la face externe du coude, irradiant volontiers vers la main ou l'épaule. Les douleurs sont tendineuses, donc au début de la pratique pour progressivement se produire lors de gestes anodins comme ouvrir une bouteille, serrer la clé de la porte... À l'entretien, on retrouvera un certains nombre de facteurs favorisants, particulièrement typiques. L'extension contrariée du poignet, la palpation et l'étirement de ce groupe musculaire révéleront des douleurs.

a. Traitement

Apres élimination des facteurs favorisants, on s'appliquera à traiter localement le coude.

Traitement de type : massage en profondeur, étirements.

7 Localisation : poignet / main

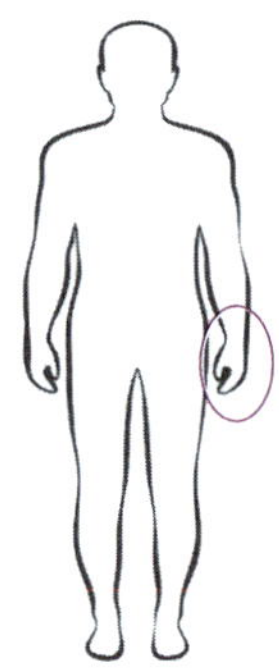

On aura la famille des tendinopathies, des entorses et des fractures.

1. La ténosynovite de De Quervain

Il s'agit d'une synovite sténosante des tendons long abducteur et court extenseur du pouce.

a. Localisation

La douleur s'exerce sur la partie inferieure du radius. Elle est réveillée au début par les mouvements du pouce et du poignet pour devenir par la suite, permanente voire nocturne. On observe une tuméfaction allongée fusiforme au niveau de la tète radiale.

b. Traitement

Infiltrations locales, physiothérapie, contention.

2. Entorse scapho-lunaire

Apres élimination des autres types de lésions, notamment la fracture du scaphoïde, le diagnostic est posé avec la radiologie.

a. Localisation

Chute en flexion dorsale sur le poignet, position de verrouillage articulaire, l'entorse peut être globale avec atteinte des ligaments de la radio carpienne ou médio carpienne.

Le poignet est tuméfié, sensible au touché, avec des limitations d'amplitudes en fin de course en particulier en flexion dorsale.

b. Traitement

Apres radiographie, immobilisation stricte de six semaines.

Il sera chirurgical si rupture ligamentaire.

3. Fracture du scaphoïde

C'est le premier diagnostic à poser en cas de traumatisme du poignet, avec douleur et gonflement. Le principe d'immobilisation doit être préconisé, prévenant les pseudarthroses très fréquentes. À l'examen clinique, en plus du gonflement global du poignet associé ou pas à une ecchymose, on retrouve des signes spécifiques comme une douleur exquise provoquée par la pression du pouce au fond de la tabatière anatomique, une douleur très vive à la traction et à la compression dans l'axe de la colonne du pouce.

a. Traitement

Orthopédique si peu ou pas de déplacement, immobilisation plâtrée coude à 90°, poignet en rectitude, sans inclinaison et pouce en abduction maximale. Apres six semaines, contrôle radiologique, hors plâtre est réalisé et nouveau plâtre avec coude libre jusqu'au 3e mois.

8 Les lésions musculaires

Sans lésion anatomique avec une cause intrinsèque : la crampe, la courbature, la contracture. Nous avons tous connu un jour ces dérangements musculaires qui ne sont pas graves mais qui peuvent être invalidants.

1. La crampe

Contraction intense, brutale, involontaire, douloureuse et transitoire. Sa durée est variable mais spontanément résolutive. On distinguera les crampes à l'effort avec les crampes survenant au repos (d'apparition plutôt nocturne).

a. Causes

Un effort excessif, la fatigue, un échauffement insuffisant, un temps de récupération post-effort trop court, un geste technique défectueux, un effort anaérobie, à forte intensité, un défaut organique lié aussi à l'alimentation sont les causes privilégiées.

b. Traitement

Immédiatement le réflexe est de s'étirer pour contrarier la contraction du groupe musculaire concerné. Pour pouvoir arriver à la traiter complètement, on pourra utiliser du chaud, le massage, les étirements.

2. La courbature

Douleurs musculaires disséminées et diffuses à plusieurs groupes musculaires, survenant 12 à 24 heures après l'effort et qui cèdent en quelques jours.

a. Causes

Elles sont présentes à la reprise de l'entraînement, en début de saison sportive ou lors d'efforts inhabituels, surtout s'ils font appel au métabolisme anaérobie lactique.

b. Traitement

Drainage du muscle et de ses déchets, par massage, électrothérapie, balnéothérapie. Penser qu'il est important de poursuivre son activité physique par un retour au calme de quelques minutes, ce qui permet de prévenir ces courbatures. Les études montrent toutefois que le muscle est malgré tout lésé dans sa structure et qu'il s'agit d'une multitude de lésions microscopiques.

3. La contracture

Contraction involontaire et inconsciente, douloureuse et permanente, localisée à un muscle ou à l'un de ces faisceaux, ne cédant pas spontanément au repos.

a. Causes

Il est bien de différencier les contractures dues à une sur-utilisation du muscle lors d'activités intenses localisées à un groupe musculaire (sauts, escaliers...) des contractures de défense accompagnant un traumatisme (entorse de cheville), un dysfonctionnement ostéo-articulaire (torticolis, lumbago).

b. Traitement

Application de chaleur, étirements, décordages, ponçages et utilisation de techniques de contracté/relâché.

Physiothérapie antalgique, cryothérapie locale...

4. Accidents musculaires avec lésion anatomique, liés à une cause intrinsèque

On parlera de stades de lésion, regroupant l'élongation, la déchirure, la rupture, la désinsertion. Les tests permettant de préciser la gravité de la lésion seront la mise en tension, la contraction résistée dans toutes ses courses, l'étirement sur un temps de contraction (mode excentrique).

a. Causes

Over stretching, accélération franche, contraction forte sur position d'étirements.

b. Traitement

Le traitement sera fonction de la lésion et ira de la compression, glace, surélévation, repos, à la chirurgie en cas de rupture.

- Stade 1, élongation : arrêt sportif autour d'une dizaine de jours.
- Stade 2, déchirure : arrêt sportif, de 3 à 8 semaines.
- Stade 3, rupture : arrêt sportif, en fonction des préconisations chirurgicales.

Comment identifier ces différentes blessures ? En résumé, il convient de différencier les douleurs très brutales, localisées, et vives survenant lors de l'effort, un sprint par exemple, et celles survenant après l'effort, petit à petit et diffuses. La déchirure est caractérisée par une douleur vive et localisée qui implique l'arrêt immédiat de l'activité. Le niveau de gravité a été évoqué précédemment. La contracture musculaire est un spasme qui peut s'avérer douloureux mais qui se différencie de la déchirure par sa localisation. En général, il s'agit d'un muscle qui est spasmé dans son ensemble. Le muscle roule sous les doigts à la palpation, et est douloureux sur tout son faisceau. La contracture ne présente aucun caractère de gravité en soi, mais compte tenu du fait que le muscle perd de son élasticité, elle peut présenter un risque de déchirure ultérieure. Les courbatures surviennent après l'effort comme cela a été évoqué précédemment. Elles ne présentent aucun caractère de gravité, et requiert au contraire une phase de récupération grâce à des efforts à intensité modérée.

9 Conduite à tenir si cela vous arrive ou arrive à l'un de vos athlètes

1. Traumatisme articulaire

La fracture, cas extrême de la lésion osseuse, nécessitera une prise en charge d'une part rapide mais efficace. Le diagnostic est parfois simple à poser lorsqu'elle est visible (fracture ouverte ou déplacée) mais plus compliqué lorsqu'il s'agit d'une fracture d'un orteil, du nez, d'une côte ! Sur le terrain, la première démarche est de stabiliser le blessé et ensuite prévenir les secours. Une démarche de bon sens est à privilégier et l'épreuve sportive passera au second plan par rapport à la blessure.

2. Traumatisme musculaire

Qu'il soit spontané ou suite à un choc indirect, le protocole sera identique.

1. Réaliser une compression par bande compressive.
2. Appliquer du froid.
3. Mettre le membre concerné au repos.
4. Mettre le membre concerné en déclive.

3. Traumatismes oculaires

Difficulté du diagnostic, si doute, appel à un spécialiste. Possibilité d'un corps étranger.

Urgences si : trouble visuel avéré, modification de la mobilité oculaire, contusion sévère.

4. Luxation traumatique complète d'une dent

Attention au problème de responsabilité médico-légale si réimplantation autre que par un spécialiste (médecin, dentiste par l'intéressé).

Si l'on retrouve la dent, en vue d'une possible réimplantation : ne la toucher que par sa couronne, la rincer par sérum physiologique ou salive, dans le premier quart d'heure maximum, de façon douce sur la gencive sinon échec définitif.

5. Traumatisme des organes génitaux externes

En fonction des circonstances de l'accident, type, localisation des douleurs, douleur syncopale, hématome immédiat, hématurie.

Urgence chirurgicale si : traumatisme avec lésion anatomique, si torsion du cordon spermatique, intervention dans les 10 heures.

6. Traumatisme crânien

Il faudra bien discerner la perte de conscience ou pas. Si celle-ci est avérée, il faudra suivre un protocole strict pour le sportif. Sa surveillance devra être continue les premières heures, ainsi que nausées ou vomissements. L'évacuation par les services d'urgence est obligatoire.

10 Trousse de terrain

Celle ci devra pouvoir couvrir tous types de traumatismes possibles sur un terrain.

1. La blessure articulaire

1 bande de compression (type bande cohésive), pour l'œdème.

1 bande de contention type strapping.

1 bombe de froid, vessie de glace.

1 attelle d'immobilisation.

1 paire de béquille.

2. La lésion musculaire

1 bande de compression (type cohésive)

1 bombe de froid, vessie de glace.

3. La plaie ouverte/saignement de nez

Compresses stériles.

Désinfectant.

Pansements, pansements hémostatiques.

Résumé du chapitre

Tous les sportifs sont confrontés ou ont été confrontés un jour à une blessure. Douleur brutale, douleur qui s'installe petit à petit, ou alors traumatisme franc suite à une chute, souvent la première question qui se pose alors c'est : est-ce que c'est grave ? Très rapidement en vient une seconde : que dois-je faire ? mettre du chaud ? du froid ? aller immédiatement consulter un médecin ? aller aux urgences ? Très souvent, la gravité est associée à la douleur. Quand ça fait mal, c'est grave, et quand ce n'est pas le cas, alors ce n'est pas grave. L'objectif de ce chapitre n'est pas de faire de vous des personnels de santé, médecin ou kinésithérapeutes, mais de faire en sorte que très rapidement vous soyez capables de prendre les bonnes décisions, ne serait-ce qu'en termes de : appeler ou pas les secours. Ensuite, avoir une petite idée du niveau de gravité et la conduite à adopter en termes par exemple de contention et de froid. Cela implique forcément la manière dont vous allez constituer votre trousse de première urgence pour laquelle des conseils sont donnés.

11 Bibliographie

Christophe, G. (2003). *Guide des étirements du sportif.* Collection Sport +.

Danowski, R. G., & Chanussot, J. C. (2004). *Traumatologie du sport.* Paris : Masson.

Harvey, J.-F. (2013). *Courir mieux.* Paris : Édition Médicis.

Riché, D. (2004). *L'entrainement n'est pas une science.* Édition VO2 diffusion.

Rodineau, J., & Saillant, G. (2002). *Panorama en traumatologie du sport.* Paris : Masson.

POUR RÉVISER

Question 1

Quel serait votre premier geste d'urgences en cas de lésion musculaire ?

Réponse : Le premier geste sera de réaliser un bandage compressif pour réduire l'épanchement.

Question 2

La progressivité dans la pratique d'un sport vous paraît-elle importante ?

Réponse : on aura compris que la planification de l'entrainement ainsi que la bonne répartition du stress mécanique sur les structures anatomiques sont prépondérantes à une pratique sans blessures (voir chapitre 5).

Question 3

Comment identifier un problème inflammatoire comme une tendinite ?

Réponse : les signes cardinaux de l'inflammation sont, chaleur, rougeur et douleur (nocturne).

Question 4

L'échauffement vous paraît-il être nécessaire avant ou après l'activité ?

Réponse : l'échauffement devra toujours se placer avant l'activité sportive voire professionnelle, il permettra aux muscles, tendons, articulations de se préparer aux gestes qui vont être répétés plusieurs fois de façon répétitive. Il se compose idéalement de quatre phases : activation, mobilisation articulaire, musculation (en vue de faire affluer du sang au niveau des muscles, pas pour de la musculation en tant que telle) et étirements, avec des étirements plutôt actifs que passifs.

LISTE DES SIGLES

AA acides aminés

AGE acides gras essentiels

AP activité physique

APA activité physique adaptée

APS activité physique et sportive

ASCO apprentissage sociocognitif par observation

CR connaissance des résultats

CREPS centre de ressources en éducation physique et sportive

CSM contagion sociale de la motivation

DAQIHF questionnaire de l'activité quotidienne dans l'insuffisance cardiaque

EDQ *Exercise Dependence Questionnaire*

EDS-R *Exercise Dependence Scale-Revised*

ENNS étude nationale nutrition santé

FEPSAC European Federation of Sport Psychology

GLTEQ *Godin Leisure Time Exercise Questionnaire*

GPAQ *General Physical Activity Questionnaire*

HRQoL *Health Related Quality of Life* (qualité de vie reliée à la santé)

IG index glycémique

INPES Institut national de la prévention et de l'éducation pour la santé

INSERM Institut national de la santé et de la recherche médicale

IPAQ *International Physical Activity Questionnaire*

IZOF *Individual Zone of Optimal Functioning* ou zone individuelle de fonctionnement optimal

OMS Organisation mondiale de la santé

PH passion harmonieuse

PNNS plan national nutrition santé

PO passion obsessive

POMS *Profile of Mood States*

PPAP pratique problématique de l'activité physique

PRAL *Potential Renal Acid Load*

QDV qualité de vie

QPS questionnaire de personnalité pour sportif

SFPS Société française de psychologie du sport

SNC système nerveux central

STAPS sciences et techniques des activités physiques et sportives

TAD théorie de l'auto-détermination

TICE technologies de l'information et de la communication

TOPS *Test of Performance Strategies*

TPS Test des stratégies de performance

TR temps de réaction

UFR unité de formation et de recherche

INDEX

72609 - (I) - (2) - OSB 80° - CPW - BTT

JOUVE
1, rue du Docteur Sauvé, 53100 MAYENNE
N° 2303289H
Dépôt légal : février 2016

Imprimé en France